D1752663

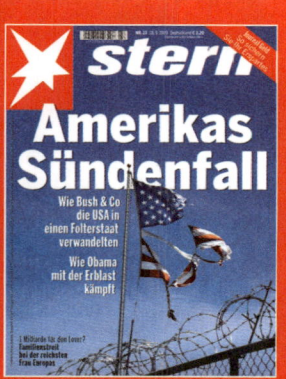

stern ★ *jahrbuch*

DAS WAR
2009

HERAUSGEBER
Thomas Osterkorn
Andreas Petzold

ART DIRECTOR
Franz Epping

GESTALTUNG
Anna-Lena Hogreve

REDAKTION
Annette Maria Rupprecht

BILDREDAKTION
Anke Bruns

EDITORIAL

Ein Jahr unwiederbringlicher Verluste, in dem Insolvenzen Hochkonjunktur hatten und Menschen den sichernden Boden unter den Füßen verloren. Mehr als 30 000 deutsche Firmen gingen pleite, der Staat hat Rekordschulden. Angela Merkels schwarz-gelbe Wunschkoalition geriet, kaum gewählt, ins Schlingern. Doch trotz vieler bedrückender Nachrichten geht es Deutschland 2009 objektiv immer noch gut als viertreichste Nation der Erde. Zieht man allerdings einen Glücksindex der Nationen hinzu, belegt das Land nur Platz 35. Subjektiv fühlen wir uns also deutlich ärmer. Dabei können wir richtig feiern – wie bei der Freiheitsparty in Berlin zum 20-Jährigen des Mauerfalls.
In Afghanistan ist weder Friede noch Freiheit in Sicht. Ob mehr Waffen schneller Frieden schaffen, wie Friedensnobelpreisträger Obama hofft? Das von deutschen Soldaten veranlasste Bombardement bei Kundus, dem mehr als 140 Menschen zum Opfer fielen, offenbarte: Nachkriegsdeutschland hat seine Unschuld verloren. Verloren haben wir alle beim Klimagipfel in Kopenhagen. Die Weltmächte konnten sich in dieser lebenswichtigen Zukunftsfrage nicht einigen. Nicht alles liegt in unserer Hand. Aber vielleicht können die existenziellen Krisen dazu beitragen, dass wir uns mehr als Weltfamilie begreifen und intensiver darüber nachdenken, was uns wirklich zufrieden macht. Das Leben ist einmalig. Und kann liebenswert und zuweilen höchst komisch sein. Mit Abstand und in der Rückschau sieht man das genauer.

Erleuchtet: Angela Merkel wird zum zweiten Mal zur Bundeskanzlerin gewählt

Wütend: „Wir sind Opel" – Arbeiter aus Rüsselsheim demonstrieren für ihren Job

Verhüllt oder unverhüllt: Bei den afghanischen Wahlen wird unverhohlen betrogen

Inhalt

8–33 AUGENBLICKE
USA: Obama und der Häuptling der Indianer **Deutschland:** Im Auto himmelwärts **Israel:** Endloser Kampf um Gaza **Spanien:** Massenprotest gegen Stierkämpfe **Afghanistan:** Die Burka, offiziell abgeschafft, doch überall präsent

34–55 WIRTSCHAFT
Abgewrackt und eingesackt: Erst das Bankensterben, jetzt die Firmenpleiten **Dubai:** Das Emirat ist finanziell angeschlagen **Landwirtschaft:** Bauernprotest gegen sinkende Milchpreise **Istanbul:** Krawall gegen Weltbank **Arbeitsrecht:** Und wo bleibt die Moral?

56–71 POLITIK
Wahlen: Schwarz-Gelb regiert **Die Kanzlerin:** Angela Merkel und die Macht der Gewohnheit **SPD:** Die Volkspartei im historischen Tief **Shootingstar mit ungewisser Zukunft:** Verteidigungsminister Baron Karl-Theodor zu Guttenberg

72–103 DEUTSCHLAND
20 Jahre Mauerfall: Emotionales Riesenspektakel **Weltkulturerbe:** Einmaliges Wattenmeer **Plage:** Käfer terrorisieren Ostseeurlauber **Geschichtsverlust:** Stadtarchiv Köln versinkt im Boden **Das Böse:** Unfassbar und doch menschlich **Neue Energie:** Rückenwind für riesige Windmühlen **Atommülllager:** Ehemaliges Salzbergwerk Asse ist einsturzgefährdet

104–175 AUSLAND
Afghanistan: Gehen oder kämpfen? **Iran:** Volksaufstand im Gottesstaat **Israel:** Wieder Krieg um Gaza **USA:** Das Wunder vom Hudson River **Teneriffa:** Rettungsinsel für Flüchtlinge **Somalia:** Piratenterror auf deutschem Schiff **China:** Die Wirtschaft wächst ohne Ende **Südkorea:** 77 Tage Arbeitskrieg **Frankreich:** Der Todesflug Air France 447 **Großbritannien:** Der Premier steht am Pranger **Italien:** Berlusconis amouröse und andere Affären

Sportlich: Ob beim Spielen mit dem Hund oder im Amt – Barack Obama bleibt am Ball

Höllisch: Ein Feuersturm frisst sich bei sommerlichen 40 Grad durch Kastilien

Tragisch: Fußballnationaltorwart Robert Enke will lieber sterben als leben

176–195 KATASTROPHEN
Gewaltige Erde: Ein Machtkampf zwischen Mensch und Natur, der durch Überschwemmungen, Feuersbrünste und Erdbeben auch in diesem Jahr weltweit zu Verwüstungen führte

196–215 SPORT
Leichtathletik WM: Goldjunge Usain Bolt, der schnellste Mann der Welt **Salto für Südafrika:** Miroslav Kloses einmaliger Einsatz **Eine Frage der Technik:** Das deutsche Schwimmwunder Paul Biedermann **Formel 1:** Felipe Massa kam knapp am Tod vorbei **Tiger Woods:** Weltklasse-Golfspieler auf Abwegen

216–237 WISSENSCHAFT
Virus H1N1: Mit Hochdruck gegen die Schweinegrippe **In-Vitro:** Acht Babys auf einen Streich **Verhaltensforschung:** Wölfe stehen auf Wild **Neu am Himmel:** Eine Wolke **Ärztestreik:** Maulende Millionäre

238–257 KULTUR
Im Oscar-Regen: „Slumdog Millionär" – das Leben ist kein Märchen **Traumkandidat:** Horst Schlämmer kurz vorm Kanzleramt **Zeige deine Wunden:** Christoph Schlingensief kämpft mit dem Krebs auf offener Bühne **Kunstbiennale Venedig:** Wirtschaftsleiche geht baden

258–273 MODE
Comeback der Achtziger: Ein Lebensgefühl gibt sich modisch wieder die Ehre **Krise:** Luxus-Flaute **Sündhaft schön:** Topmodel Carmen Kass **Top-Moppel:** Crystal Renn **Dessous:** Britische Love Force vom Label „Agent Provocateur"

274–287 TOTE DES JAHRES

288–311 CHRONIK 2009 Monat für Monat – die wichtigsten Ereignisse

312 Bildnachweis und Impressum

AUGENBLICKE
EIN PERSPEKTIVWECHSEL LOHNT SICH IMMER

Der erste Eindruck zählt, doch auf den zweiten Blick gehen einem manchmal erst die Augen auf. Das kann wunderbar oder auch dramatisch sein. Wie etwa bei den 1000 im Nu schmelzenden Eiszapfenfiguren, die zwar hübsch anzusehen sind, jedoch auf ein Klimadesaster verweisen, das wir nicht eiskalt an uns abtropfen lassen dürfen. Eine andere Lebensansicht verlangt uns auch die blutige Demonstration ab, die gegen den Stierkampf mobil macht. Oder der Blick auf den unheimlichen Umgang mit der Schweinegrippe. Manchmal staunt man nur, je länger man hinguckt: Dass ein Auto, vom rechten Weg abgekommen, hoch hinaus himmelwärts ins Kirchendach fliegt und der Fahrer überlebt – kaum zu glauben. Oder hat da jemand das Schicksal gelenkt? Was glauben Sie? Machen Sie sich Ihr eigenes Bild

AUGENBLICKE

UNTER HÄUPTLINGEN

Der ausladende Federschmuck kitzelt Barack Obamas Kehlkopf – erschwerte Bedingungen, als er das erste Mal die Freiheitsmedaille verleiht. Der US-Präsident ist Ehrenmitglied der Krähen-Indianer, vor ihm sitzt der letzte Kriegshäuptling des Stammes: Dr. Joseph Medicine Crow, 95. Sein ganzes Leben hat Crow für die Kultur der Indianer gekämpft, dafür erhält er nun die höchste zivile Auszeichnung der Vereinigten Staaten

DIE ZEIT VERRINNT

Von den Füßen der Eisfiguren tropft bereits das Wasser, in weniger als 30 Minuten werden nur noch kleine Pfützen von ihnen übrig sein. Ein kurzer Moment für zwei Wochen Arbeit; so lange war die brasilianische Künstlerin Nele Azevedo mit der Herstellung der 1000 handgroßen Figuren beschäftigt. Ihr Auftraggeber: der WWF. Mit der Aktion auf dem Berliner Gendarmenmarkt erinnert die Naturschutzorganisation im September an die weltweit abschmelzenden Gletscher

13

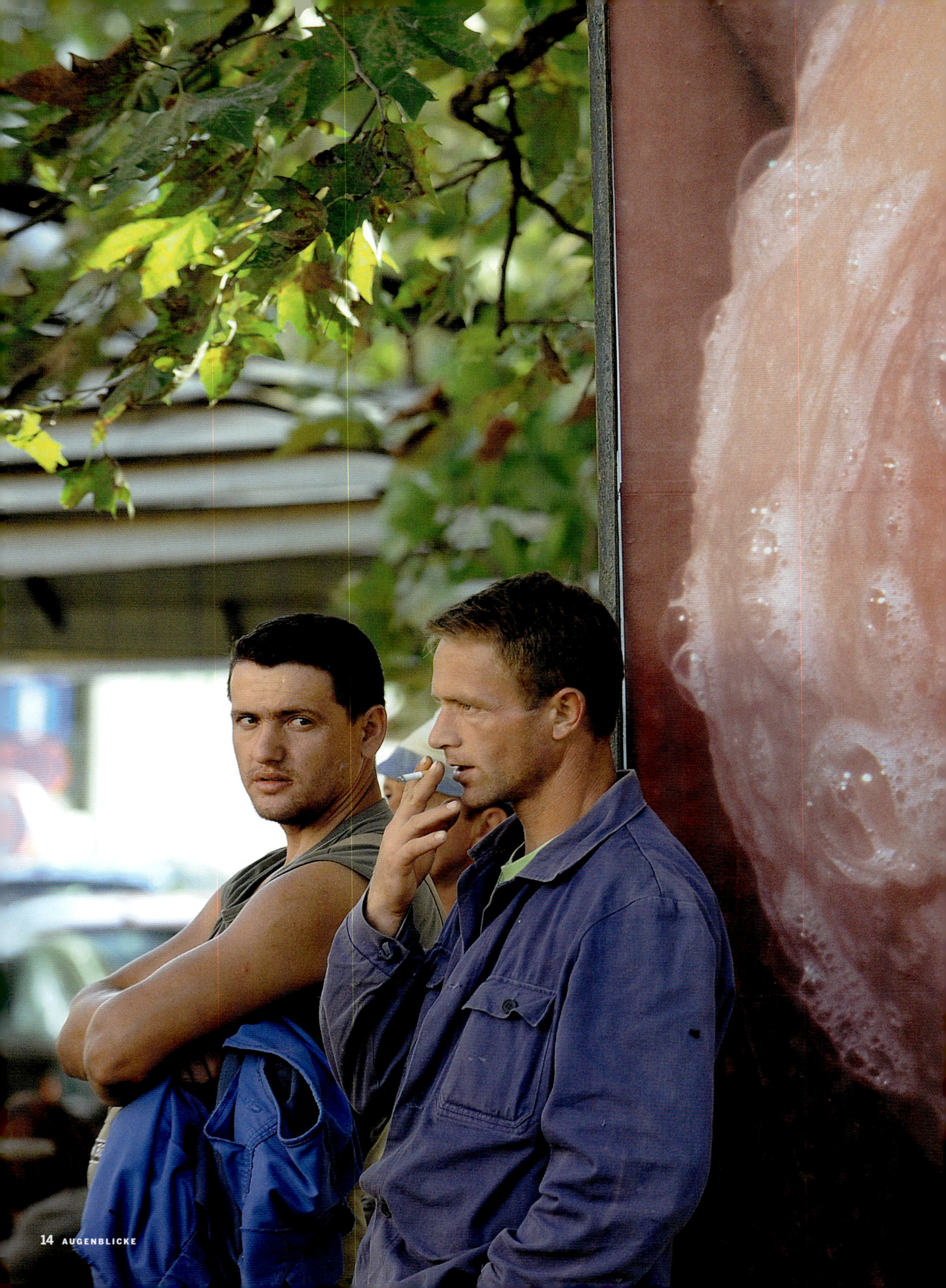

HIN- UND WEG-GUCKER

Nur wer sich wirklich anstrengt, kann an diesem Foto vorbeischauen. Das Plakat wirbt im Sommer für die 28. „Biennial of Graphic Arts", eine Kunstmesse in Sloweniens Hauptstadt Ljubljana. Die beiden Arbeiter im Blaumann sind sichtlich bemüht. Oder aber sie stehen schon so lange hier, dass das Interesse erlahmt ist. Verräterisch ist die grafische Megabrust allemal. Denn nach Freud ist Kunst ja generell der Versuch, den Trieb zu sublimieren

AUGENBLICKE

EINE LAUNE DER NATUR

Kaum zu glauben, dass die drei Kinder, die hier im Slum von Olinda im Nordosten Brasiliens spielen, von ein- und demselben Elternpaar stammen. Die dunkelhäutigen afrobrasilianischen Eltern brachten neben zwei schwarzen drei Albino-Kinder zur Welt. Nicht nur optisch ein besonderer Anblick, auch wissenschaftlich außergewöhnlich. Denn selbst wenn beide Eltern das Albino-Gen in sich tragen, liegt die Wahrscheinlichkeit, ein Albino-Baby zu gebären, nur bei 1:4

IN TÖDLICHER MISSION

Ein israelischer Soldat dirigiert einen Kameraden, der an der Grenze zum Gazastreifen eine Haubitze in Position bringt. Nach Raketenangriffen der Hamas bombardiert Israels Armee seit dem 27. Dezember 2008 strategische Ziele in dem Landstrich, in dem 1,5 Millionen Palästinenser leben. Die Operation „Gegossenes Blei" endet am 18. Januar. Nach UN-Angaben sterben dabei 1400 Palästinenser

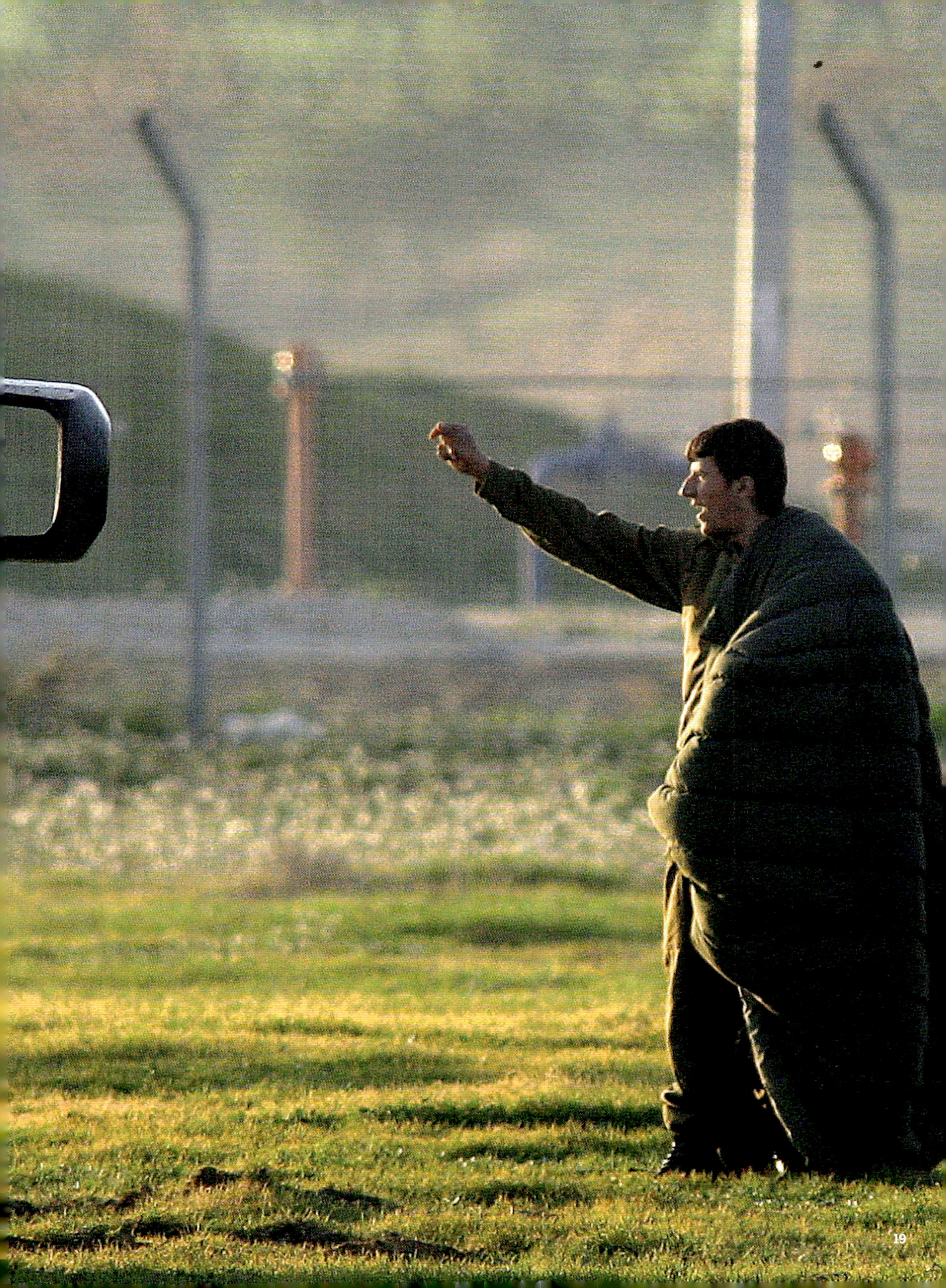

BARBIE VON DER STANGE

Nun spielt sie auch noch Fußball. An ihrem 50. Geburtstag schaffte die ewig geliftete Barbie den Durchbruch in einer Männerdomäne. Die Französin Chloé Ruchon stellt beim Berliner Design-Festival die weibliche Variante des Fußballkickers vor. Nicht zu übersehen sind gewisse Ähnlichkeiten mit französischen und deutschen Spielerfrauen. Die erste echte Frauen-Fußballmannschaft trat übrigens 1894 in England an. Die Damen trugen – des Anstandes wegen – Knickerbocker unter ihren Röcken

21

VORSICHT AN DER BAHNSTEIGKANTE

Behutsam steigt ein Elefant im kalifornischen Anaheim aus dem Zug. Er gehört zu einer Gruppe von Tieren, die für Ringling Brothers, Barnum & Bailey durch die USA tingeln. Mit etwa 20 Fracht- und 35 Passagierwaggons unterhält der Zirkus den größten Privatzug der Welt. Und das in doppelter Ausführung: Als blaue und rote Tour durchqueren die Eisenbahnen das Land. Kritik von Tierschützern lassen die Zirkusleute nicht gelten: Die Waggons seien extra angefertigt. Und außerdem gebe es auf den langen Reisen immer wieder Auslaufpausen

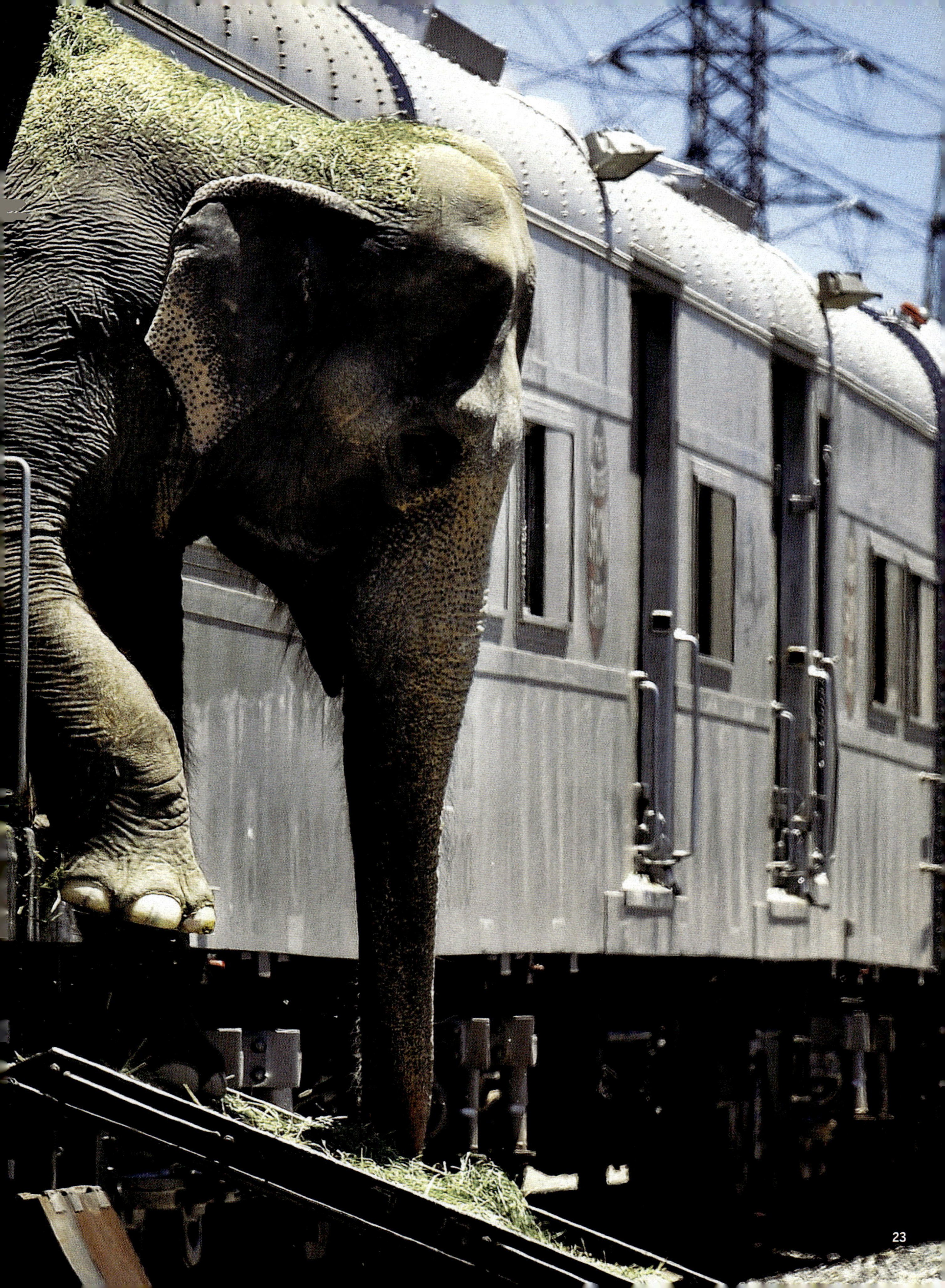

KÜNSTLICHES MASSAKER

Hunderte Tierfreunde haben sich, dekoriert mit geschmückten Spießen auf dem Rücken, den Banderillas, vor dem Guggenheim Museum in Bilbao lang gemacht. Sie demonstrieren gegen den in Spanien traditionsreichen und auch bei Touristen immer noch beliebten Stierkampf. Nach einem erfolgreichen Volksbegehren ist man zumindest in Katalonien einen Schritt weiter auf dem Weg zu einem Stierkampf-freien Spanien

25

CHICAGO LÄSST TIEF BLICKEN

Ob das hält? Anna, 5, scheint noch unsicher, während Sophie, 4, neugierig auf Chicago blickt. Die Mädchen testen die neue Attraktion der Stadt: einen der vier gläsernen Aussichtskästen am Willis Tower, die seitlich aus dem Turm, 412 Meter über dem Straßenasphalt, herausragen. Zögernde Besucher können beruhigt sein: Das vier Zentimeter dicke Glas der Kästen ist stabil genug, um fünf Tonnen Gewicht zu tragen

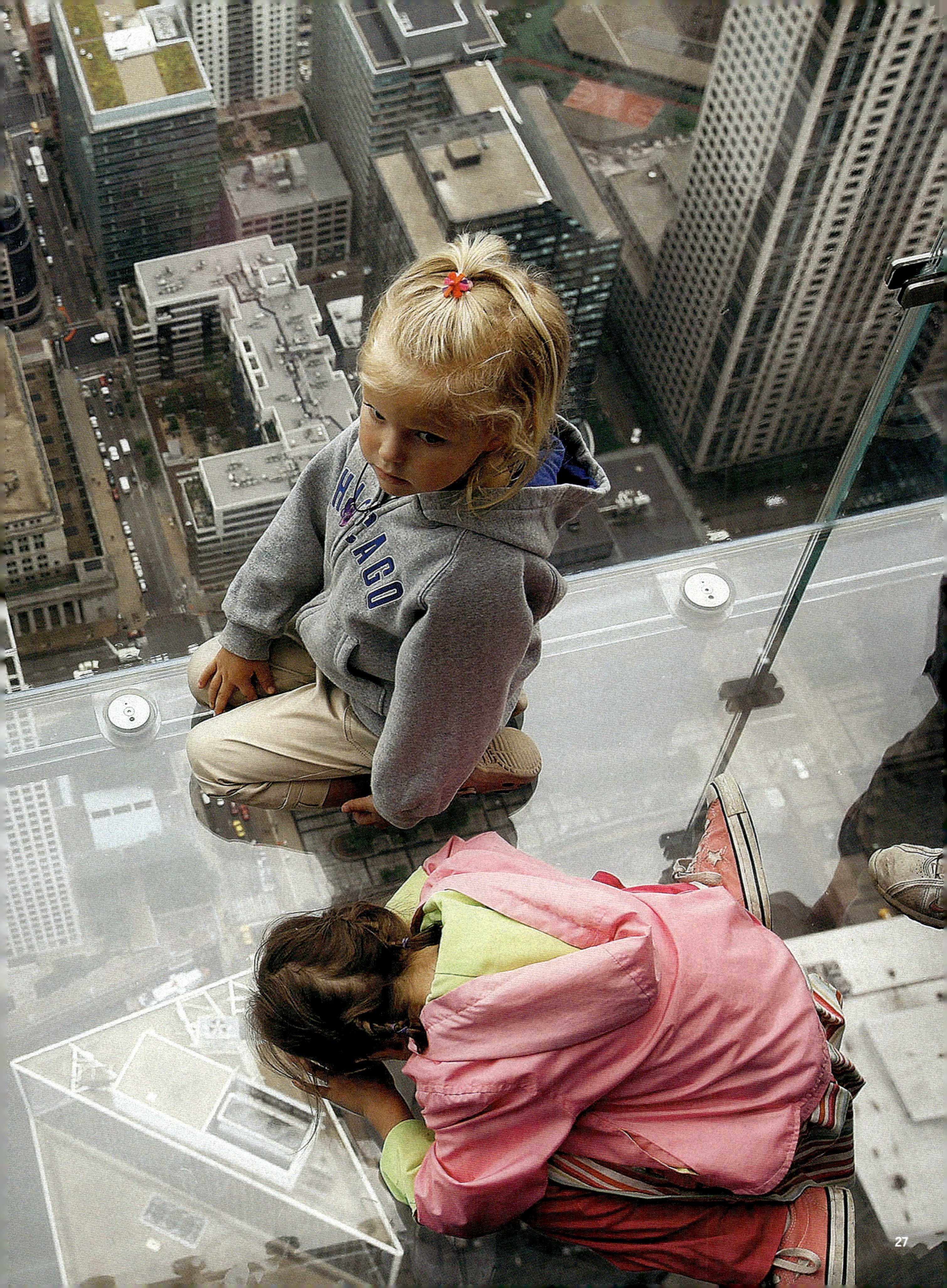
AGO

NICHT OHNE MEINE BURKA

Eine Frau füttert die Tauben vor der blauen Moschee in der nordafghanischen Stadt Masar-i-Scharif. Zwar ist nach dem Ende der Talibanherrschaft die Burka-Pflicht im ganzen Land aufgehoben. Dennoch wagen nur wenige Frauen, das Haus ohne verhüllende Kleidung zu verlassen. Sie sorgen sich um ihren Ruf – und immer noch um ihre Sicherheit. Das Blau der Burka wählten die Frauen aus sozial besseren Schichten zur Zeit der Taliban. Heute dominiert die Farbe unabhängig vom Lebensstandard

29

In stillem Gedenken
Die Liga-Fußball-verband
DFL Deutsche Fußball

ABSCHIED VON ROBERT ENKE

Das Rosenmeer und die überwältigende Anteilnahme gelten dem verstorbenen Torwart – und ihr. „Wir dachten, mit Liebe geht das." Mit ihren Worten rührte Teresa Enke (l.) wenige Tage nach seinem Suizid die ganze Nation. Was er aus Angst verheimlicht hat, spricht sie offen an: Der Nationaltorhüter litt an schweren Depressionen und Versagensängsten. 40 000 Menschen trauern am 15. November im Stadion von Hannover mit der Witwe

WAL-GEHEIMNIS

Ein Taucher greift nach der Flosse eines Buckelwals. Oder neigt sich die Dame ihm zu? In den Tagen zuvor ist das 15 Meter lange Weibchen von paarungswilligen Buckelwalbullen durch den Pazifik gejagt und mit Gesängen genervt worden. Jetzt streckt es die Finnen von sich, lässt sich treiben und genießt die Stille der Strömung. Nur den Taucher duldet die Wal-Dame. Warum? Seine Größe wird's kaum gewesen sein. Vielleicht, weil er den Mund halten muss?

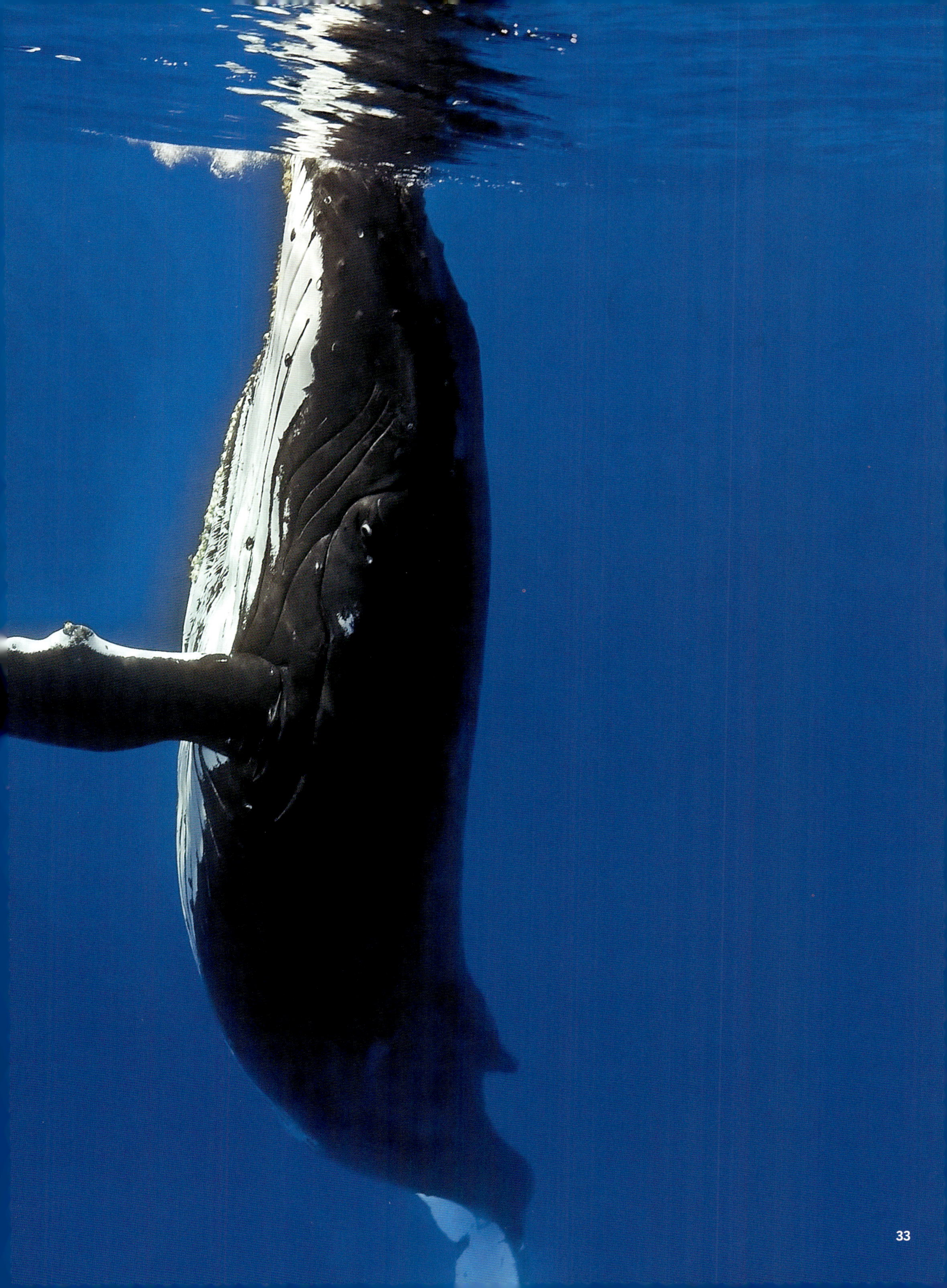

WIRTSCHAFT
MILLIARDEN IM ORKUS

Nach der Krise der Banken kommt für viele traditionsreiche Unternehmen die Firmenpleite: Karstadt, Quelle, Karmann. Die Bundesregierung verordnet Konsum: 2500 Euro gibt es für alle, die sich noch einen Neuwagen leisten können und ihren alten in die Schrottpresse geben. Auch der Staat selbst verfällt in einen Kaufrausch und rettet notleidende Banken mit Hunderten Milliarden. Dafür gibt es ein Stückchen von der Commerzbank und die ganze marode Hypo Real Estate. Weil die doch systemrelevant ist – das neue Wort für besonders teuer. Die Banken machen zur Jahresmitte wieder kräftig Gewinne. Der Steuerzahler aber wird noch jahrzehntelang die Zeche zahlen müssen. Und lernt schmerzhaft: Gewinne werden privatisiert, Verluste sozialisiert

FINANZKRISE ERREICHT DIE REALWIRTSCHAFT
ABGEWRACKT UND EINGESACKT

TEXT STEFAN SCHMITZ

Menschen in höchster Not tun merkwürdige Dinge. Wer den Fernseher einschaltet, kann das jeden Abend in Spielfilmen beobachten – und 2009 auch in den Nachrichten. Am Rande des Abgrunds verhalten sich Politiker wie Angela Merkel und Peer Steinbrück nämlich auch nicht anders als, sagen wir, Robert Redford und Paul Newman im Westernklassiker „Butch Cassidy and the Sundance Kid". Da springen die Helden von einer Klippe ins Ungewisse – der Wahnsinn als einzige Rettung vor dem sicheren Tod. Abwarten ist eben keine Lösung, wenn die Kopfgeldjäger hinter einem her sind – oder die „Monster", wie Bundespräsident Horst Köhler die wild gewordenen Finanzmärkte nannte.

Als das Jahr begann, war der Horror allgegenwärtig. Überall auf der Welt taumelten Banken und drohten alle mit ins Elend zu reißen. Im Jahr eins nach der Pleite der Lehman Brothers blieb nichts von den „Keine Experimente"-Losungen des wegen 60 Jahre BRD überall gefeierten Gründervaters Konrad Adenauer. Nichts von den „Maßhalten"-Parolen seines Wirtschaftsministers Ludwig Erhard. Stattdessen gewöhnten sich die Leute daran, dass immer neue „Fantastilliarden" bereitgestellt werden, um den Untergang maroder Banken zu verhindern. Wer sich noch daran erinnerte, wie in ruhigeren Zeiten um ein paar Kröten für Pendler oder Kitas gefeilscht wurde, konnte es nicht fassen: Milliardenzusagen gab es über Nacht. Irgendwann standen Beträge mit weniger als elf Nullen nur noch ganz klein in der Zeitung.

Dafür erfuhren die Bürger nach und nach, was ihre Banken so getrieben hatten. Sie hatten inner- und außerhalb der Bilanzen gezockt, ihre Manager mit Millionenboni gemästet und obendrauf oft noch Zusagen für die nun etwas weniger goldene Zukunft gepackt. Eher unbekannte Institute erwiesen sich plötzlich als überlebenswichtig für die ganze Wirtschaft. „Systemrelevant" hieß das – und das ist ein anderes Wort für sehr teuer. Das galt etwa für die Hypo Real Estate, die bald zum schwarzen Loch für Staatsknete wurde. Am Ende stand die Republik für mehr als 100 Milliarden Euro gerade und verstaatlichte die Bank. Das war ungefähr das Gegenteil der Art von Verstaatlichung, vor der Oma mit ihrem Häuschen immer Angst gehabt hatte. Denn ins Gemeineigentum überführt wurde kein Besitz, sondern gigantische Schulden. Niemand kann sich ausmalen, wie viel Geld die Politiker allein für diese eine Rettungsaktion in die Hand nahmen. Aber man kann es versuchen, wie es dankenswerterweise die „Frankfurter Allgemeine Sonntagszeitung" getan hat: Die Summe reicht, um einen Fußweg von Lissabon nach Moskau mit 100-Euro-Scheinen zu pflastern. Falls ein Wanderer entgegenkommen sollte, kein Problem – es liegen immer 30 Scheine nebeneinander.

Das ist Wahnsinn, ohne Frage. Aber die „Monster" waren viel gefährlicher als eine Horde Kopfgeldjäger. Die Hypo Real Estate, von nüchternen Bankenaufsehern wahlweise als „Drecksbank" oder „Saustall" tituliert, ist dabei nur ein Teil des Desasters. Eine

Erst zur Adoption durch Magna freigegeben, bleibt der Sanierungsfall Opel doch unter den Fittichen von Rabenmutter General Motors

halbe Billion riskierte der Staat. Selbst eine traditionsreiche Großbank wie die Commerzbank, gerade mit der Dresdner fusioniert, sanierte sich mit Milliarden vom Steuerzahler. Dass dem deutschen Branchenführer Deutsche Bank der Bettelgang zum Staat erspart blieb, lag auch daran, dass er über Umwege von vielen Milliarden aus amerikanischen Rettungstöpfen profitierte.

Und der Bürger, der das meiste letztlich zahlen muss? Was gönnte der sich? Er belohnte sich mit 2500 Euro vom Staat, wenn er ein neues Auto kaufte. Ein Land im Abwrackwahn. Fünf Milliarden gab es für zwei Millionen Schrotthaufen, von denen viele ohne zu murren noch jahrelang gefahren wären. Die globale Krise wurde so zum ganz persönlichen Kaufrausch. Ansonsten nachts eher im Bett schlummernde Rentner wie der 70-jährige Günter Schuldt aus Mecklenburg hockten um halb drei Uhr am Morgen vor dem heimischen Rechner und sicherten sich per Mausklick die Prämie. Sein alter Vectra, keine 100 000 gelaufen, entschwand auf dem Hof der Jade-Entsorgung in Rostock, wo er mit aufgedunsenen Airbags in die Presse kam. Die Logik dahinter erschließt sich nicht auf den ersten Blick. Aber sie hat etwas für sich in Zeiten, in denen die alten Regeln auf Urlaub sind. Gelitten hat die Wirtschaft nämlich zumindest in Deutschland nicht daran, dass alle über ihre Verhältnisse lebten – sondern daran, dass plötzlich die Aufträge wegblieben. Autokäufer wie Schuldt halfen also, den totalen Absturz der Ökonomie zu verhindern. Und der war so nahe wie nie seit Bestehen der Bundesrepublik. Um etwa fünf Prozent ist die Wirtschaftsleistung 2009 wohl gesunken. Nächstes Jahr, so hoffen die mittlerweile wieder etwas weniger depressiven Experten, könnte es ein klein wenig aufwärtsgehen. Aber Jahre wird es dauern, bis das alte Niveau wieder erreicht ist. Jahrzehnte werden vergehen, bis der Kraftakt zur Rettung der maroden Kredit- und sonstigen Wirtschaft von den Staatshaushalten verkraftet ist.

Fotograf Timmo Schreiber wollte das Thema Abwrackprämie so richtig in Szene setzen. Also spannte er weiße Laken und bat die Besitzer, ein letztes Mal mit dem Auslaufmodell zu posieren: die Familie Moll, das Ehepaar Günter und Jutta Schuldt, Katrin Rudloff mit ihrem Freund Andreas (unten). Nostalgisches Gezeter gab es nicht. Katrin Rudloff: „Jetzt haben wir ein Auto, das bremst!"

2008 tobte der Wahnsinn sich noch mit Vorliebe an den Finanzmärkten aus. Da rauschten die Aktienkurse ab, die Banken stöhnten, die Politiker gaben freigebig Garantien aus, um Schlimmeres zu verhüten. In diesem Jahr erreichte die Krise die ganz normalen Leute. Wer nicht gerade im öffentlichen Dienst beschäftigt war, konnte den Angstschweiß riechen. Er waberte durch heruntergewirtschaftete Traditionsunternehmen wie Karstadt, das samt seinem Mutterkonzern Arcandor in die Insolvenz taumelte. Er verbreitete sich an den Bändern von Opel. Er kroch selbst dahin, wo er bislang unbekannt war: zu den Mittelständlern und Metallverarbeitern im Süden des Landes; zu den Champions der deutschen Wirtschaft, die mit ihren Qualitätsprodukten auf den Weltmärkten stets beste Gewinne gemacht hatten. Das ganze Geschäftsmodell der alten Republik funktionierte nicht mehr; die heimische Zurückhaltung beim Konsum ließ sich nicht länger durch immer neue Ausfuhrrekorde kompensieren. Denn alle waren auf einmal klamm. Die Amerikaner, die Jahrzehnte auf Pump die Korken knallen ließen, sowieso. Aber auch Inder, Chinesen und Osteuropäer erwischte die Krise und den Rest der globalisierten Welt gleich mit.

Schiffscontainer, diese Symbole und Träger der vernetzten Welt, standen plötzlich nutzlos in den Häfen herum. Die Charterrate für Frachtschiffe stürzte auf ein Fünftel des alten Wertes. Die Welt, in der gerade noch jeder mit jedem gehandelt hatte, schien wieder in ihre Bestandteile zu zerfallen. Und obwohl die Finanz- und Kapitalmärkte fast ausschließlich von Reichen, Superreichen und Besserverdienenden bevölkert werden, traf es die Ärmsten am härtesten. Sie zahlten nicht mit Kursverlusten, geplatzten Derivaten und Dividendenausfall. Millionen von ihnen raubte die Krise ihre lausigen Jobs. Denn wenn weniger Autos gebaut werden, braucht man zum Beispiel auch weniger Sitzbezüge. Die hatte etwa die Fabrikarbeiterin Thobeka Nkevu seit acht Jahren in einem südafrikanischen Werk genäht. Als sie rausflog, war der Traum der dreifachen Mutter geplatzt, für ihre Kinder eigene Betten anzuschaffen – und die kleine Abfindung, die sie bekommen hat, wird bald aufgebraucht sein. 90 Millionen Menschen, schätzt Weltbank-Vize Axel van Trotsenburg, stürzten in absolute Armut. Das heißt, sie müssen von weniger als 1,25 Dollar am Tag leben – wie schon bislang ein Sechstel der Menschheit.

Deutschland bleibt im Vergleich zu solchen Horrorzahlen ein Land der Wohlhabenden, doch das macht Einbußen hierzulande nicht weniger dramatisch. Die Ausfuhren blieben um fast ein Viertel unter den Vorjahreswerten; der Auftragseingang etwa im Maschinenbau schrumpfte sogar zeitweise um fast 60 Prozent.

Das sind nicht nur Zahlen in Statistiken. Es traf Millionen Menschen. Binnenschiffer wie Ilka Heger etwa sahen, wie die Preise für ihre Leistung um 40 Prozent fielen – und es trotzdem nicht genug Aufträge gab. Leiharbeiter wie Christian Plewka flogen als Erste raus und wurden auf dem Arbeitsmarkt weiter nach unten durchgereicht. Bevor die Krise ihren Höhepunkt erreicht hatte, stapelte er für sechs Euro die Stunde Cola-Kisten. „Ich will einfach nur ein normales Leben führen", sagte er dem *stern*. Das ist 2009 für Millionen schwieriger geworden als in den Jahren zuvor. „Erst war es eine Krise der Banken, dann der Autoindustrie", sagt die schwäbische Hausfrau Corina Oesterle, deren Mann plötzlich kurzarbeiten muss, „jetzt ist sie bei uns." Kurzarbeit sollte das Zaubermittel sein, um zu verhindern, dass die mühsam zurückgedrängte Arbeitslosigkeit sprunghaft ansteigt.

Alles tat der Staat, um die Krise erst mal zu zähmen und den Bürgern im Wahljahr vom Leibe zu halten. Milliarden gab es nicht nur für neue Autos, sondern auch für die Renovierung von Schulen, für den Straßenbau, für Projekte, die irgendwie Arbeit schaffen und sichern. Geklappt hat das besser als erwartet. Als die Bundesagentur für Arbeit die Zahlen für September vorlegte, wunderte sich selbst Chef Frank-Jürgen Weise über eine „Herbstbelebung". Es gab weniger Arbeitslose als zuvor. Vor allem Kurzarbeit hat Hunderttausende zunächst vor Kündigung bewahrt.

Sie sind es, die besonders auf rasche Genesung der schwer angeschlagenen Wirtschaft angewiesen sind. Nur dann werden sie ihre Jobs behalten. Gebannt starren alle auf die großen Banken, die noch immer auf wackligen Beinen stehen und von denen keine stürzen darf, wenn nicht alles umsonst gewesen sein soll. Für Entwarnung, da sind sich die Experten ausnahmsweise einig, ist es viel zu früh, auch wenn die Aktienkurse wieder nach oben gegangen sind. Der Giftmüll aus den Bilanzen wird die Geldwirtschaft weiterhin ebenso kontaminieren wie die Staatsfinanzen. Dabei haben die Politiker und Notenbanken sich wahrlich Mühe gegeben, all die Fehler zu vermeiden, die ihre Vorgänger in der

Sparen war ein böses Wort. Das Geld musste wieder fließen, um den finalen Infarkt des Systems zu vermeiden

Weltwirtschaftskrise der 30er Jahre begangen haben. Sparen war ein böses Wort. Das Geld musste wieder fließen, um den finalen Infarkt des Systems zu vermeiden. So haben die Notenbanken die Zinssätze gegen null gedrückt und die Wirtschaft mit billigem Geld geflutet. Die Regierungen schnürten riesige Rettungs- und Konjunkturpakete.

Nie hat es ein Wirtschaftsexperiment dieser Größenordnung gegeben. Niemand weiß, was geschehen wird. All die sonst so eloquenten Verteidiger ungezügelter Märkte mussten einsehen, dass ihre schönen Theorien aus den Zeiten vor der Krise nichts mehr taugen. Denn was in der dunkelsten Stunde des Kapitalismus geschah, hatte nichts mit dem zu tun, was seine Anhänger mit fast religiöser Inbrunst vertreten hatten. Ausgerechnet die Banker schlüpften unter den Schirm des Staates. Gewinne sollten wie stets privatisiert werden. Verluste, wenn sie nur groß und bedeutend genug sind, ab sofort sozialisiert. Man könnte auch sagen: Für die Kosten der Sause zahlen die mit Geld oder Job, die von den Herren an den Märkten stets milde verachtet worden waren. Das ist ungerecht. Aber es schien unausweichlich. „To big to fail" waren die Hauptakteure der Finanzmärkte. Zu groß, um unter-

Auch die Hertie-Filiale im westfälischen Kamen verkauft im Sommer ihr letztes Hemd. Die Warenhauskette muss Konkurs anmelden

zugehen. Sie könnten auch sagen: Wenn ihr uns nicht rettet, seid ihr auch nicht mehr zu retten.

Am Anfang war die Wut groß und der Tatendrang der Politiker gewaltig. Als sie sich im April zum Gipfel der Mächtigsten in London trafen, träumten sie davon, künftig jeden Akteur, jeden Finanzplatz und jedes Produkt zu beaufsichtigen. Ein paar Monate später im amerikanischen Pittsburgh war die Rhetorik noch dieselbe, doch die Wirklichkeit hielt nicht mit, und die Euphorie war verflogen. Noch immer sind die Pläne gewaltig, aber der Glaube an sie schwindet. Es bewahrheitet sich, was der große Historiker Hans-Ulrich Wehler gleich zu Beginn der Krise prophezeit hatte: Die Zeit drängt. Jetzt ist der Staat stark, und die Banken sind schwach. Aber schon bald werden sich die Herren des Geldes wieder erholen, werden wieder um ihre Pfründen kämpfen. So scheint es zu kommen. Im dritten Quartal 2009 wies Goldman Sachs – der Marktführer des Turbokapitalismus – wieder einen Gewinn von über drei Milliarden Dollar aus. Bei der Deutschen Bank waren es 1,4 Milliarden Euro, und ihr Chef Josef Ackermann träumt bereits wieder von den Superrenditen besserer Tage. Die Banker selbst freuen sich auf neue Boni; allein für jeden der rund 30 000 Beschäftigten von Goldman Sachs stehen nach Schätzungen durchschnittlich eine halbe Million Euro bereit. Das Geld vom Staat hat Goldman Sachs bereits zurückgezahlt.

Alles auf Anfang also. Die Party an den Finanzmärkten geht weiter. „Das Kasino hat wieder geöffnet" – das sagen nicht nur ergraute Linke und Weltverbesserer von Attac, sondern Männer wie Hans-Peter Keitel, der als Präsident des Bundesverbandes der Deutschen Industrie nicht im Ruf steht, ein ideologisch verbohrter Kapitalismuskritiker zu sein. Nur noch einmal schiefgehen darf das große Spiel nicht. Denn ein Kraftakt wie die Eindämmung der Krisenfolgen lässt sich nicht wiederholen. Irgendwann reicht auch die kühnste Tat nicht mehr, um sich in Sicherheit zu bringen. Im Film sterben Butch Cassidy und Sundance Kid übrigens ein paar Jahre nach dem Sprung von der Klippe im Kugelhagel ihrer Verfolger. Aber das ist Hollywood. Und in den TV-Nachrichten gelten andere Gesetze. Hoffentlich.

Die Party an den Finanzmärkten geht weiter. Und mancher träumt schon wieder von den Superrenditen besserer Tage

Quelle-Mitarbeiter sind sauer: Manager Thomas Middelhoff wirtschaftet unter anderem das Versandhaus in den Konkurs und vernichtete Tausende Arbeitsplätze. Laut Betriebsrat erfahren viele von ihrer Entlassung erst an ihrem letzten Arbeitstag

IN DEN SAND GESETZT

Sommer, Sonne, Reihenhaus, so weit das Auge reicht. Tausende sogenannter Villen ließ das Emirat Dubai am Persischen Golf in den künstlich aufgeschütteten Sand setzen. Benidorm für Reiche, so Spötter. „Palm Islands" soll dereinst Heimstatt für besser betuchte Touristen werden. Während der Bauarbeiten aber zeigte sich: Weil das Meerwasser kaum zirkuliert, beginnt es zu riechen. Erst musste nachgebessert werden, dann geriet das Zehn-Milliarden-Projekt auch noch wegen der weltweiten Wirtschaftskrise ins Stocken

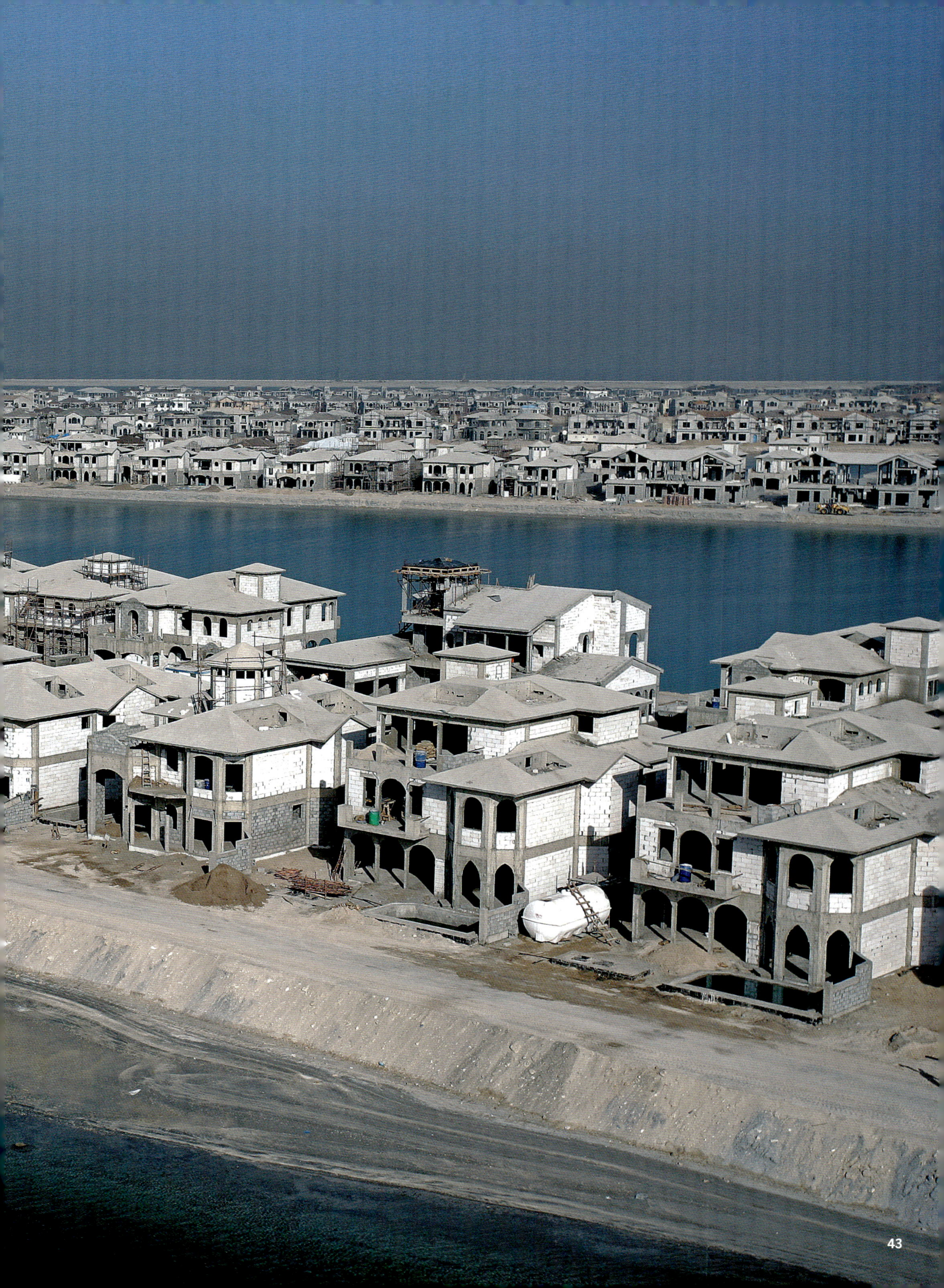

ABGERÄUMT

Ein Zelt und die Jacke in den Nationalfarben – das ist alles, was diesem Amerikaner geblieben ist. Er sitzt im März 2009 am erloschenen Lagerfeuer vor den Toren der kalifornischen Stadt Sacramento. Hunderttausende verloren in Amerika durch die gewaltige Finanzkrise ihr Dach überm Kopf und ihre Existenz. Die Zeltstadt für die Obdachlosen von Sacramento gab es allerdings schon vor der Immobilienpleite. Nur stört sie erst, als TV-Talkerin Oprah Winfrey über sie berichtet und Reporter aus aller Welt anreisen. Gouverneur Arnold Schwarzenegger erkennt den realpolitischen Imageschaden und lässt zwangsräumen

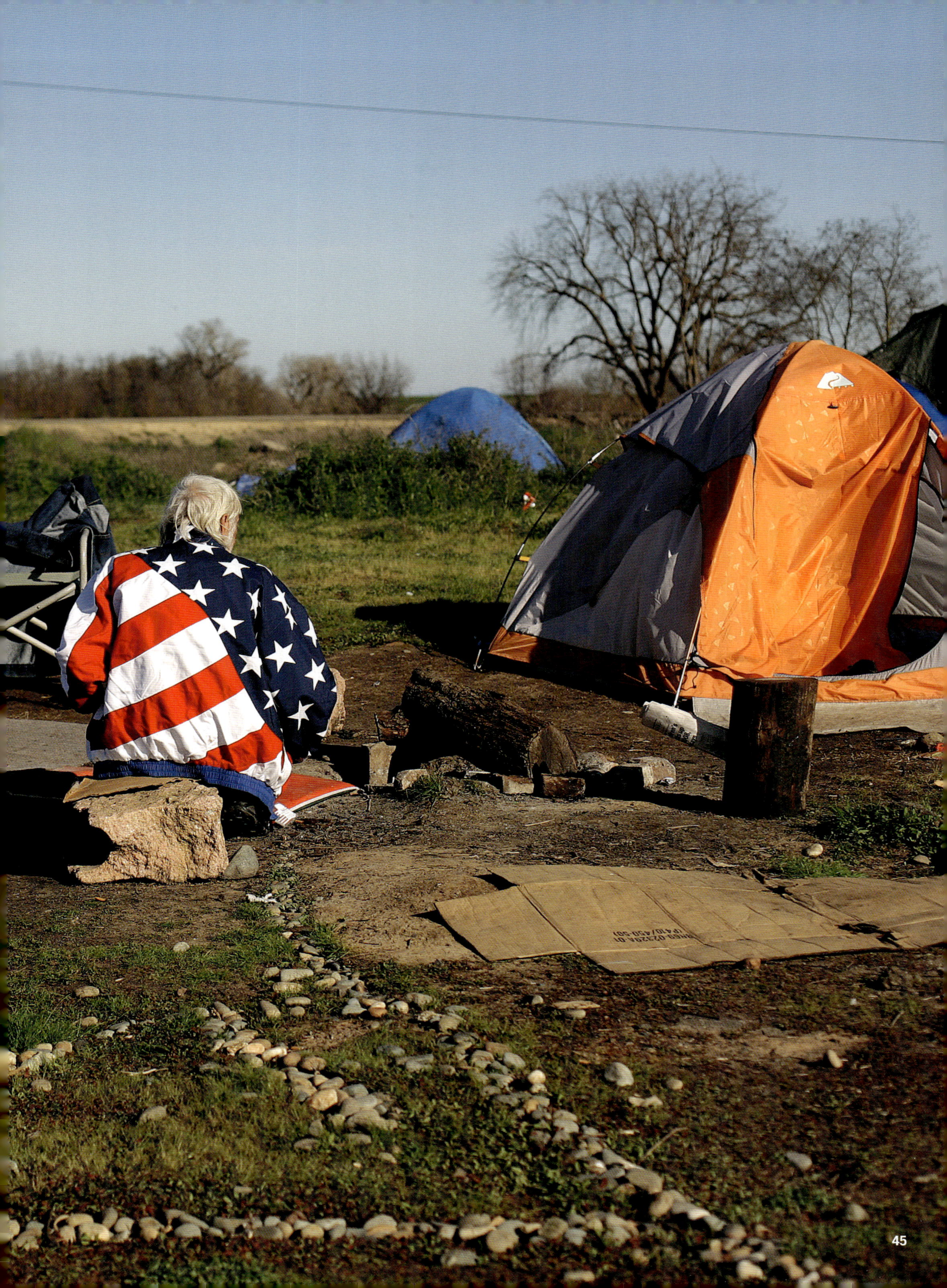

FEDERLEICHTER PROTEST

Die Spaßfraktion der politischen Demoszene kann sich auch 2009 wieder sichtbar profilieren. Beim G-20-Gipfel in London trägt der Protest Pink, und nicht nur auf der New Yorker Wall Street schlägt man federleicht aufeinander ein. Weltweit rufen junge Demonstranten per Flashmop zur Kissenschlacht. Besonders friedlich die deutsche Version: „Benutzt Kissen ohne Knöpfe und Reißverschlüsse". Die tiefer gelegte Variante wählen isländische Kneipiers. Aus dem Urinal grüßen Konterfeis der vermeintlich schuldigen Banker

47

FRISCHE MILCH VON SAUREN BAUERN

Wütende Landwirte schütten drei Millionen Liter Milch auf einen Acker in der Nähe der belgischen Stadt Ciney. Sie demonstrieren mit der Aktion am 16. September gegen zu niedrige Milchpreise. In Deutschland kommt es zu ähnlichen Protesten, weil der Preis zeitweise unter 20 Cent pro Liter rutscht. Kirchenvertreter kritisieren: Milch sei eine „Gabe Gottes", die nicht verschwendet werden dürfe. Doch die verschüttete Milch zeigt Wirkung: Die EU-Kommission richtet einen Milchfonds in Höhe von 280 Millionen Euro ein

49

WIRTSCHAFT

GIPFELSTÜRMER

Bei einer Tagung von Internationalem Währungsfonds (IWF) und Weltbank in Istanbul kommt es im Oktober zu schweren Ausschreitungen. Die Demonstranten werfen Brandsätze, schlagen Scheiben von Geschäften und Banken ein und versuchen, zum abgesicherten Tagungszentrum vorzudringen. Der Protest richtet sich gegen die ihrer Meinung nach krasse Benachteiligung der Dritte-Welt-Länder

ENTWICKLUNGSHILFE

Neuwagen von Nissan, Honda, Hyundai und Mazda stauen sich auf einem Terminal bei Rotterdam. Allerdings nur kurze Zeit: Die Kleinwagen aus Fernost finden wegen der Abwrackprämie in Deutschland großen Absatz. Als im September der Fünf-Milliarden-Euro-Fördertopf geleert ist, steht fest: Von dem Bonus haben asiatische Hersteller mehr profitiert als die deutschen Premiumbauer BMW, Audi, Mercedes und Porsche

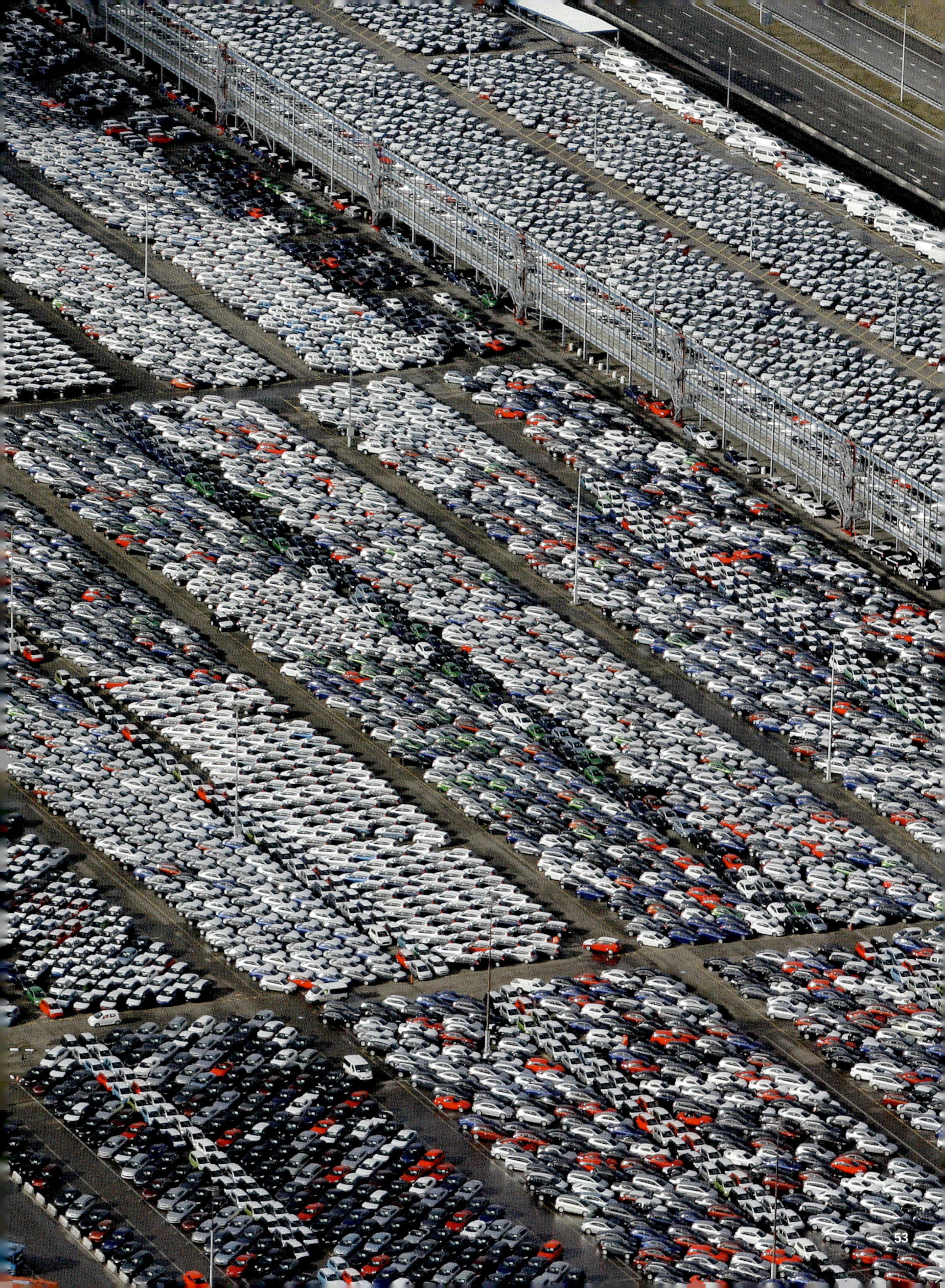

ARBEITSRECHT
UND WO BLEIBT DIE MORAL?

TEXT FRAUKE HUNFELD

Wohin kämen wir, wenn das jeder täte? In fremde Buletten beißen, Reste essen, Müll stehlen. Betrug bleibt Betrug, sagen die Juristen. Wer klaut, der fliegt. Völlig egal, ob er ein Brötchen nimmt oder zehn oder ein paar Krümel. Wer einmal lügt, dem glaubt man nicht, hat meine Oma gesagt. Merk dir das, Kind. Also, alles bestens. Dass man der Sekretärin gekündigt hat nach Jahrzehnten, weil sie in die Frikadelle gebissen hat, und dem Müllmann, weil er ein Kinderbett mit zu sich nahm, das eigentlich für den Schredder bestimmt war. Dass die Altenpflegerin mit 58 Jahren gehen musste, weil sie sich Essensreste der Bewohner für zu Hause einpackte. Nicht tütenweise, nur sechs Maultaschen. Die ohnehin in die Biotonne geflogen wären. Aber das ist wurscht: Diebstahl bleibt Diebstahl, egal, wie gering der Wert ist. Vertrauen weg, Job weg, Betriebsrente weg. Klar, einfach, vorhersehbar. Wozu die Aufregung? Strafe muss sein. Warum aber sitzt Ex-Postchef Klaus Zumwinkel jetzt in einem Schloss am Gardasee, obwohl er eine Million Steuern hinterzogen hat und dafür verurteilt wurde? Warum bekommt er 20 Millionen Euro Pension, die er, anders als normale Pensionäre, auf einen Schlag kassiert hat. Nach seiner Verurteilung, wohlgemerkt, und nachdem er das Gericht über seine Vermögensverhältnisse belogen hat. Und obwohl die Post Verluste schreibt und deswegen Briefträger entlassen will. Warum müssen hohe Beamte in Brandenburg das teilweise mit Vorsatz zu Unrecht kassierte Trennungsgeld zwar zurückzahlen, aber eine Kündigung nicht fürchten? Warum kriegen Manager Millionenabfindungen, die Banken mit Kamikaze-Geschäften vor die Wand fahren und das Land an den Rand des Abgrunds reißen? Warum werden Banken, die jahrzehntelang ihren reichen Kunden beim Steuerbetrug halfen, jetzt mit Steuergeldern gerettet? Warum ist Schwarzgeld-Koch heute hessischer Ministerpräsident und Wolfgang Schäuble mit den vergessenen 100 000 Spendenmark Finanzminister? In welchem Verhältnis steht das zu sechs Maultaschen? Warum kommt man bei den kleinen Fällen mit der großen Moral, und bei den großen Schweinereien wird man ausgelacht, wenn man nach so was nur fragt: Moral, ich bitte Sie. Das ist so was von gestrig. Der Kapitalismus, das müssten Sie doch wissen, beruht auf dem Egoismus des Einzelnen. Nennen Sie es ruhig Gier. Sie führt zum Wohle aller. Und wenn nicht: systemrelevant. Too big to fail. Die Leute sind nicht blöd. Natürlich wissen sie, dass Strafrecht und Arbeitsrecht verschiedene Dinge sind. Natürlich ist ihnen klar, dass man individuelles Versagen individuell nachweisen muss und den Vorsatz gleich mit. Bei Maultaschen ist das leicht, nicht so leicht aber bei der Pleite einer Bank und beim Abkassieren von utopischen Gehältern und Millionenabfindungen trotz Erfolglosigkeit. Wo kommen wir also hin, wenn das jeder macht, der die Möglichkeit dazu hat? Dahin, wo wir jetzt sind. Die Leute regen sich ja nicht auf, weil sie Stehlen gut finden. Sondern weil sie sich bestohlen fühlen. Bestohlen um den Glauben an ein Land, in dem jeder die gleichen Rechte, Chancen und Pflichten hat.

Finanzminister Wolfgang Schäuble und Ex-Postchef Klaus Zumwinkel sind fein raus. Vergessene Spenden? Steuerbetrug? Das war gestern

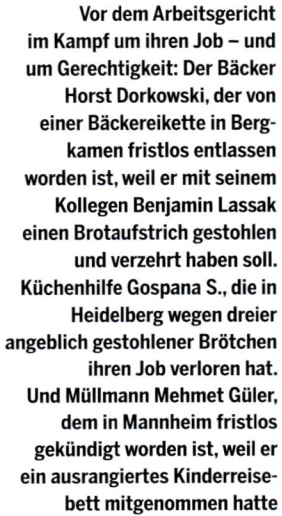

Vor dem Arbeitsgericht im Kampf um ihren Job – und um Gerechtigkeit: Der Bäcker Horst Dorkowski, der von einer Bäckereikette in Bergkamen fristlos entlassen worden ist, weil er mit seinem Kollegen Benjamin Lassak einen Brotaufstrich gestohlen und verzehrt haben soll. Küchenhilfe Gospana S., die in Heidelberg wegen dreier angeblich gestohlener Brötchen ihren Job verloren hat. Und Müllmann Mehmet Güler, dem in Mannheim fristlos gekündigt worden ist, weil er ein ausrangiertes Kinderreisebett mitgenommen hatte

WIRTSCHAFT

DEUTSCHE POLITIK
WILLKOMMEN IM MERKELLAND

So unprätentiös hat schon lange niemand mehr am eigenen Eintrag für die Geschichtsbücher gearbeitet. 2009 ist das Erntejahr der Angela Merkel. Unangefochten wie nie zuvor steht sie nach einem eher mageren Sieg bei der Bundestagswahl an der Spitze der politischen Klasse. Die Methode Merkel greift: Die eigene Partei ist in Schach gehalten, die SPD liegt in Trümmern. Und die Deutschen fassen ausgerechnet in der größten Wirtschafts- und Finanzkrise der Geschichte Vertrauen zu jener Frau aus dem Osten, die ihnen so lange so fremd gewesen ist

Deutsches Einheitsessen: Angela Merkel, Guido Westerwelle, Karl-Theodor zu Guttenberg, Frank-Walter Steinmeier beim Versuch, eine Bratwurst mit Anstand zu verzehren

DAS POLITISCHE JAHR
DIE MACHT DER GEWOHNHEIT

TEXT **AXEL VORNBÄUMEN**

Angela Merkels Lächeln ist anders an diesem Oktobermittwoch im Bundestag, anders als noch beim ersten Mal. Irgendetwas fehlt. Ist es die Rührung? Der Stolz? Die Ungläubigkeit, es tatsächlich geschafft zu haben? Gewiss, es ist noch das Lächeln der Siegerin. Doch es wirkt geschäftsmäßig, ein wenig müde, fast könnte man sagen: routiniert. Das Lächeln passt nicht zu diesem historischen Moment, als Angela Merkel wieder Platz nimmt auf der Regierungsbank; allein zunächst, weil ihr Kabinett noch nicht vereidigt ist. Sie ist nun zum zweiten Mal Bundeskanzlerin. Wiedergewählt mit 323 Stimmen, was exakt neun Stimmen weniger sind, als die beiden sie tragenden Fraktionen von CDU/CSU und FDP insgesamt haben. Dereinst wird dies für eine Fußnote in den Geschichtsbüchern sorgen. Mehr nicht. Sie aber, Merkel, kann sich spätestens von diesem Moment an sicher sein, selbst nicht als Fußnote oder gar Betriebsunfall der Geschichte in die Annalen einzugehen. Es war ihr Ziel, als Kanzlerin wiedergewählt zu werden. Einmal mindestens. Sie hat nun Ludwig Erhard hinter sich gelassen und Kurt Georg Kiesinger, und ihr Ego trifft sich dieses eine, seltene Mal mit dem ihres Vorgängers: Auch Gerhard Schröders erklärtes Ziel war es, einmal im höchsten Regierungsamt bestätigt zu werden.

Eigentlich wäre ein wenig Pathos angebracht gewesen in jenem Moment. Das kann auch befreiend sein, gelegentlich. Doch Pathos ist ihr Ding nicht. Und für gängige Alphatier-Attitüden fehlt ihr das Naturell.

Und so geht an diesem 28. Oktober als protokollarischer Akt von großer Nüchternheit über die Bühne, was gestern noch Sensation war und nun plötzlich eine Form von nachgeholter Selbstverständlichkeit ist: Eine Frau aus dem Osten regiert Deutschland, protestantisch, ohne Kinder und mit allenfalls bescheidenem Charisma – und dieser Umstand ist kein Sonderfall mehr, sondern zumindest gefühlte Normalität.

Deutschland ist in diesem Jahr 2009 endgültig Merkelland geworden, wie auch immer man diesen Begriff benutzen will, despektierlich oder anerkennend. Sie selbst aber hat seit diesem

Pragmatismus bis zur gelegentlichen Unkenntlichkeit der eigenen Position

28. Oktober ihre Optionen erweitert. Es muss nicht so kommen, aber die Chance besteht nun, dass sie irgendwann in die Galerie großer Staatsmänner aufrückt. Dazu wird der Umstand, dass sie es als erste Frau ins Kanzleramt schaffte, nicht ausreichen. Doch mit der Wirtschaftskrise hat sie eine Folie, die es ihr ermöglichen könnte, es zu schaffen. Eine erste Etappe ist bewältigt.

Es ist die Macht der Gewohnheit, die Angela Merkel in die Hände gespielt hat. Sie hat das Land repräsentiert, zunächst ordentlich,

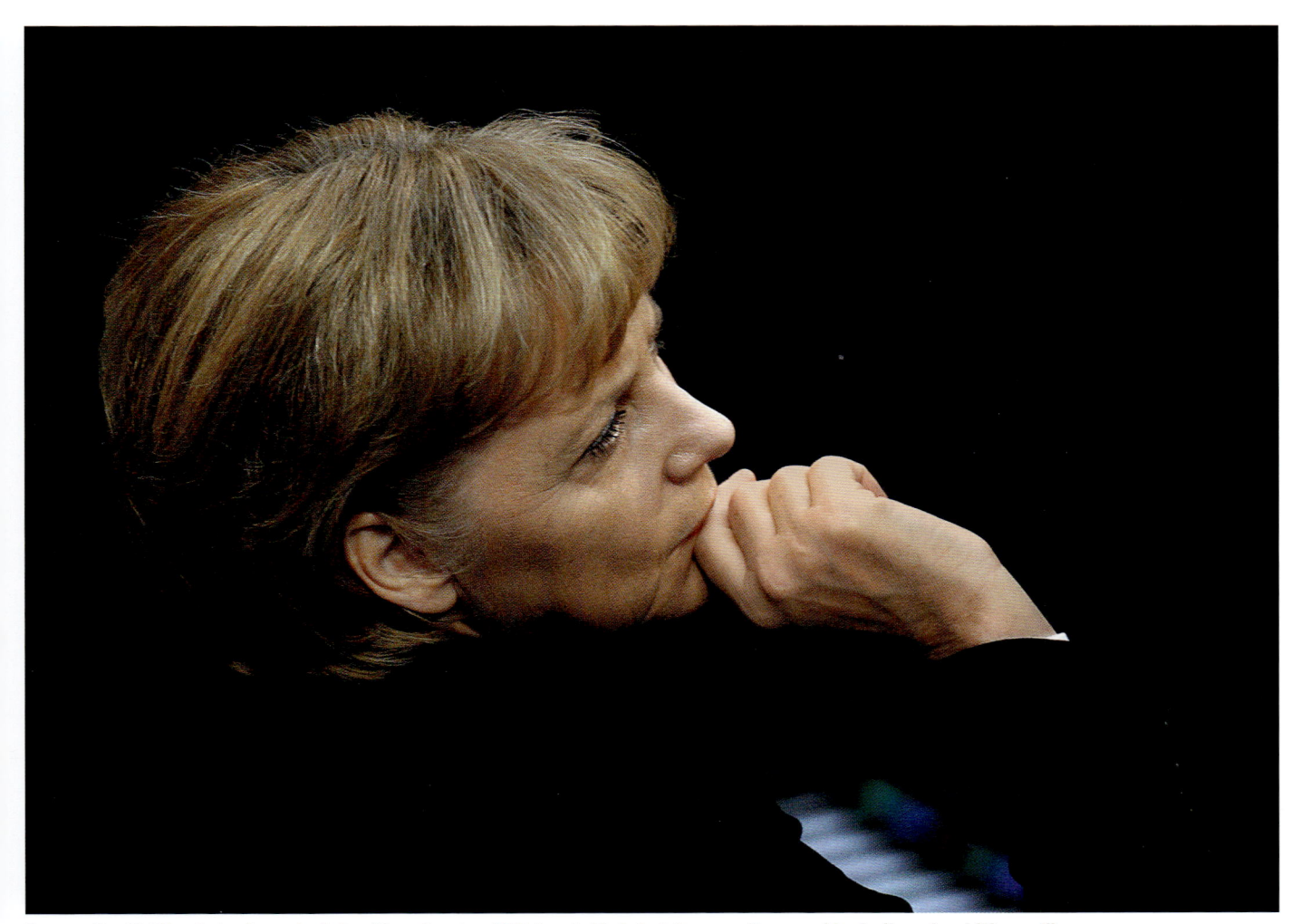

Zum zweiten Mal Kanzlerin, diesmal mit dem Wunschpartner FDP: Angela Merkel wird sagen müssen, wohin sie dieses Land führen will

dann immer selbstbewusster. Sie hat sich professionalisiert im Amt – und hat auf ihre Weise das daran gewonnen, was man bei Schröder Spaß genannt hat. Sie ist aufgestiegen zu einer festen Größe auf internationalem Parkett. Sie hat sich nicht lächerlich gemacht, was wichtig ist. Und wenn sie für Aufregung, zumal in den eigenen Reihen, gesorgt hat, dann hat sie eher irritiert als verstört. Doch die Selbstverständlichkeit, mit der ihre Wiederwahl ausgerechnet im Jahr der größten Wirtschafts- und Finanzkrise, die die Bundesrepublik je erfasst hat, zur Kenntnis genommen wurde, ist fast schon ein Phänomen für sich. Und zu erklären ist dies auch nicht allein mit der fehlenden Alternative. Es sieht nun insgesamt nach – mindestens – acht Jahren Merkel aus. Das wird an diesem Land nicht spurlos vorbeigehen.

Der Weg der Angela Merkel, die im vereinten Deutschland lange „Kohls Mädchen" war, bevor sie, immer irgendwie fremd in der eigenen Partei, an die Spitze der CDU und schließlich ins Kanzleramt gelangte, muss hier nicht mehr beschrieben werden. Die Wahrnehmung ihrer Kanzlerschaft indes schon. Denn das Parteiensystem im wiedervereinigten Deutschland hat sich 2009 ganz wesentlich auch wegen der moderierenden Regentschaft Merkels 20 Jahre nach Mauerfall so zurechtgerüttelt, dass es in dieser Konstellation sehr lange existieren wird: Von zwei großen Parteien ist nur noch eine übrig geblieben, die den Kampf um den Status einer Volkspartei weiter ernsthaft aufnehmen kann, die CDU. Die SPD hat sich davon sogar noch dramatischer entfernt, als es das höchst kümmerliche Ergebnis von 23,0 Prozent anzeigt. Und der Absturz der Sozialdemokratie in historische Abgründe würde noch verheerender wirken, wäre der Niedergang der SPD nicht in demoskopischer Dauerbegleitung aufgezeichnet worden. So war die Wucht des politischen Desasters in der Wahrnehmung des Publikums schon eingepreist. Und aus den drei kleinen Parteien sind auf absehbare Zeit Säulen des Fünfparteiensystems geworden, die anders als in früheren Zeiten nicht mehr vor dem Sprung über die Fünfprozenthürde zittern müssen.

Denn am Ende von Merkels erster Amtszeit, am Ende der Großen Koalition, gilt für den Regierungsalltag auch das Ende der Ideo-

DEUTSCHE POLITIK 59

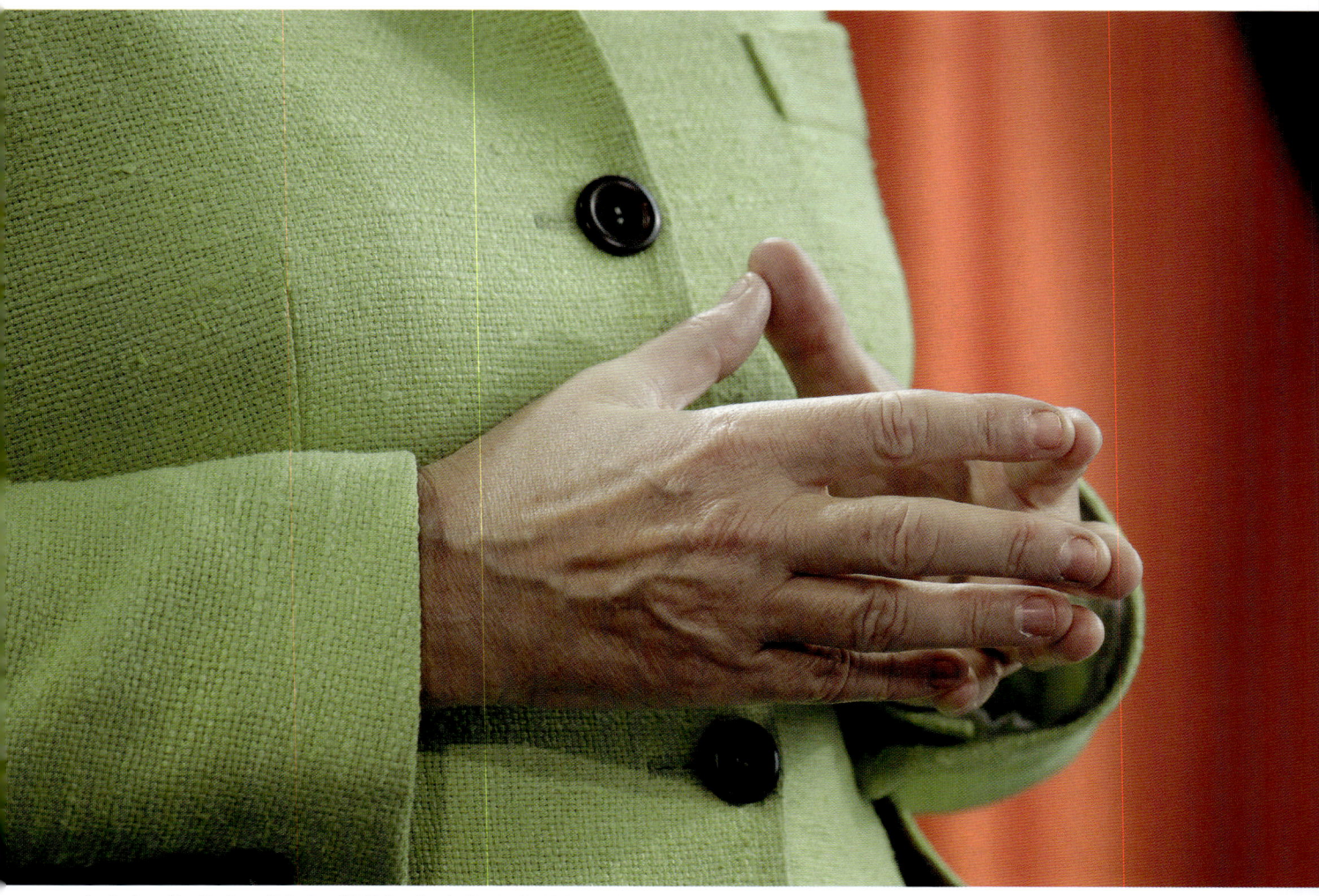

Auch ohne die gängigen Alphatier-Attitüden (fast) alles im Griff: Angela Merkel hat das Jahr 2009 genutzt, um ihre Machtposition innerhalb ihrer Partei zu festigen. Daran hat selbst das zweitschlechteste Ergebnis, das die Union bei Bundestagswahlen erzielt hat, nichts geändert

logien. Wahrscheinlich gehört dies zu den bemerkenswertesten Nebenwirkungen des Merkel'schen Regierungs- und Wahlkampfstils: Ein Pragmatismus bis zur gelegentlichen Unkenntlichkeit der eigenen Position war es, der ihr abermals den Weg ins Kanzleramt geebnet hat. Auf den letzten Metern dahin, im Bundestagswahlkampf der vagen Worte, verfing nicht einmal mehr die von der SPD verbreitete Schreckensvision, dass mit einem schwarz-gelben Bündnis eine Koalition der Eiseskälte an die Schaltstellen der Macht käme. Vorbei waren die Zeiten großer Polarisierung. Das politische Jahr 2009 war gekennzeichnet vom emsigen Bemühen des Besitzstandswahrens in Zeiten der Krise – und von sonst nichts. Fast wie in den Tagen der Deutschen Einheit wurde das „auf Sicht Fahren" zum Kernelement des politischen Alltags. Wie die Zukunft wird? „Ich weiß es nicht." Peer Steinbrücks wahre Worte, für einen Politiker eigentlich tabu, wurden zur Blaupause für Merkels Regierungsstil.

Atomkraft? Afghanistan? Alles mehr oder weniger eingeordnet in jenen breiten Korridor vermeintlicher Notwendigkeiten. Der Richtungsstreit fiel aus – oder war in seinen Nuancen vom breiteren Publikum kaum zu erkennen. Dass die schwarz-gelben Koalitionsverhandlungen im Oktober lediglich von einem Häuflein protestierender IG Metaller begleitet wurden, die nicht etwa um eine Lockerung des Kündigungsschutzes fürchten, sondern die Renaissance der Atomkraft kommen sahen, passt ins Bild. Keine demonstrierenden Massen, nirgendwo. Dass eine große Koalition zwangsläufig zur Radikalisierung von Teilen der Gesellschaft führt, diese These ist in der Neuzeit nicht mehr haltbar.

Die SPD aber blieb auf der Strecke. Den Sozialdemokraten gelang es nicht, ihren Eigenanteil an der Regierungsarbeit in der Großen Koalition transparent zu machen. Der fataleste Irrtum aber war die Annahme, dass Merkel nur in gleichsam fürsorglicher sozialdemokratischer Begleitung ihren vermeintlich neoliberalen Charakter unter Kontrolle hätte. Auch das hat das Publikum am Ende nicht mehr geglaubt.

Vor die Wahl gestellt, sich zwischen zwei ähnlichen Charakteren für den Regierungschef zu entscheiden, votierten die Deutschen nach den Gesetzen der politischen Logik: Der Kanzler(innen)-bonus griff. Frank-Walter Steinmeier, der bemitleidenswerte Herausforderer der SPD, hatte nie eine richtige Chance. Es hat fast tragische Züge, dass es dem Mann, dem parteiintern bis zum Wahltag pflichtgemäß zugejubelt wurde, nur mit großer Kraftanstrengung gelang, sich auf den Posten des SPD-Fraktionschefs zu retten. Steinmeier hatte Mühe, nicht im Strom der sich neu sortierenden SPD um Sigmar Gabriel und Andrea Nahles fortgerissen zu werden; SPD-Chef Franz Müntefering gelang die Rettung nicht. Der Mann, der Angela Merkel noch im Sommer prognostiziert hatte, dass sie schon mal ihre Koffer packen könne, scheiterte auch an seiner fehlerhaften Wahrnehmung der Kanzlerin.

Angela Merkel aber erreichte in diesem Jahr den vorläufigen Status der Unantastbarkeit. Dass die CDU-Chefin bei der Bundestagswahl am 27. September das zweitschlechteste Ergebnis in der Geschichte der Union eingefahren hat (33,8 Prozent), hat dabei parteiintern weder für den für diesen Fall prognostizierten Aufstand gesorgt, noch hat es ihre Position bei den Koalitionsverhandlungen mit der auf Rekordergebnis gestiegenen FDP (14,6 Prozent) wirklich spürbar gestört. Auch der Holperstart mit dem vermeintlichen Wunschpartner FDP sowie die durch die Kundus-Affäre und den Rücktritt Franz Josef Jungs bedingte erste größere Kabinettsumbildung änderten nach außen wenig an der Popularität der Kanzlerin. Machtstrategisch nach innen änderten sie gar nichts: Merkels unionsinterne Kritiker sind entweder sediert (Roland Koch, Christian Wulff), in Beschäftigungstherapie (Peter Müller als Chef einer Jamaika-Koalition im überschaubaren Saarland), abgeschoben (Günther Oettinger nach Brüssel) oder ihrerseits auf die Loyalität der Kanzlerin angewiesen – wie NRW-Ministerpräsident Jürgen Rüttgers, der eine wichtige Landtagswahl im Mai 2010 zu bestehen hat.

Sowohl bei der Bildung als auch beim späteren Umbau des schwarz-gelben Kabinetts war die Funktionsweise des Systems Merkel zu besichtigen. Mit Wolfgang Schäuble als Finanzminister besetzte die Kanzlerin die Schlüsselposition unter zuvorderst machtstrategischen Erwägungen. Schäuble muss vollmundige Ansprüche des liberalen Koalitionspartners nach Steuererleichterungen in Zeiten knapper Kassen ebenso abpuffern wie den zu erwartenden Ärger mit den Ministerpräsidenten aus der Union. Loyale Wasserträger wie Ronald Pofalla oder Norbert Röttgen wurden mit den Posten des Kanzleramtschefs oder des Umweltministers belohnt. Auch die ambitionierte Ursula von der Leyen, zunächst in ihrer ursprünglichen Funktion als Familienministerin gebunden, durfte erst ins Sozialministerium wechseln, als es Merkel opportun erschien. Mit Kristina Köhler holte die Kanzlerin schließlich eine Frau ins Kabinett, die niemals eine Chance gehabt hätte, wenn sie nicht aus Hessen stammen würde.

Angela Merkel hat von der Wirtschaftskrise profitiert. Ein zweites Mal wird das nicht so sein

Trotz der Startprobleme – Angela Merkel ist in komfortabler Position. Nur, sie wird nun liefern müssen. Als sie am 10. November zu ihrer ersten Regierungserklärung als Kanzlerin einer schwarz-gelben Koalition vor dem Bundestag steht, stellt sich die Frage, was sie mit dem Wunschbündnis anstellen will. Es ist die Frage, wohin sie dieses Land führen will. Merkel hat diese Frage vier Jahre lang nicht beantwortet. Nun stellt sie sich neu. Die Krise ist nicht vorbei. Noch immer dominiert sie alles. Angela Merkel sagt: „Ich will, dass wir alles versuchen, jetzt die Voraussetzungen für neues und stärkeres Wachstum zu schaffen." Sie weiß, dass sie von der Krise profitiert hat, aber dass dies nicht ein zweites Mal so sein wird. Beim nächsten Mal wird die Regentin von Merkelland daran gemessen werden, ob es ihr um mehr geht als um Machterhalt. Es wird die Frage sein nach den blühenden Landschaften oder dem Ausmaß der Versteppung.

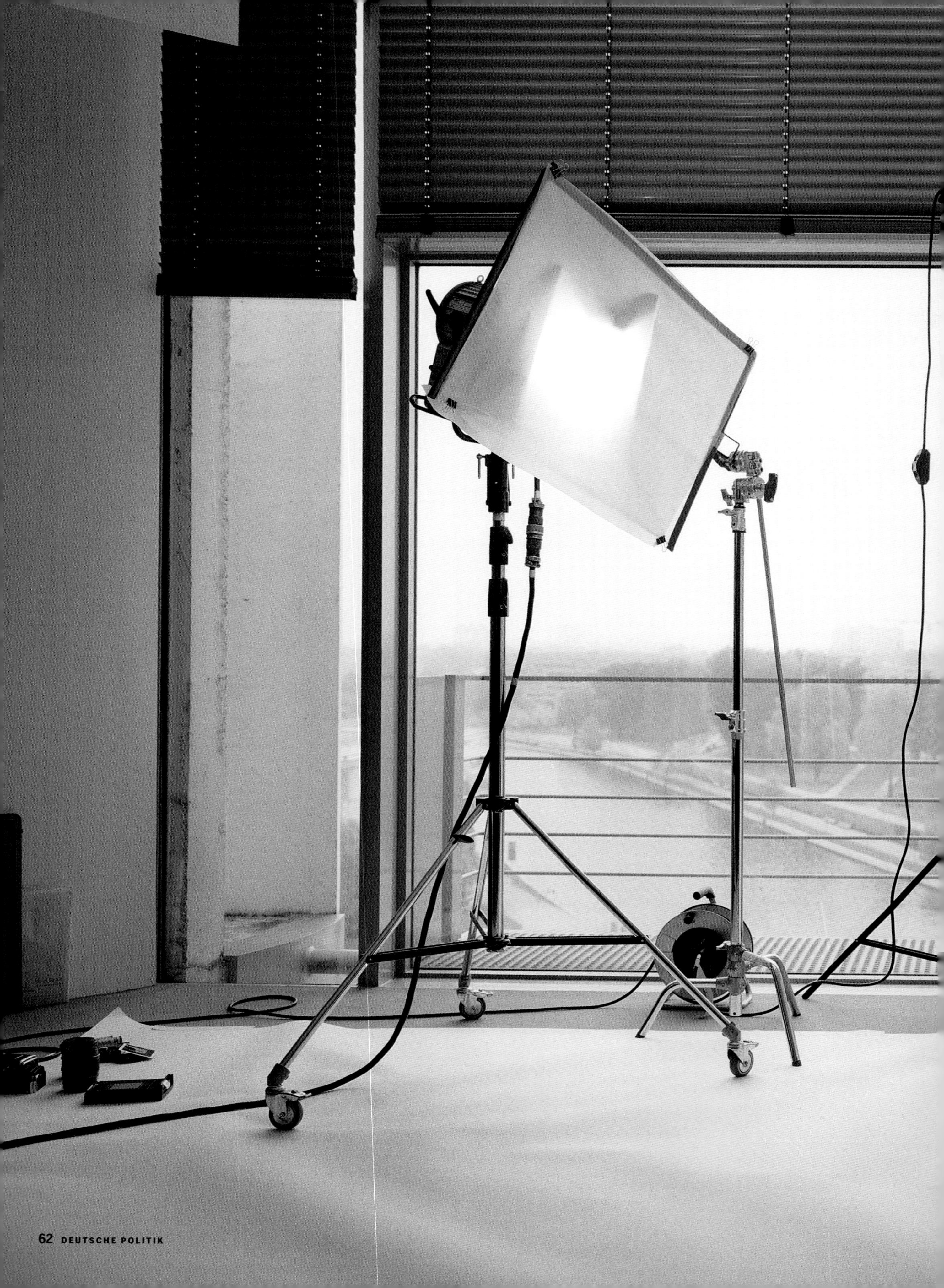

MODELL SITZEN FÜR DEUTSCHLAND

Mit dem Rücken zur Wand und dem Blick nach vorn. Im April sitzt die Kanzlerin der Großen Koalition in ihrem Amt Porträt, im Wahlkampf sitzt sie die Angriffe ihres Herausforderers Frank-Walter Steinmeier einfach aus. Nach dem Sieg im September verspricht Angela Merkel, künftig die „Kanzlerin aller Deutschen" zu sein. Die laut „Forbes Magazine" mächtigste Frau der Welt muss vor allen Dingen aber eines: ihren Haushalt in Ordnung bringen

FRANK-WALTER, MANN, GEH DU VORAN

Ende Juli, die Sonne steht über dem Land, stellt Frank-Walter Steinmeier sein Schattenkabinett vor. Die junge Frau links heißt Manuela Schwesig und ist Sozialministerin von Mecklenburg-Vorpommern. Rechts schreitet Justizministerin Brigitte Zypries, hinter Steinmeiers Rücken Andrea Nahles. Noch hoffen alle in der SPD – oder wenigstens tun sie so. Kein Idyll ist vor dem Kandidaten sicher. „Unser Land kann mehr" lautet der Slogan. Steinmeier und seinem Kompetenzteam aber wollen es die Deutschen am Ende nicht anvertrauen

65

DEUTSCHE POLITIK

SHOOTING STAR, WAS NUN?

Einen wie ihn gibt es in der politischen Klasse der Republik selten. Gut aussehend, top gekleidet, von zupackender Art, mit klarer Sprache: Karl-Theodor zu Guttenberg ist der Gegenentwurf zu den mausgrauen Sprechbläsern. Ob im Militärflieger nach Kabul oder am Times Square in New York – stets macht Guttenberg bella figura. Als aber alle noch von der Allzweckwaffe der Kanzlerin reden, trübt sich das Bild ein. Der Wirtschaftsminister kann sich in der Opelkrise nicht durchsetzen, als Verteidigungsminister holen ihn die Sünden seines Vorgängers Franz Josef Jung ein. Das deutsche Bombardement in Kundus, bei dem Zivilisten sterben, nennt er erst angemessen, zieht die Aussage dann zurück und sieht sich am Ende des Jahres mit dem Vorwurf konfrontiert, dass er schon länger mehr wusste

ZWEIERBEZIEHUNGEN

Auf den richtigen Abstand kommt es an. In respektvoller Distanz applaudiert Guido Westerwelle am 28. Oktober der alten und neuen Kanzlerin. Gerade hat Angela Merkel ihren Amtseid geleistet. Die Regierungsbank ist noch verwaist. Westerwelle wird künftig näher an seine politische Partnerin heranrücken. Der Außenminister und Vizekanzler sitzt – aus der Fotoperspektive betrachtet – links von der Kanzlerin. Vier Wochen zuvor liegen sich Westerwelle und sein Lebensgefährte Alexander Mronz am Wahlabend in den Armen

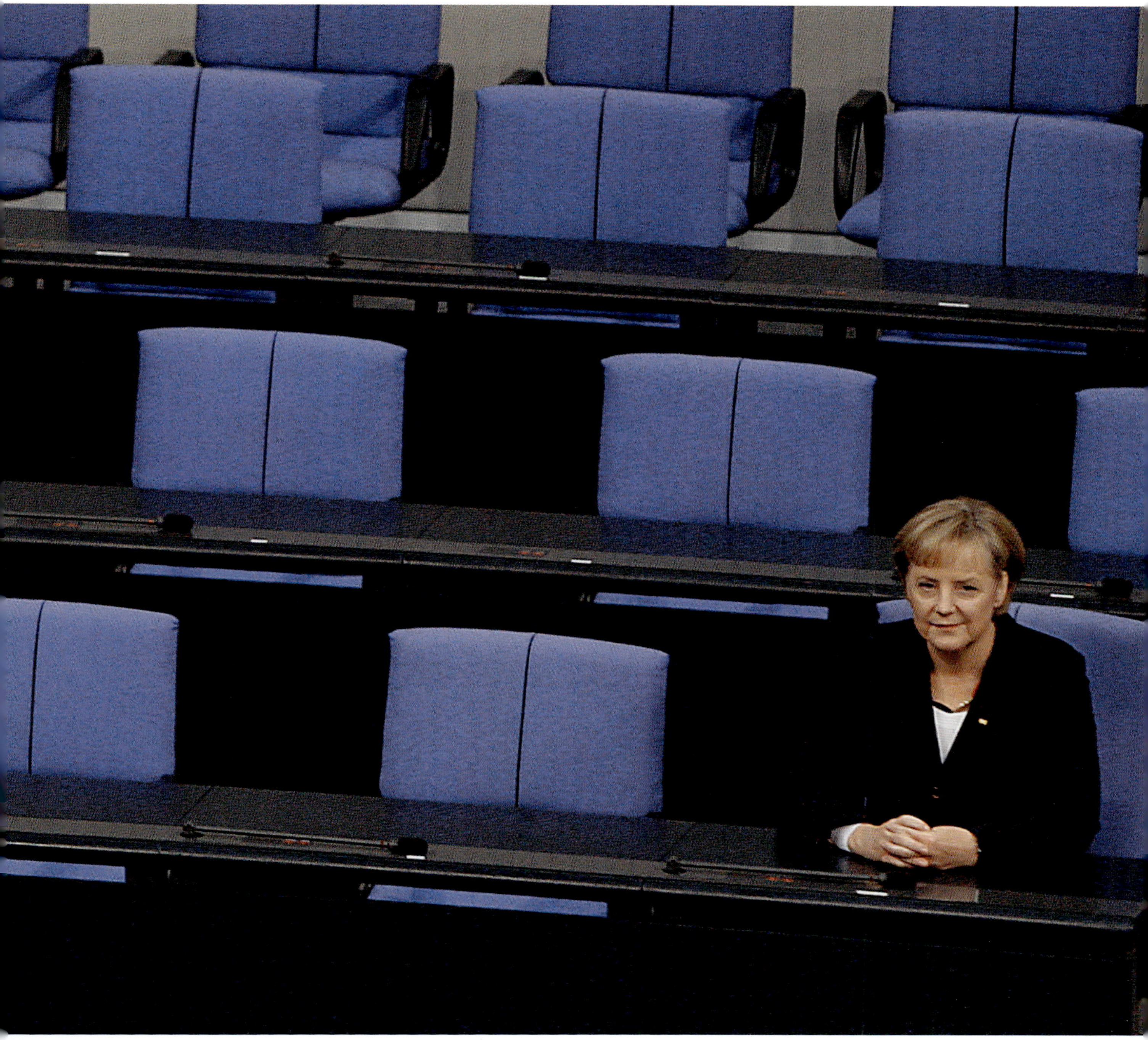

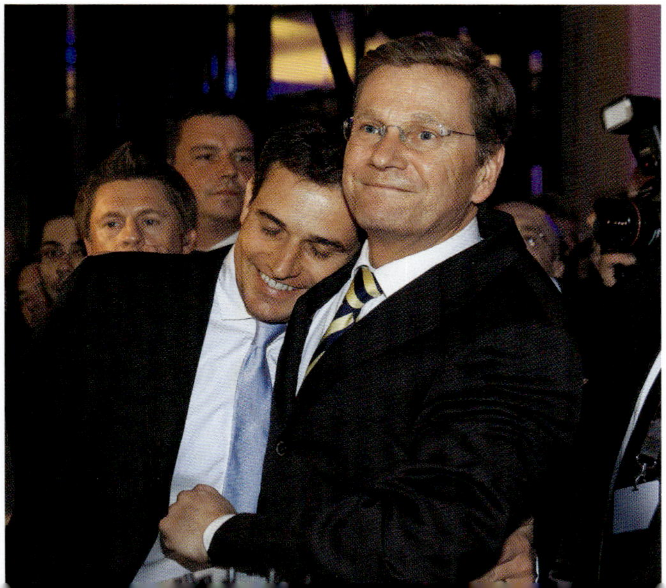

BILATERALES BEMÜHEN

Wenn Bilder mehr sagen als Worte: Professor Joachim Sauer im bemühten Gespräch mit einer angestrengten Michelle Obama. Small Talk geht anders. Schon bei der Ankunft hat Sauer der First Lady das obligate Küsschen verweigert und ihr statt der Wange die Hand hingehalten. Der Mann der deutschen Kanzlerin und die amerikanische Präsidentengattin absolvieren am 3. April in Baden-Baden das, was in der Welt der Politik gemeinhin als Damenprogramm bezeichnet wird. Ihre Partner gehen derweil ihrem Beruf nach – der 60. Geburtstag der Nato in Straßburg. Sauer und Obama wirken so weit auseinander, wie das bei Natur- und Geisteswissenschaftlern womöglich Usus ist. Michelle Obama ist Soziologin, Sauer Professor für physikalische und theoretische Chemie

71

DEUTSCHLAND
VON MÖRDERN UND MAUERN

Jung sind die Täter, die das Land erschüttern: Ein 17-Jähriger läuft in Winnenden Amok und erschießt 15 Menschen. Ein 17- und ein 18-Jähriger prügeln an einer S-Bahn-Station in München den couragierten Bürger Dominik Brunner tot. Unfassbar auch, dass das Stadtarchiv in Köln von einer Minute auf die andere im Boden versinkt, zwei Menschen mitreißt und Archivmaterial aus 1000 Jahren. 2009 ist aber auch das Jahr, in dem wir unsere jüngere Geschichte feiern dürfen. 20 Jahre nach dem Ende der DDR steigt am Brandenburger Tor eine riesige Einheitssause

20 Jahre nach dem Mauerfall – ein euphorisches Finale der Einheitsfeier am Brandenburger Tor

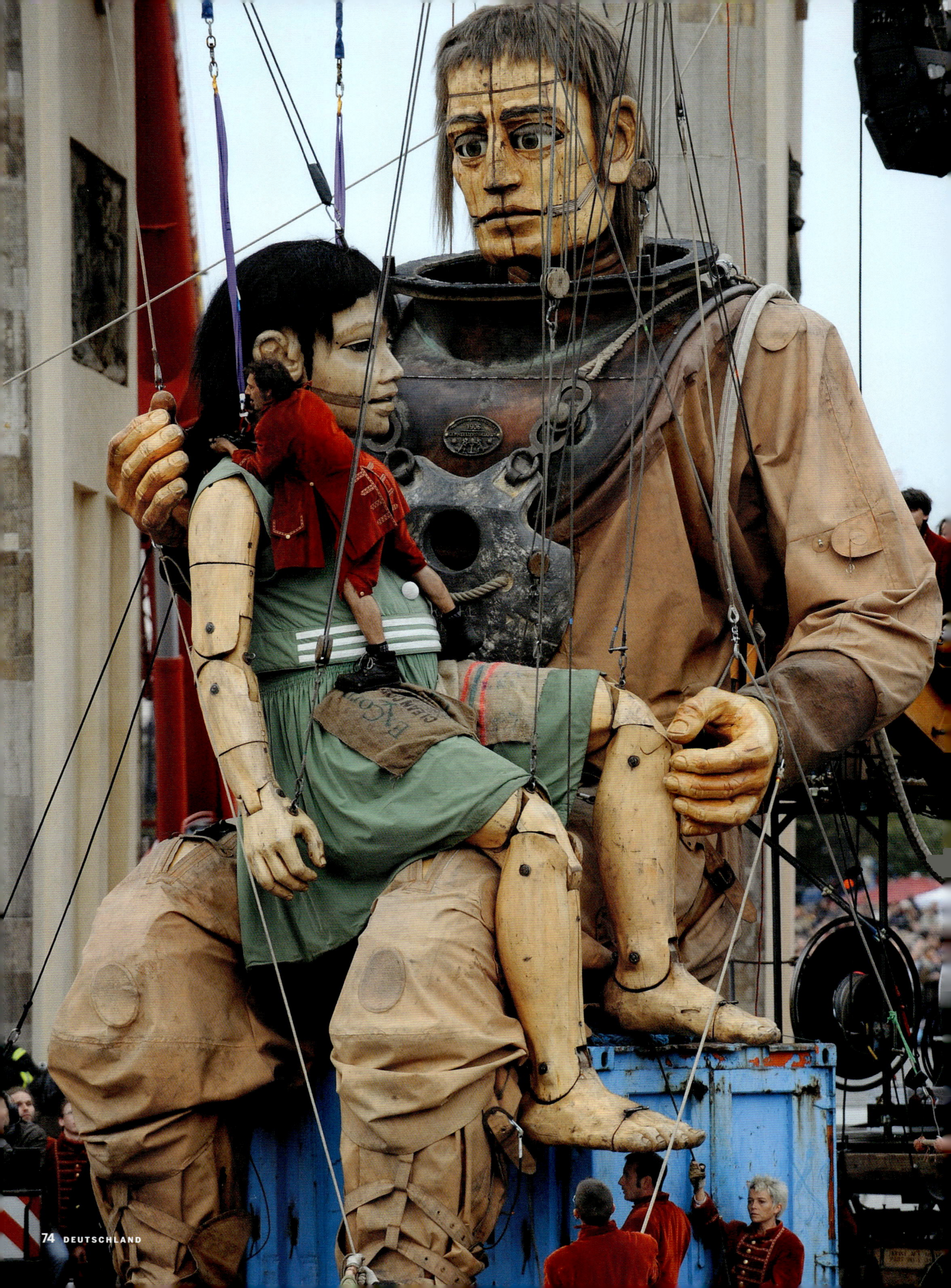

JETZT SITZT ZUSAMMEN, WAS ZUSAMMENGEHÖRT

Hunderttausende Menschen laufen Anfang Oktober in Berlin einem symbolträchtigen Rührstück hinterher: „Das Wiedersehen", gespielt von zwei an Kränen aufgehängten XXL-Marionetten der französischen Straßentheater-Compagnie „Royal de Luxe". Der „Große Onkel" startet im Westen, entsteigt als Taucher dem Humboldthafen. Die „Kleine Nichte" beginnt ihre Reise zum Brandenburger Tor am Roten Rathaus im Osten. 50 „Liliputaner" ziehen an Seilen, damit sich die Giganten bewegen. Drei Tage marschieren der 15 Meter hohe Onkel und seine halb so lange Nichte durch die Hauptstadt, dann finden sie zusammen

WATT EIN ERBE

Die 13 000 Quadratkilometer Watt sind nicht nur Rastplatz für zwölf Millionen Zugvögel, sie sind einzigartig auf der Welt. Deshalb erklärt die Unesco den größten Teil des deutsch-niederländischen Wattenmeers zwischen Texel und Sylt im Juni zum Weltnaturerbe. Dass so ein Prädikat seinen Preis hat, will man in Dresden nicht einsehen: Die heftig umstrittene Waldschlösschenbrücke soll gebaut werden. Weil die aus dem 18. und 19. Jahrhundert stammende Dresdner Kulturlandschaft Elbtal dadurch entstellt werde, verweigert die Unesco Dresden den werbewirksamen Titel

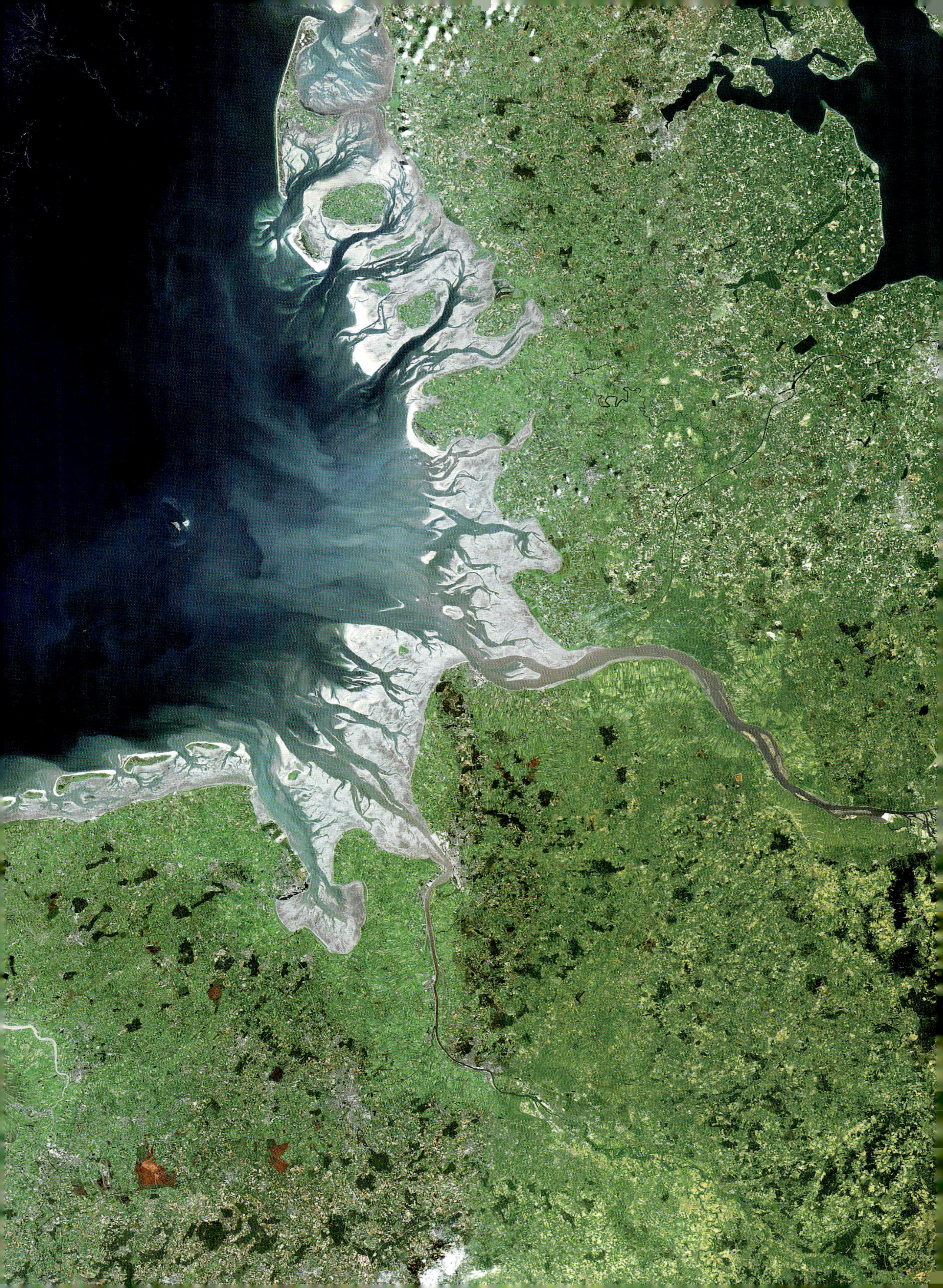

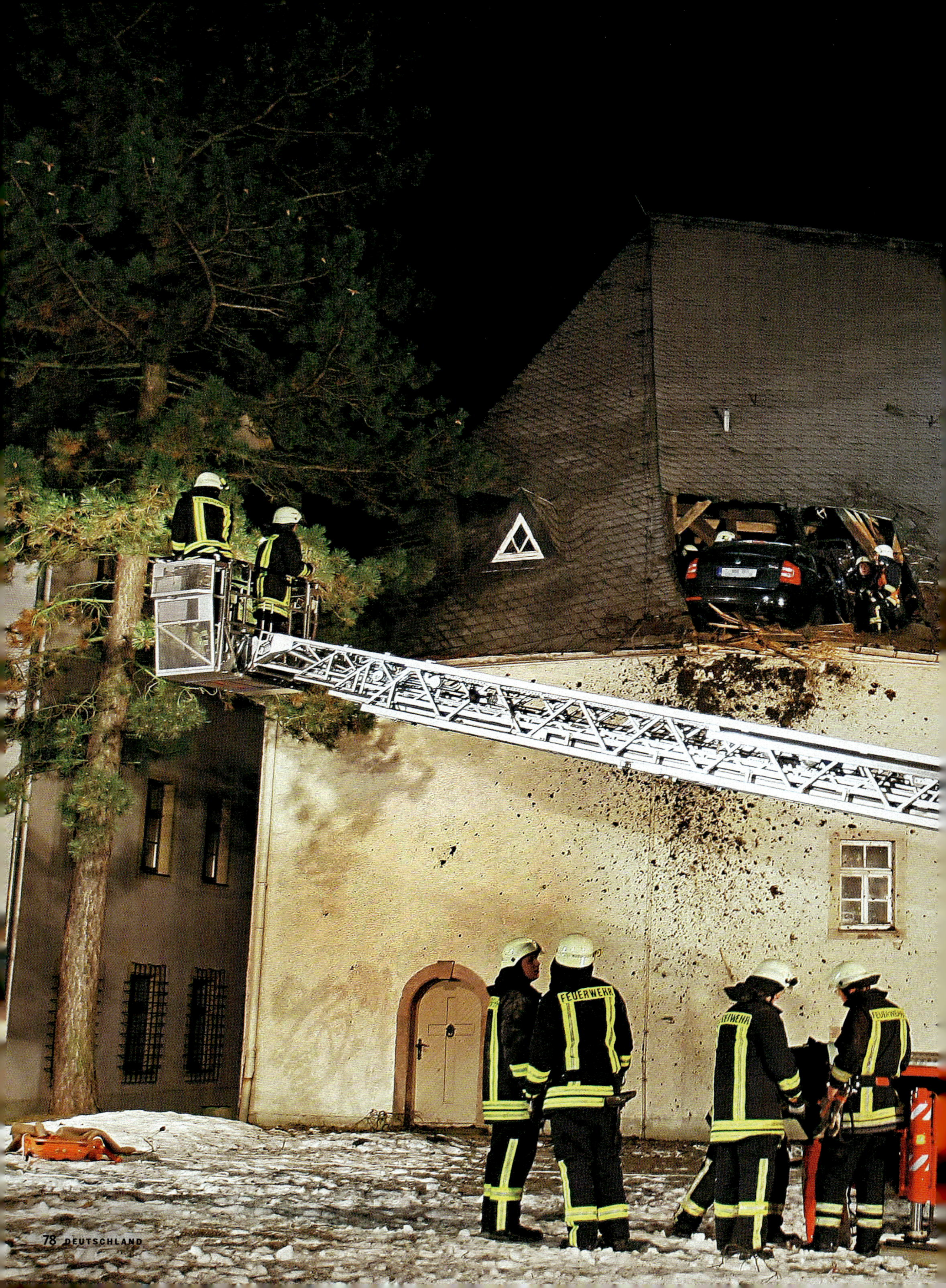
FEUERWEHR
FEUERWEHR
FEUERWEHR

ZUM HIMMEL HOCH

Ein Mann rast mit 139 Stundenkilometern durch das nächtliche Limbach-Oberfrohna in Sachsen. Als er von der Straße abkommt, hebt der Wagen ab, fliegt 35 Meter weit und kracht auf sieben Meter Höhe passgenau in das Kirchendach. An jeder anderen Stelle wäre das Auto zerschellt – und er wohl tot. Der 23-Jährige überlebt Gott sei Dank und geht seitdem regelmäßig in die Kirche. Mit seiner Himmelfahrt beflügelte er unfreiwillig auch andere: Ein örtlicher Musiker landet mit seinem „Überflieger"-Song im Radio. Sein Versuch aber, den unfreiwilligen Stunt außerhalb der Stadt nachzumachen, misslingt. Der Herrgott hat auch hier ein Einsehen: Es bleibt bei Knochenbrüchen

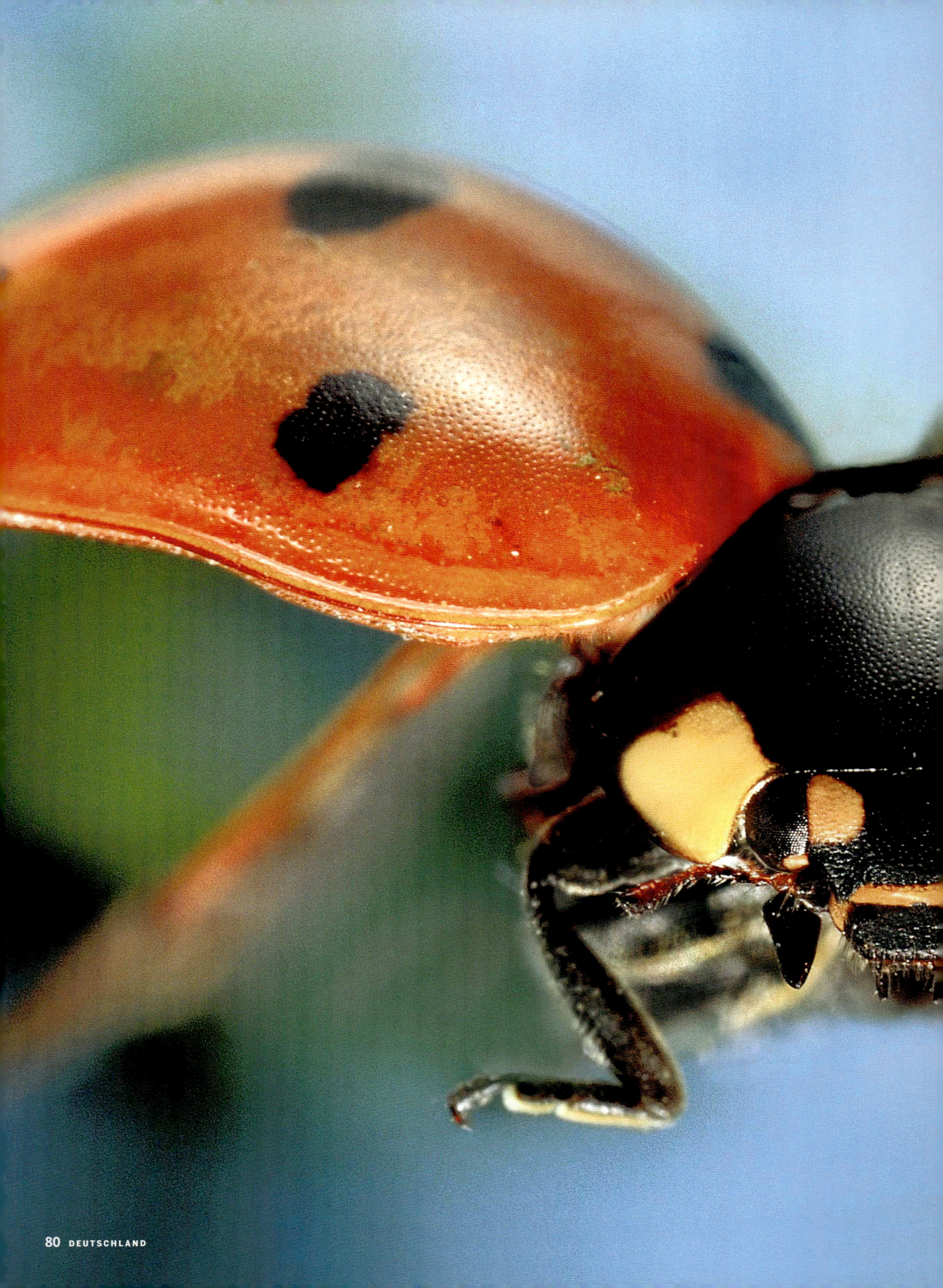

VIEL-FLIEGER

Kinder lieben „Marinis". Jedenfalls den ein oder anderen. In diesem Sommer erleben die Touristen-Hochburgen an der Ostsee eine wahre Marienkäfer-Invasion. Millionen der – wenn sie einzeln auftreten – possierlichen Tierchen nerven Jung und Alt. Die Fremdenverkehrsämter geraten in Wallung, doch Zoologieprofessor Jan-Peter Hildebrandt beruhigt die Gemüter. Der vermehrungswütige Glücksbringer sei ungefährlich: „Der Mensch passt nicht ins Beuteschema des Marienkäfers"

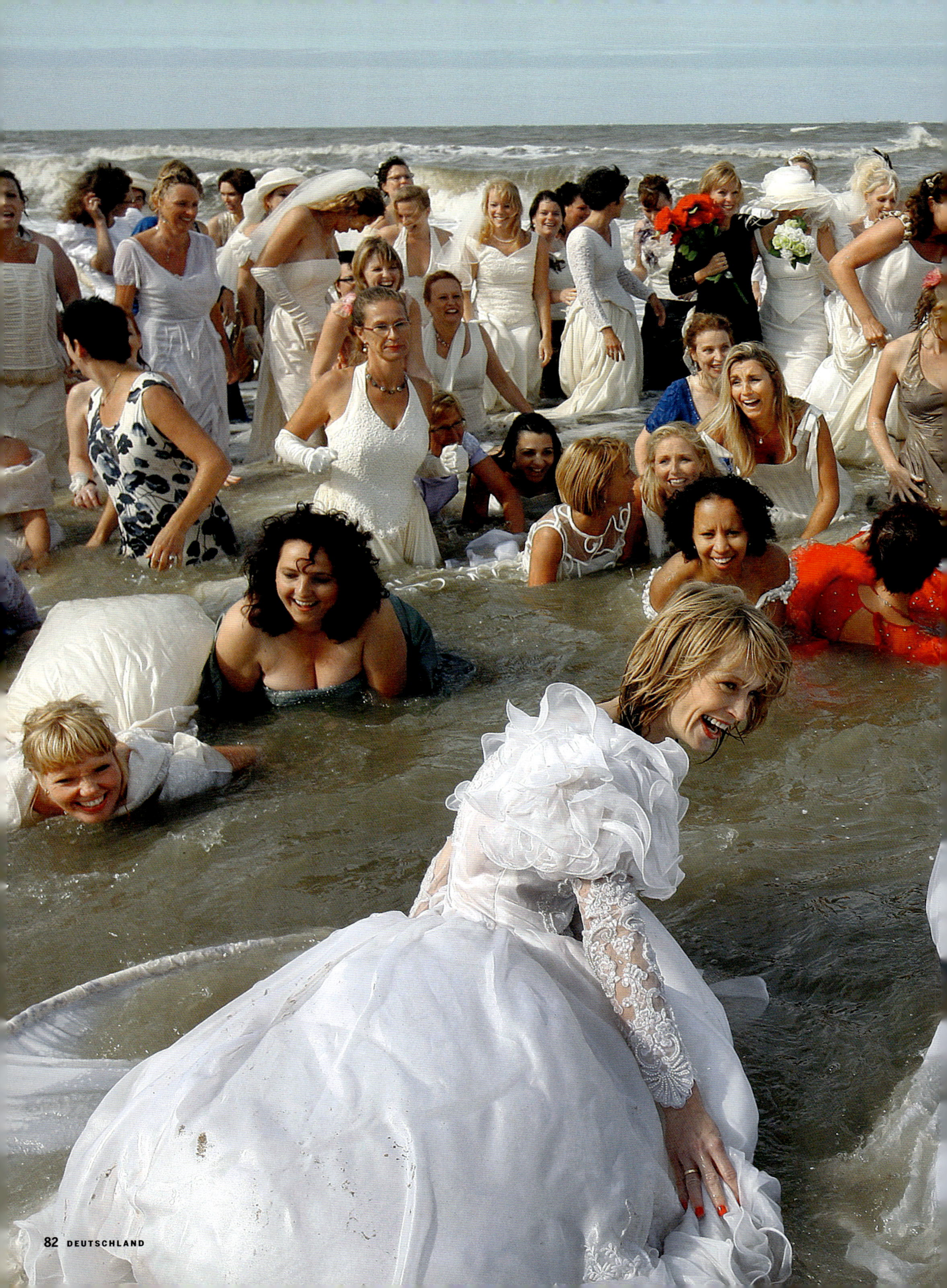

SCHMUTZ-KAMPAGNE

99 junge und nicht mehr ganz so junge Frauen posieren am Nordseestrand bei Scheveningen für die holländische Fotografin Melanie Rijkers. Das Happening heißt „Trash the dress" und kommt, na klar, aus den USA. Die Idee: Lass dein Brautkleid nicht im Schrank vermotten, deine Tochter wird es wohl kaum anziehen. Trag es also noch ein letztes Mal. Und zwar so, dass es danach nie mehr zu benutzen ist. Zu den beliebtesten „Locations" zählen Schweineställe und Schlammlachen

1000 JAHRE STADTGESCHICHTE VOM ERDBODEN VERSCHLUCKT

Ein Mann steht in den Trümmern dessen, was einmal sein zu Hause gewesen ist. Am 3. März versinkt das Kölner Stadtarchiv und reißt zwei mehrgeschossige Nachbargebäude mit sich. Zwei Menschen werden getötet. Offenbar hatten Bauarbeiten an der U-Bahn den Erdrutsch verursacht. Unersetzliches Archivgut liegt bis zu 20 Meter tief unter der Erde. Die Kosten für Bergung und Restaurierung der historischen Sammlung werden auf 300 Millionen Euro geschätzt

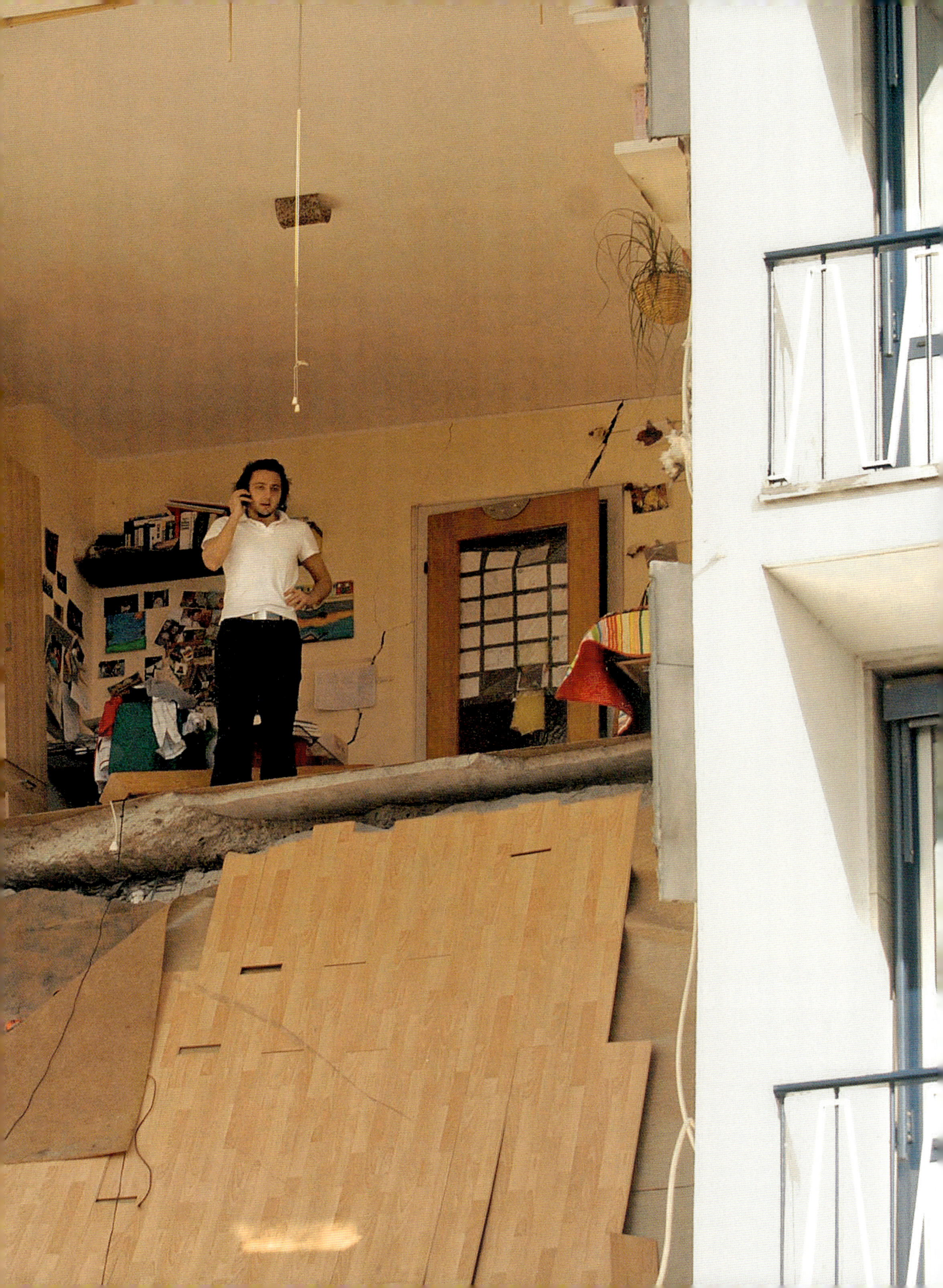

KREUZBERGER NACHT

Es ist die Nacht des 1. Mai und der Krawall ein Ritual. Die Zigarette in der einen Hand, die Bierflasche in der anderen, reckt ein junger Mann die Arme zur Siegerpose. Hier, am Kottbusser Tor in Berlin-Kreuzberg, treffen sich Autonome, Chaoten, Randalierer und stecken Müllcontainer in Brand. Als Polizisten versuchen, die Demonstranten einzukesseln, werden sie angegriffen. Die Bilanz: 273 verletzte Beamte, 289 festgenommene Demonstranten. Es ist die heftigste Mai-Schlacht seit Jahren

87

UNTER DER GÜRTELLINIE

Der umstrittene „Körperwelten"-Plastinator Gunther von Hagens zeigt im August in Augsburg zwei seiner menschlichen Präparate beim Geschlechtsverkehr. Und sorgt für einen handfesten Eklat. Weil der Akt gegen das bayerische Bestattungsgesetz verstoße, lässt CSU-Oberbürgermeister Kurt Gribl den Ausstellungsraum mithilfe der Feuerwehr verschließen. Danach legt der Kommunalpolitiker bei der Verhüllung des Objekts selbst Hand an. Von Hagens wird mit einem Zwangsgeld von 10 000 Euro belegt

89

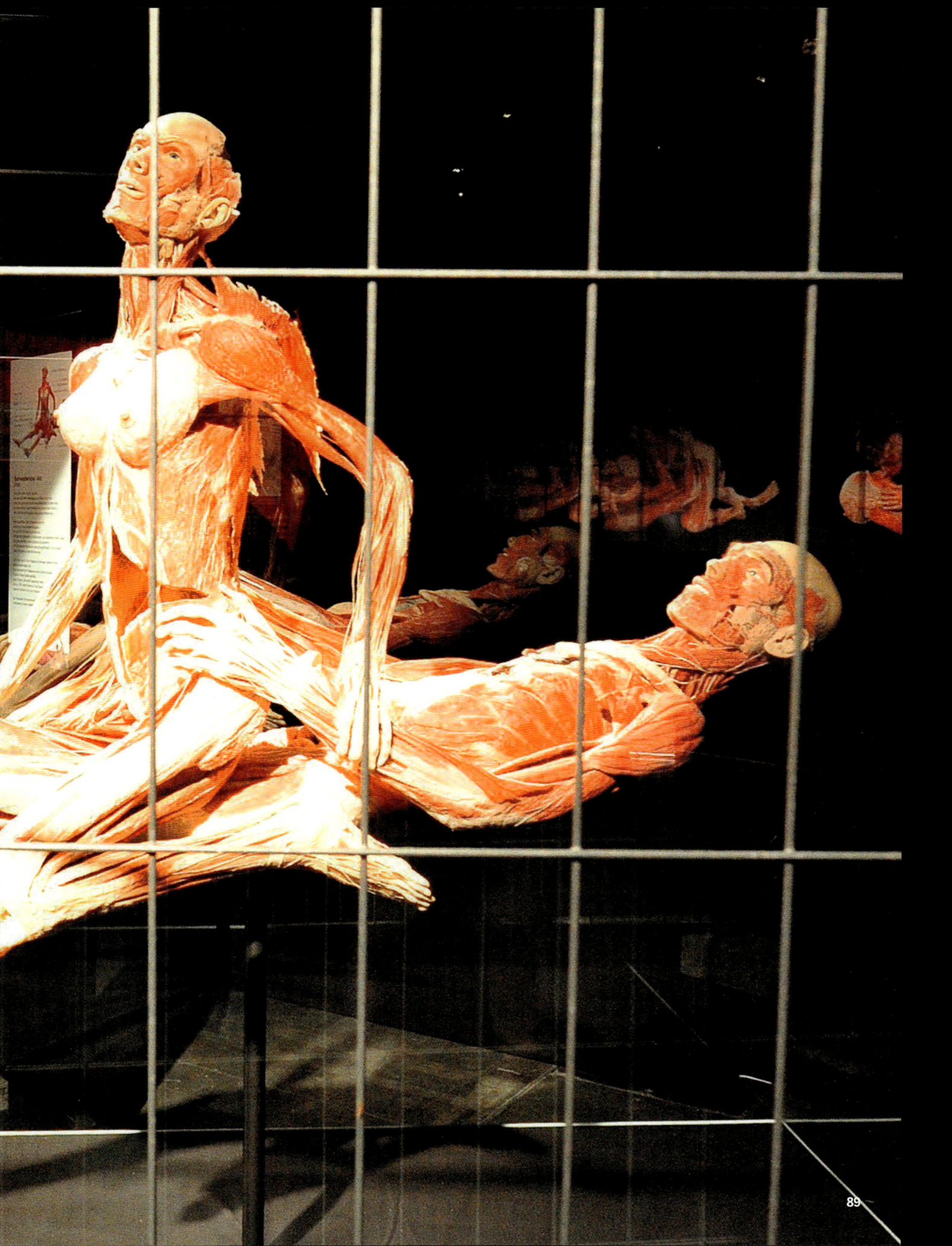

MENSCH ODER MONSTER
AUF DER SUCHE NACH DEM BÖSEN

TEXT **FRANK OCHMANN**

Von „Amok" war in Winnenden und Ansbach sofort die Rede, als würde allein dieses Wort erklären, was die Täter dazu getrieben hatte, mit der Waffe auf Mitschüler und Lehrer loszugehen, um brutal zu töten. „Unmenschlich" seien solche Taten, hieß es auch, nachdem im September Dominik Brunner auf dem S-Bahnhof von Solln zu Tode getreten worden war, weil er Kinder davor bewahren wollte, beraubt, „abgezogen" zu werden. Der Versuchung, Brutalität aus dem normalen Verhaltensschema eines Menschen auszublenden, ist offenbar nur schwer zu widerstehen. Wer „aus niedrigen Beweggründen", so die Staatsanwaltschaft, auf einen einschlägt und tritt, muss der nicht anders sein als „wir", „unmenschlich" sogar? Sprache ist verräterisch. Tatsächlich gehören Aggressionen und auch entsetzliche Gewalt nicht schon deshalb in den Bereich des Pathologischen oder gar Nichtmenschlichen, weil uns allein der Gedanke daran zum Würgen reizt. Wir müssen die Gewalt nicht in der Ferne suchen, nicht im Ausland, nicht beim Teufel und auch nicht in einer tierischen Vergangenheit, von der wir gern glauben, wir hätten sie dank unserer strahlenden Kultur so weit hinter uns gelassen, dass wir sie für immer vergessen könnten. Solche Träume von natürlicher, nein, paradiesischer Unschuld sind gefährlich, weil sie die Verhältnisse beschönigen und dadurch verhindern, dass dort wirkungsvolle Vorkehrungen getroffen werden, wo Gewalt nicht verhindert werden kann. Denn alle irdischen Erfahrungen lehren: Wer es mit Menschen zu tun bekommt, muss mit Gewalt rechnen. Dass es fast immer gut geht und wir doch heil nach Hause kommen, ändert noch nichts am Gefahrenpotenzial, an das gedacht werden sollte, wenn Menschen auf Menschen treffen.

Was in Auschwitz passiert ist, sei unmenschlich, heißt es oft. Aber Irren halten wir für menschlich, und das Fleisch für schwach. Das geben wir mit Augenzwinkern zu. Ob es um einen Seitensprung geht oder um ein paar geschönte Zahlen für die Steuererklärung. Doch wo verläuft die Grenze zwischen lässlicher Verfehlung und vermeintlich unmenschlichem Bösen? Ist die Bestie nicht immer Bestie und, für jedermann erkennbar, anders als wir selbst?

Es gibt Menschen, die anders sind als die allermeisten von uns. Für etwa ein Prozent der Bevölkerung gilt ein Befund, der „psychopathisches" oder „soziopathisches" Verhalten feststellt.

Bei Weitem nicht alle Psychopathen sind Mörder, und bei Weitem nicht alle Mörder sind auch Psychopathen

Das sind Menschen, die zum Beispiel schon als Kinder einen Hamster mit der Drohung, ihn fallen zu lassen, über eine heiße Herdplatte halten, um von ihren Eltern ein höheres Taschengeld

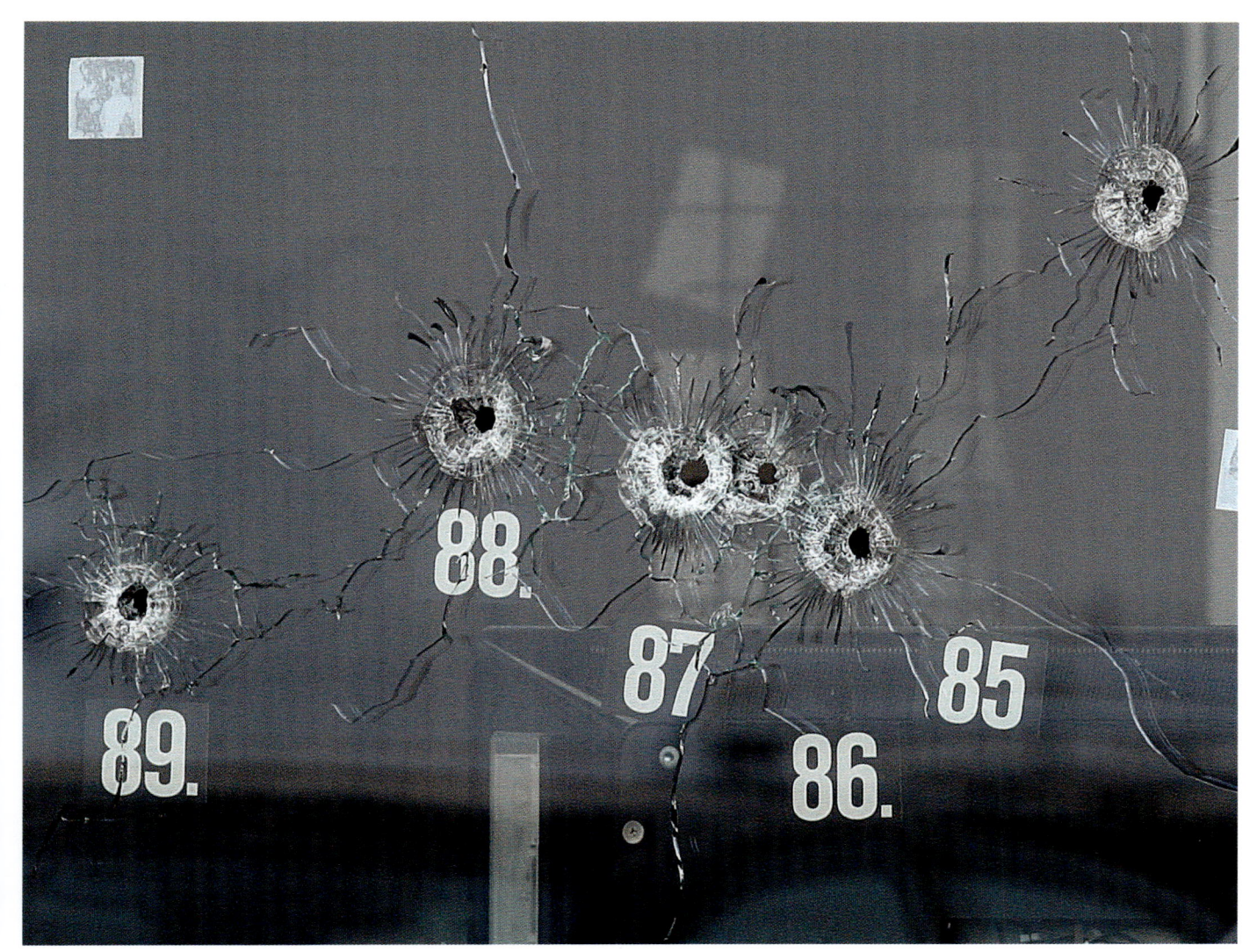

Dokumente einer unfassbaren Tat: Im März erschießt der Schüler Tim Kretschmer 15 Menschen – und dann sich selbst

zu erpressen. „Instrumentell" nennen Wissenschaftler diese Form der Gewalt, um sie von der „reaktiven" zu unterscheiden. Psychopathen sind Menschen, für die instrumentelle Aggression typisch zu sein scheint. Doch bei Weitem nicht alle Psychopathen sind Mörder, und bei Weitem nicht alle Mörder sind Psychopathen. Gibt es vielleicht eine genetische Basis für das Böse? Immerhin wird über die Hälfte der Straftaten von knapp zehn Prozent der Bevölkerung begangen. Und sieht man sich deren Verwandtschaft an, zeigt sich, dass bestimmte Familien für Kriminalität prädestiniert zu sein scheinen. Doch Spezialisten auf diesem Forschungsfeld winken ab. Keine Untersuchungsmethode, ob sie nun mehr auf den Einfluss der Gene und dadurch verursachte Hirnstörungen oder mehr auf soziale Faktoren abzielt, wird für sich das „antisoziale Verhalten" erklären können. Viele Fragen sind offen und werden es wohl noch lange bleiben. Sicher ist aber: Ein „Verbrecher-Gen" gibt es nicht. Psychologen kennen unsere menschliche Neigung, die Umstände einer Handlung zu unterschätzen und die im Täter vermuteten „Anlagen" zu überschätzen. Geht etwa der Elfmeter hoch hinauf ins Blaue statt ins Tor, wird die Mehrheit der Zuschauer die Schuld beim Schützen suchen, nicht bei der Sonne, die ihn blendete. Es ist eine Eigenart menschlichen Geistes, dass wir nicht Ursachen suchen, sondern Schuldige. Jedenfalls wenn es nicht um eigene Missetaten geht. Da lassen wir mildernde Umstände gelten. Deswegen können wir so erschrecken, wenn wir feststellen, dass Mörder geliebt, gelacht und gelebt haben wie wir selbst. Es käme unseren Wunschträumen von der eigenen „Unschuld" so gelegen, wenn Tottreter oder Schulschützen ein Kainsmal trügen und von Geburt an zu einer anderen Spezies gehörten. Doch wer auf der Spur des Bösen nach Monstern sucht, muss damit rechnen, auf Menschen zu treffen.

TÖDLICHER HASS
EIN UNAUFFÄLLIGER TYP

Tim Kretschmer richtet in seiner ehemaligen Schule in Winnenden ein Massaker an und erschießt auf seiner Flucht drei weitere Menschen, ehe er sich selbst richtet. Die Kreidespuren zeigen den Umriss des Amokläufers – und auch Zeichen der Mitmenschlichkeit für einen verwirrten Geist

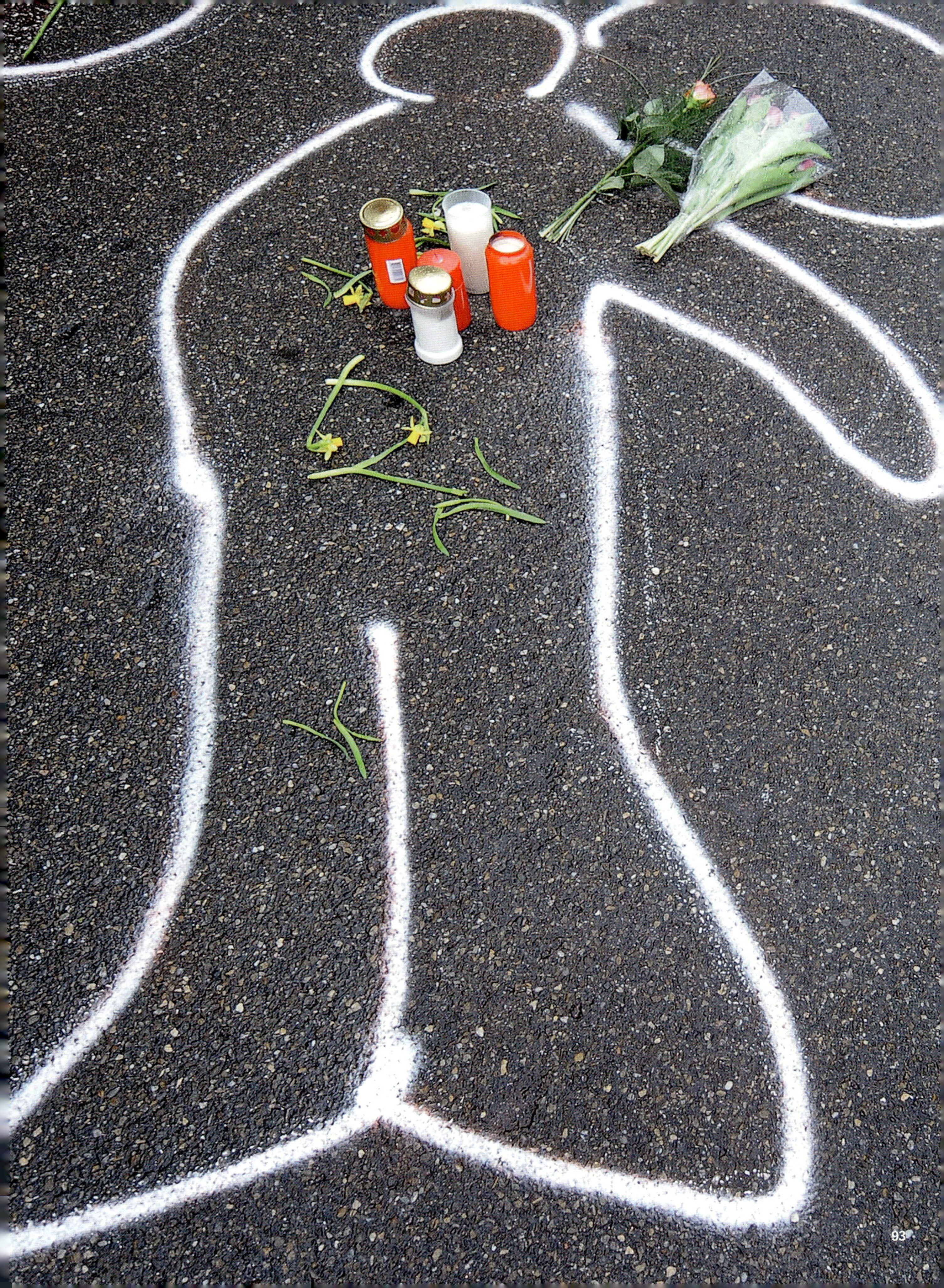

Gedenkgottesdienst in der katholischen Kirche St. Karl Borromäus für die Opfer des Amoklaufs von Winnenden. Vor dem Altar sind die Toten aufgebahrt. Es ist der 21. März – zehn Tage nach der Tat. Bundespräsident Horst Köhler hält die Ansprache. „Gott, wo warst du?", fragen sich die Überlebenden der Albertville-Realschule. Die Trauernden – Schüler, Lehrer, Eltern – rücken dicht zusammen. Das ganze Land ist geschockt

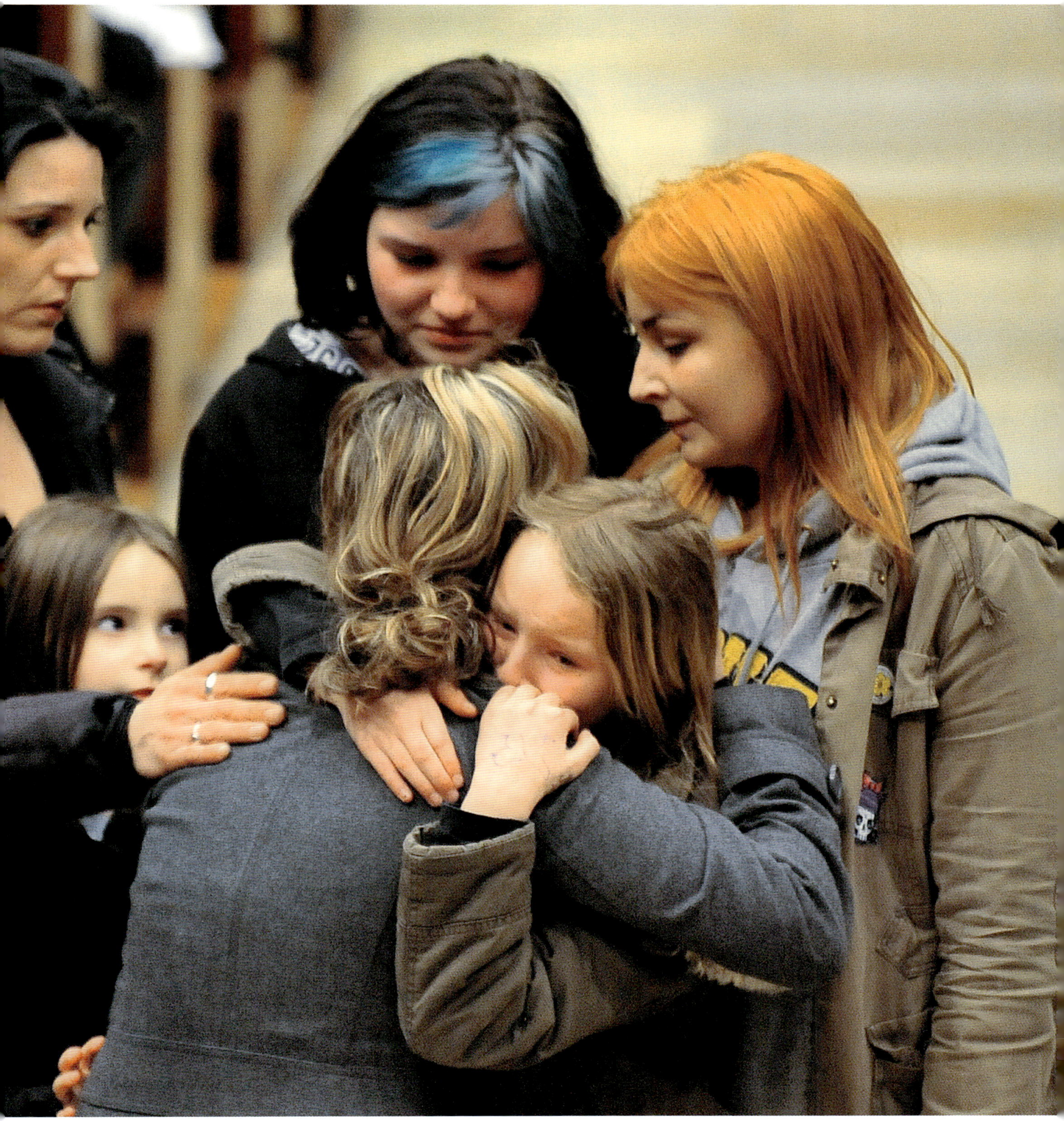

TÖDLICHE ZIVILCOURAGE

Er hat nicht weggeschaut, sich nicht weggedreht, er hat Zivilcourage gezeigt. Ein Foto des zu Tode geprügelten Dominik Brunner steht in München am Bahnhof Solln inmitten von Blumen und Kerzen. Dort, wo der 50-jährige Manager und studierte Jurist am 12. September stirbt, nachdem er sich in der S-Bahn schützend vor vier Teenager gestellt hat. Zwei jugendliche Täter wollten Geld erpressen. Auf dem Bahnhof Solln schlagen sie dann auf den couragierten Mann ein – 42-mal. Horst Köhler verleiht Dominik Brunner posthum das Bundesverdienstkreuz. „Als Zeichen der Dankbarkeit aller mitfühlenden Menschen in Deutschland für die Menschlichkeit, die Hilfsbereitschaft und die Zivilcourage"

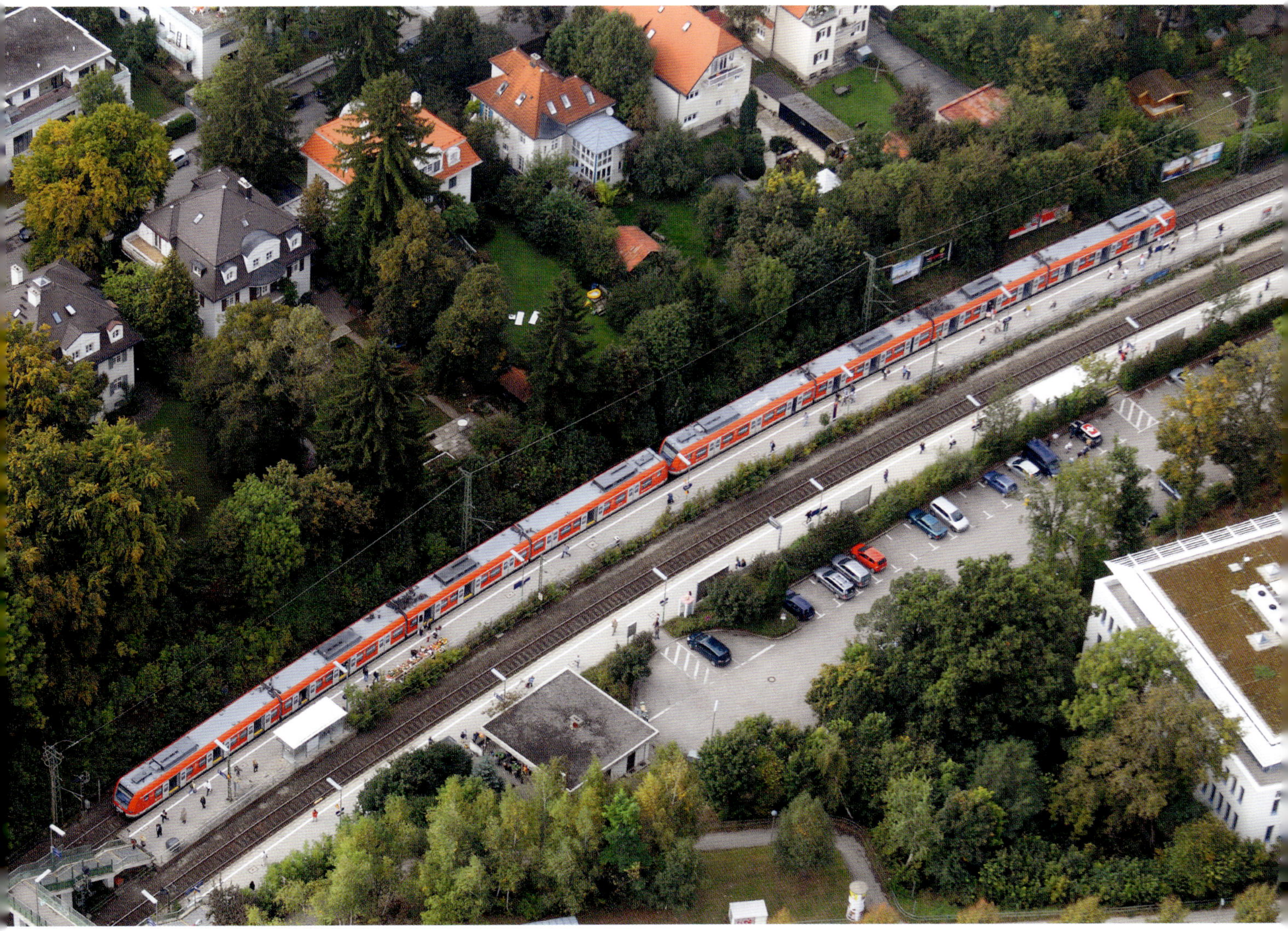

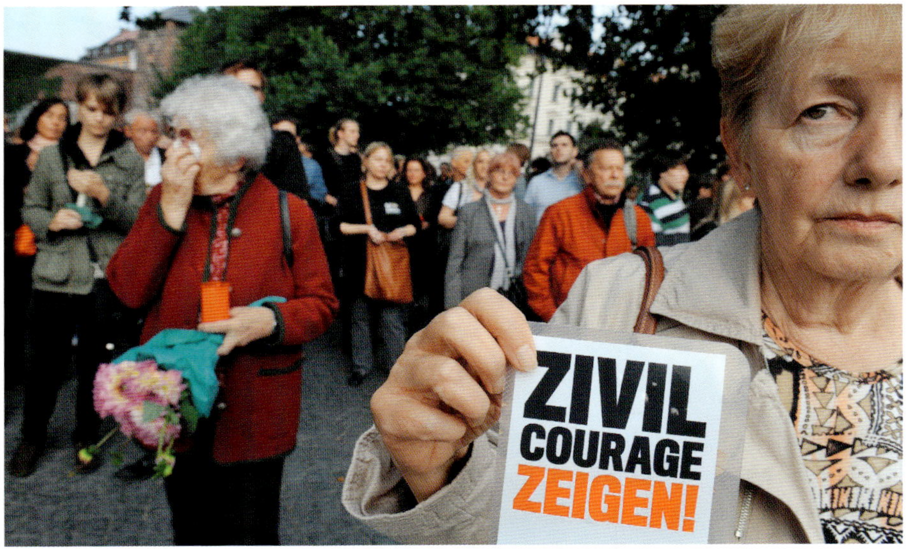
ZIVIL
COURAGE
ZEIGEN!

ENERGIEPOLITIK
MEHR WIND GEGEN ATOM UND KOHLE

TEXT ROMAN HEFLIK

Zieht man einen Strich unter die energiepolitische Bilanz des Jahres, steht eine Null darunter. Denn es gab Fortschritte, Rückschritte und Stillstand. Obwohl uns der Klimawandel zunehmend bedroht, sind wir einer achtsameren Energieerzeugung nicht viel näher gekommen.

Dabei hat sich technologisch Großes bewegt: Seit dem Sommer stehen die ersten Windenergieanlagen in den deutschen Gewässern der Nordsee. 45 Kilometer vor Borkum drehen sich im Testfeld „Alpha Ventus" zwölf 150 Meter hohe Windmühlen. In zehn Jahren sollen es mehr als 20 Windparks mit rund 2000 Rotoren sein, die genug Windenergie ernten, um den Jahresbedarf von mehreren Millionen Haushalten zu decken – ein Durchbruch für erneuerbare Energien und sauberen Strom.

Das andere wegweisende Projekt, das Mitte des Jahres vorgestellt wurde, heißt Desertec, ein Energiekonzept, das die Errichtung von Sonnenfarmen in Nordafrika vorsieht. Die Technik ist simpel: Parabolspiegel bündeln Sonnenlicht und erhitzen Flüssigkeit, die Dampf erzeugt, mit dem Turbinen angetrieben werden. Der in solchen solarthermischen Kraftwerken gewonnene Strom soll über Tiefseekabel durchs Mittelmeer nach Europa fließen. Bis zu 15 Prozent des europäischen Verbrauchs könnten, versichern Experten, in nicht zu ferner Zukunft mit Wüstenstrom gedeckt werden.

Und die EU hat unterdessen begonnen, die heiß geliebte, aber Energie verschlingende Glühbirne zugunsten von effizienteren – inzwischen auch von der Form und Lichtfarbe her verbesserten – Leuchtmitteln aus dem Handel zu nehmen.

Hoffnungszeichen auch vom neuen amerikanischen Präsidenten: Barack Obama verspricht, mehrere Milliarden Dollar in den Ausbau der Elektrizitätsnetze zu stecken, um neue Windparks und Solaranlagen anschließen zu können. Zudem hat er gegen innenpolitische Widerstände ein Gesetz auf den Weg gebracht, das zum ersten Mal in den USA Grenzwerte für Klimagas-Emissionen vorsieht.

Doch dagegen stehen Rückschritte und Stillstand: In Deutschland sollen in den kommenden Jahren bis zu 29 neue Kohlekraftwerke zwischen Alpen und Nordsee gebaut werden. Ohne Kohle

> Wie es in der Energiepolitik weitergehen soll, will die Bundesregierung erst 2010 entscheiden

komme man nicht aus, beteuern die Stromkonzerne. Die neuen Kraftwerke seien effizienter, das Treibhausgas CO_2 könne man herausfiltern und tief ins Erdreich pressen. Augenwischerei: Die CO_2-Abscheidung ist nicht serienreif, wie lange die Lagerstätten

Andasol 1 und 2 heißen diese beiden Solarkraftwerke im andalusischen Granada. Entwickelt vom Erlanger Unternehmen Solar Millennium, dienen sie als Versuchsanlagen für ein Zukunftsprojekt: Sonnenstrom aus Afrika. Um die gesamte Menschheit zu versorgen, müsste die Anlage eine Fläche von 290 x 290 Kilometer haben

überhaupt dicht halten, weiß niemand. Sicher ist, dass diese Technik Abermillionen Euro kosten wird. Geld, das sich die Energiekonzerne von ihren Stromkunden oder vom Steuerzahler wiederholen werden.

Weil der Ausbau sauberer Energieformen erst mal viel Geld kostet, greift die neue CDU/FDP–Regierung tief in die billige Trickkiste und will zur Freude der Energiekonzerne die AKW-Laufzeiten verlängern. Dass die Reaktoren gegen Terrorangriffe aus der Luft noch immer nicht geschützt sind – egal.

Dass die Endlagerung des Atommülls seit Jahrzehnten ungeklärt ist – geschenkt. Dabei ist bereits 2008 durchgesickert, wie unglaublich dilettantisch jahrelang in dem Bergwerk Asse, auch „Atomklo" genannt, radioaktiver Müll gelagert wurde. Vergessen auch die Pannen im Atommeiler Krümmel: Vor zwei Jahren brach in einem Transformator Feuer aus. Kaum war der Meiler repariert, kam es in diesem Sommer zum nächsten Störfall. Krümmel ist seitdem nicht am Netz.

Seit vier Jahren regiert die promovierte, auch international einflussreiche Physikerin Angela Merkel Deutschland. Doch wie es in der Energiepolitik weitergehen soll, darüber will ihre schwarzgelbe Koalition erst 2010 entscheiden. Vorher bewegt sich nichts. Man nennt das Stillstand.

DIE ÖKOMÜHLEN VON BORKUM

Diese Rotoren können helfen, die Energieprobleme der Zukunft zu lösen. 50 000 Haushalte versorgt der erste deutsche Offshore-Windpark mit Ökostrom. Die Anlage kann bis zu 60 Megawatt Leistung bringen. Erfüllt das Pilotprojekt in der 30 Meter tiefen Nordsee nördlich von Borkum die Erwartungen, sollen sich dereinst 2000 Windmühlen über dem Meerwasser drehen

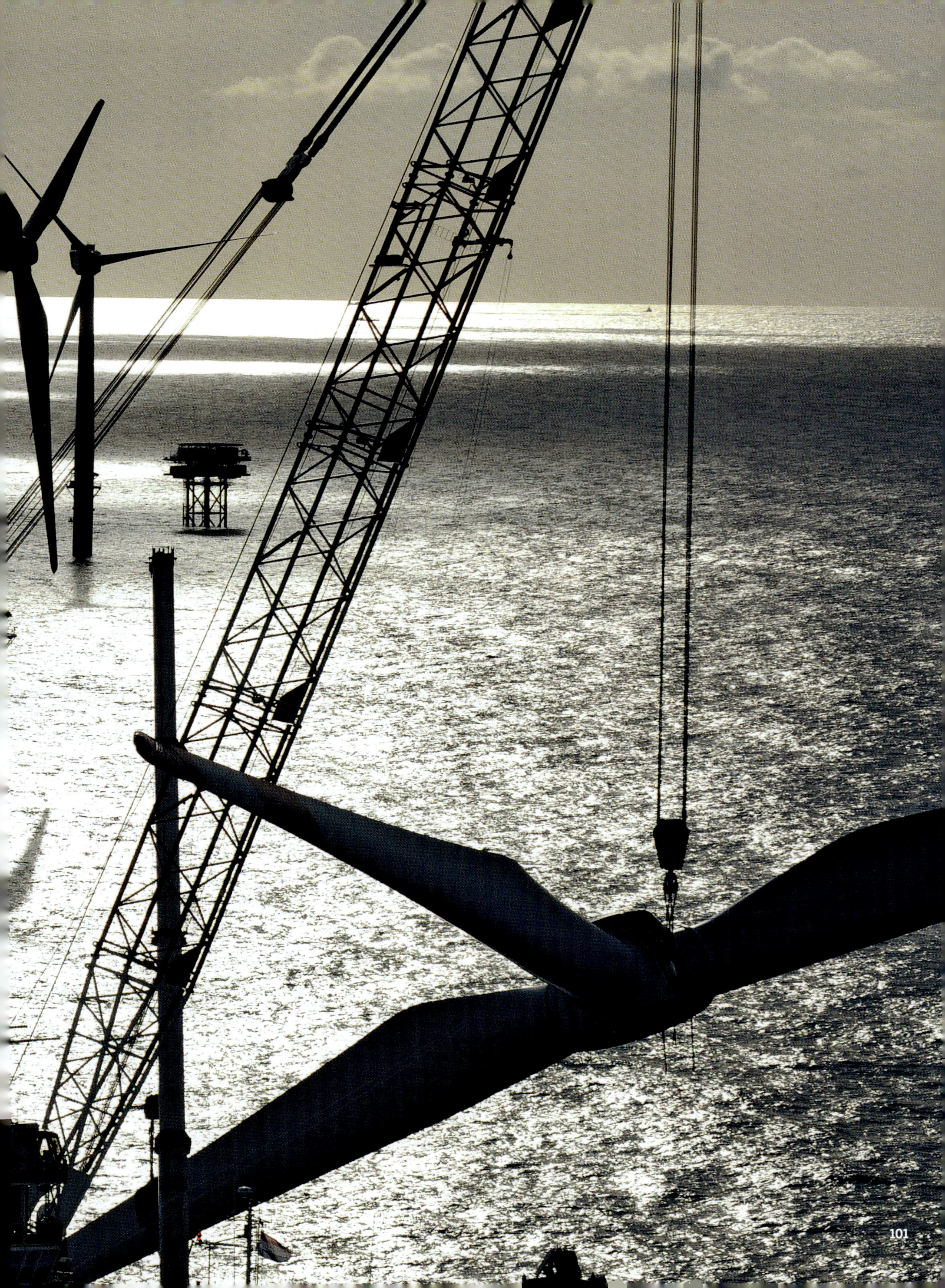

ATOMARE GRABKAMMER

Im ehemaligen Bergwerk Asse in Niedersachsen verfüllt ein Schaufellader nach einem Deckenbruch einen Schacht mit Salz. Seit vier Jahrzehnten werden hier Zigtausende Fässer mit radioaktivem Cäsium, Tritium und Plutonium eingelagert. Erst 2009 – da ist Sigmar Gabriel noch Bundesumweltminister – wird bekannt, dass dort dreimal so viel Plutonium liegt wie angenommen. Schon vorher ergaben Untersuchungen, dass täglich rund 12 000 Liter Wasser in den Schacht laufen, die das Salzgestein porös machen. Und dass radioaktive Lauge austritt. Der Bund will die einsturzgefährdete Schachtanlage nun schließen und prüft, den Atommüll entweder einzubetonieren oder umzulagern

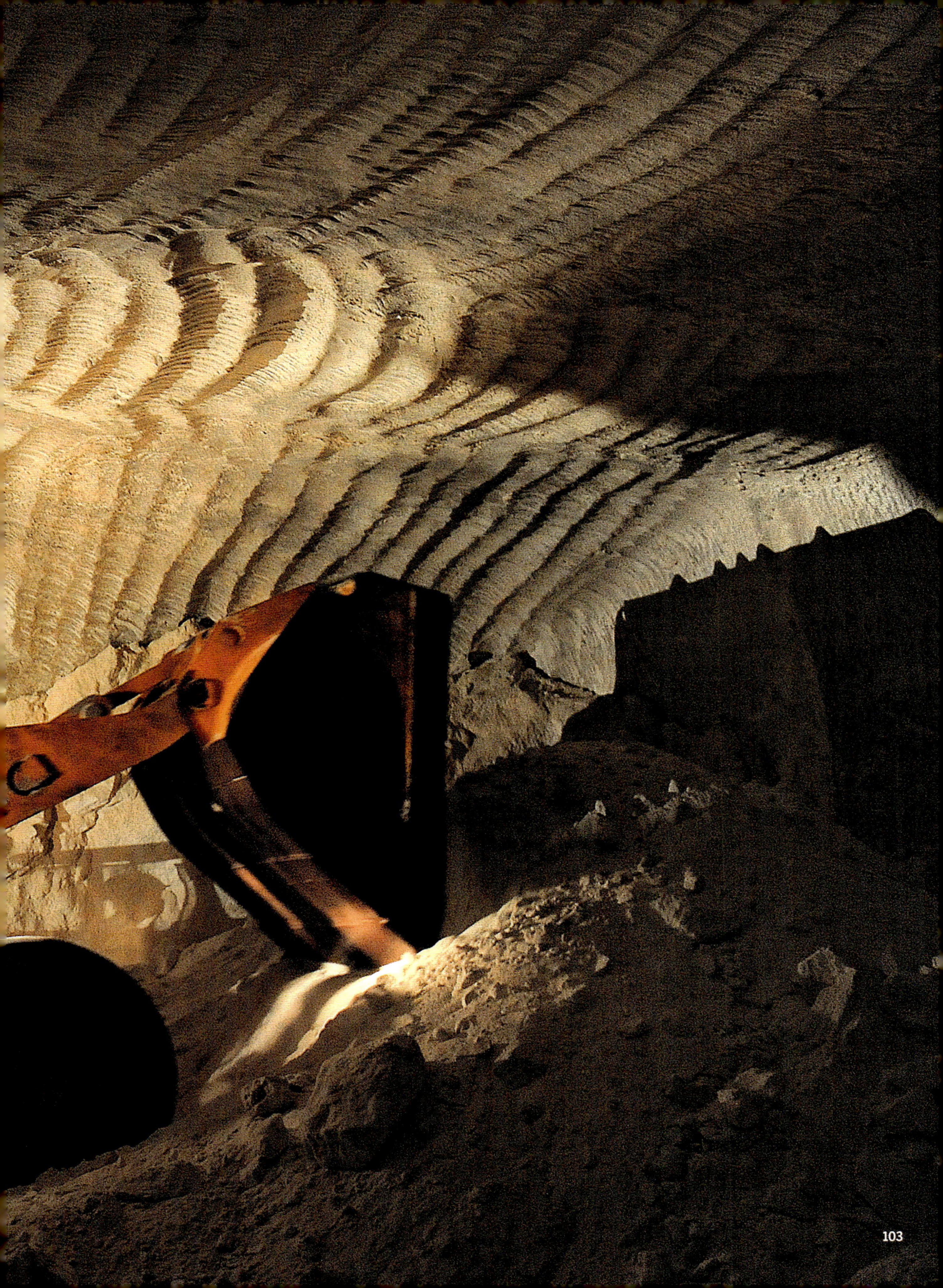

AFGHANISTAN
ZUKUNFT UNGEWISS

Es sollte nur ein begrenzter Einsatz sein, geleitet von der Hoffnung, mit Soldaten und Polizisten in Afghanistan Demokratie und Menschenrechte durchsetzen zu können. Doch aus dem Friedenseinsatz ist Krieg geworden. An die hehren Ziele, mit denen man national und international einst den Einsatz in Afghanistan verkauft hat, glaubt heute kaum noch jemand. 110 000 ausländische Soldaten sind in Afghanistan stationiert, Präsident Obama schickt 2010 noch zusätzlich 30 000 Mann ins Krisengebiet. Schneller Frieden schaffen mit mehr Waffen? Eine riskante Strategie. Raus aus Afghanistan? Ja. Aber wie und mit welcher Hinterlassenschaft?

20. August: Das Volk geht wählen. In ihre Burkas gehüllt, warten mehrere Frauen vor dem Wahllokal in der afghanischen Stadt Herat

IN DER SACKGASSE
KRIEG OHNE ENDE

TEXT CHRISTOPH REUTER

Die Lage sah nicht gut aus Anfang 2009: Selbst in bis dato für friedlich gehaltenen Provinzen im Norden Afghanistans tauchten massiv Taliban auf, und die Korruption in Hamid Karsais Regierung wurde zusehends schlimmer. Doch wie ein Mantra wiederholten Nato-Generäle und durchreisende Politiker: Immerhin werde es dieses Jahr Wahlen geben! Die zweiten demokratischen Wahlen in diesem erschütterten Land! Dies zeige, dass es aufwärtsgehe und die milliardenteure Intervention des Westens der richtige Weg sei.

Am Ende des Jahres steht dieselbe Schar der Wahlverfechter vor einem Scherbenhaufen. Erst hatte Präsident Hamid Karsai, ebenso wie die anderen Kandidaten, nichts unversucht gelassen, beim Wahlgang am 20. August zu fälschen und zu betrügen. Und Karsai ließ sich von der mit Getreuen besetzten Wahlkommission inoffiziell schon als Sieger mit über 54 Prozent der Stimmen feiern, da war die mehrheitlich mit ausländischen Diplomaten besetzte Beschwerdekommission noch mittendrin, Hunderte von massiven Verstößen zu recherchieren: Wahllokale, die es nie gegeben hatte, aus denen aber Urnen abgeliefert wurden. Zwei Monate dauerte das Ringen hinter den Kulissen, immer unverhohlener mussten die USA Karsai drohen, damit er sich an die eigenen Gesetze hielt – und einer Stichwahl im November zustimmte. Von der aber niemand ernsthaft erwarten konnte, dass es weniger betrügerisch zugehen werde. Als dann Karsais Widersacher Abdullah Abdullah, der zu hoch um ein Amt an Karsais Seite gepokert hatte, seine Kandidatur absagte, blies die Wahlkommission die Stichwahl ab und kürte den Amtsinhaber Karsai, einen undemokratischen, nicht gewählten Machthaber, zum neuen Präsidenten. Eine Entscheidung, die zwar das zwischenzeitliche Machtvakuum beseitigte, doch offenbart, in welchem Maße den entscheidenden internationalen Akteuren, namentlich den USA und den UN, die Kontrolle und das Sichern einer Perspektive in Afghanistan entglitten sind.

Sieht man sich den Verlauf der vergangenen acht Jahre in Afghanistan genau an, ergibt sich folgende Gleichung: Je länger das Engagement dort dauert, je mehr Soldaten geschickt und Milliarden gezahlt wurden, desto schlechter ist die Lage geworden.

Die einen kämpfen, die anderen machen Geschäfte, manche tun beides

Egal, wie viele Kilometer Straßen, wie viele Schulen und Brunnen gebaut wurden. Das klingt widersinnig und berechtigt zur Frage: Warum nicht einfach gehen?

Ein Ja entspräche der Gemütslage der Mehrheit in Deutschland. Aber was genau ist in Afghanistan schiefgegangen? Ist der Weg,

Aus dem Schlaf an die Waffen: Zwei der GIs in der Gefechtsstellung würden bei einem Uniformappell glatt durchfallen. Statt Stiefeln trägt der Mann in der Mitte metallisch glänzende Turnschuhe. Und Soldat Zachery Boyd in Schlappen zeigt zum roten T-Shirt Boxershorts, die seine Liebe zu New York verraten. Der 19-jährige Unterhosenkrieger und sein Turnschuhkamerad sind aus dem Schlafsack in den Schießstand geeilt, als die Taliban im Mai ihre Einheit im Korengal-Tal angreifen

den die westliche Welt in Afghanistan eingeschlagen hat, richtig, und wir sind ihn nur nicht weit genug gegangen? Oder ist der Weg falsch?

Schon 2001, als die Taliban nach wenigen Wochen von der US-Invasion vertrieben worden waren, wurde die Chance auf einen friedlichen Neuanfang verschenkt. Stattdessen wurde die Grundlage des heutigen Desasters gelegt. Es geschah auf der ersten Ratsversammlung, der „Loya Dschirga", im Juni 2002 in Kabul, als der US-Botschafter Zalmay Khalilzad die Warlords zurückbrachte. Genau jene Männer, die zuvor das Land ruiniert, aber der Bush-Regierung im Kampf gegen die Taliban geholfen hatten. Und die nun zielstrebig den anderen Delegierten klarmachten: Ihr könnt ja gegen uns stimmen, doch vergesst nicht, dass ihr wieder lebend nach Hause kommen wollt. „Damals", so erinnert sich der frühere deutsche UN-Offizielle Thomas Ruttig, „haben wir jene verraten, die uns vertrauten." Eine Kettenreaktion folgte: Mit der neuen Macht und dem Geld der USA brachten die Warlords 2005 die Wahlen unter ihre Kontrolle, besetzten die wichtigsten Regierungsämter und rächten sich ausgiebig an einstigen Feinden. Die Bush-Regierung interessierte sich nicht dafür, wie ein gerechter afghanischer Staat aufgebaut werden könnte. Sie wollte Terroristen jagen, Osama bin Laden fassen und war eh mit Krieg Nummer zwei im Irak vollauf beschäftigt. Als 2006 der Isaf-Einsatz der Nato begann, war es zu spät, da hatten die Regierenden in Kabul ihren anfänglichen Rückhalt verloren und die Taliban sich reorganisiert. Immer mehr afghanische Soldaten und Polizisten wurden rekrutiert – Letztere kollaborierten immer häufiger mit den Taliban. Kabul und andere große Städte wurden zu belagerten Inseln; die Taliban kontrollierten schließlich das Land, die Dörfer und die Nacht.

Kriegsopfer: Der Sarg eines deutschen Soldaten wird in einer Bundeswehrmaschine nach Deutschland überführt

Es sind die Fehler des Anbeginns, an deren Folgen das Unternehmen Afghanistan krankt. Die Deutschen wie auch die anderen Staaten haben sich unverbrüchlich an die Seite einer afghanischen Regierung begeben, die mehr Interesse am Machterhalt als am Aufbau des Landes hat. Um seine Wiederwahl zu sichern, verbündete sich Karsai mit jenen Warlords, die auf internationalen Druck in den Jahren zuvor von der Macht verdrängt worden waren. Allen voran: Kriegsverbrecher „Marschall" Mohammed Fahim, verantwortlich für Massaker, Entführungen und Korruption, der Vizepräsident wurde – sowie Usbeken-Kommandeur Raschid Dostum, der 2001 den Befehl gab, Tausende Taliban, die sich bereits ergeben hatten, in Containern ersticken zu lassen.

Aus Ratlosigkeit wird weggeschaut. Berlin versprach 2002 vollmundig, den Aufbau der afghanischen Polizei zu übernehmen, schickte aber viel zu wenige Ausbilder. Bis heute hat die „Europäische Polizeimission" Eupol nicht annähernd ihre Sollstärke von 400 Beamten erreicht. Als Eupol-Beamte ihren Dienst im – von der Bundeswehr kontrollierten – Faisabad antraten, einer Provinzhauptstadt im Nordosten, machte ihnen die dortige Polizeiführung klar: Sie dürften die Polizei im Ort trainieren, aber nicht an den Grenzübergängen. Und sich auch sonst nicht ins Geschehen einmischen, gar den Drogenhandel stören. „Sonst", kleiner Hinweis unter Kollegen, „töten wir euch." So übernahm die Eupol fortan eben die Ausbildung der Feuerwehr in Faisabad. Die Briten wiederum mögen sich die Bekämpfung des Drogenanbaus auf die Fahnen geschrieben haben – aber stoßen britische SAS-Elitesoldaten auf ein Opiumlager in einem Gehöft, das dem Halbbruder Karsais gehört, wird Militärs und britischen Diplomaten ein Maulkorb verpasst. Die Korruption

Ein Feldjäger der Bundeswehr (l.) bildet in Faisabad afghanische Polizisten aus, damit diese selbst für die Sicherheit in ihrem Land sorgen können

ist nicht vom Himmel gefallen. Es ist das System, in dem sich, getreu den Regeln des Stammes, jeder am Staat, an den anderen bereichern darf, solange er dem Anführer gegenüber loyal bleibt. Wie zum Beispiel Polizeigeneral Ayub Salangi. Als Polizeichef von Kundus unterschlug er den Sold seiner Polizisten, zwang sie, Schutzgeld von Geschäftsleuten zu erpressen, ließ Gefangene gegen Schmiergeld frei. Monatelang zogen deutsche Diplomaten in Kundus an allen Strippen, um den Polizeichef abzusetzen. Schließlich fiel Salangi – die Treppe hoch: Karsai beförderte ihn zum Polizeichef von Kabul. Wo er sich hervorragend mit Innenminister Zarar Ahmed Muqbil verstand, dem Ermittler der UN vorwarfen, an den Geschäften krimineller Gangs innerhalb seines eigenen Ministeriums beteiligt zu sein. Es dauerte bis zum Herbst 2008, ehe Muqbil auf Druck der UN abgesetzt wurde – während die USA ihn jahrelang geschützt hatten.

Eines der ersten Amtsvorhaben des neuen Innenministers Hanif Atmar war: Salangi absetzen. Schwieriges Unterfangen, denn wiederholt klingelte das Telefon beim Innenminister. Karsai habe ihm mehrfach gesagt, Salangi sei ihm so lieb wie ein Sohn, wie ein Bruder, beklagte sich Atmar gegenüber Vertrauten. Schließlich setzte Atmar sich durch.

Salangi fiel, sanft wie zuvor: Heute ist er Polizeichef der reichen Grenzprovinz Nangarhar, besitzt eine Villa in Kabuls teuerstem Viertel, für 11 000 Dollar im Monat kann man sie mieten. So viel, wie Salangi rechtmäßig etwa in zwei Jahren verdient. Mit Salangi gingen weitere Polizeioffiziere, unter ihnen der Kommandeur der Grenzpolizei, jener Truppe, die an den Hauptrouten des Drogenschmuggels ebenjenen unterbinden soll. Sein Nachfolger wurde jemand, der 2006 wegen Drogengeschäften aus der Polizei entlassen worden war: Yunus Nourzai, als Polizeigeneral ein Drogenhandelsexperte mit Zusatzqualifikation – eine Nichte ist mit Ahmed Wali Karsai verheiratet, dem mächtigen Halbbruder des Präsidenten und Paten des Opiumgeschäfts im Süden.

So zerfällt der Staat. Und reißt auch den lange friedlichen Norden mit sich. Als die US-Armee im Sommer 2009 in einer Großoffensive die Taliban im Süden vertrieb, verzogen sich diese in den ruhigen Norden. Seit Juni gab es rund um Kundus regelmäßig Gefechte, und im September war die Lage dort so fatal, dass der Kommandeur des Bundeswehrlagers einen Luftangriff auf zwei nur sieben Kilometer entfernte, entführte Tanklaster befahl, um Taliban „zu vernichten". Es gab 142 Tote, darunter viele Zivilisten. Selbst der Isaf-Kommandeur, US-General McChrystal, kritisierte den Angriff. Die lange eher desinteressierte deutsche Öffentlichkeit war empört. Nur der damalige Verteidigungsminister Franz Josef Jung wollte nicht zugeben, dass es ein Krieg ist. Selbstbetrug allerorten. Ausländische Diplomaten hatten Karsais Wahlfälschung kommen sehen, aber nicht verhindert. Nun müssten sich „sichtbare Erfolge" abzeichnen, „binnen der nächsten 12 bis 18 Monate", hat US-Präsident Obama dem alten

Alle Pläne werden ohne Einbindung der Taliban keinen Bestand haben

und neuen Präsidenten Karsai verordnet. Wie diese aussehen sollen, weiß niemand genau. Mit mehr Waffen schneller Frieden schaffen? Friedensnobelpreisträger Obama setzt darauf. 30 000 zusätzliche Soldaten will er nach Afghanistan schicken, weitere 7000 mögen die Verbündeten abkommandieren. Ob die Strategie aufgeht? Im Juli 2011 soll der Abzug der Truppen beginnen, Afghanistan muss dann selbst sehen, wie es zurechtkommt. Eine integre afghanische Regierung entsteht nicht durch mehr Militär. Karsai hat den Taliban Gespräche angeboten. Die haben abgelehnt. Aber: Alle Pläne werden ohne Einbindung der Taliban keinen Bestand haben.

EINGEBETTET

Morgengrauen in der afghanischen Provinz Helmand. Die US-Marines haben die Nacht eingewickelt in Schlafsäcken in ihren Schützengräben verbracht. Helmand ist nach dem Sturz der Taliban 2001 eine der Hochburgen des Widerstands gegen die Regierung Karsai und die Nato-Truppen. Anfang Juli starteten mehr als 4000 US-Soldaten und 650 afghanische Soldaten und Polizisten die Operation Khanjar, zu Deutsch Krummdolch

111

BILDER EINES KRIEGES

Dorfbewohner schauen skeptisch einem jungen Angehörigen der afghanischen Militärpolizei nach, der loszieht, um die Baker Company des 506. US-Infanterieregiments bei einer militärischen Operation in der afghanischen Provinz Paktika zu unterstützen. Bei einer Militäroffensive gegen Taliban im Nordwesten Pakistans werden auch private pakistanische Häuser zerstört. Ein junges Mädchen steht in den Trümmern. In der Provinz Helmand flüchtet ein US-Sergeant, nachdem ein versteckter Sprengkörper hochgegangen ist. Der Soldat hatte versucht, mit zwei Kameraden einen Gebirgspfad mit Metalldetektoren und bloßen Händen von Granaten zu säubern. Die Kameraden sterben bei der Detonation

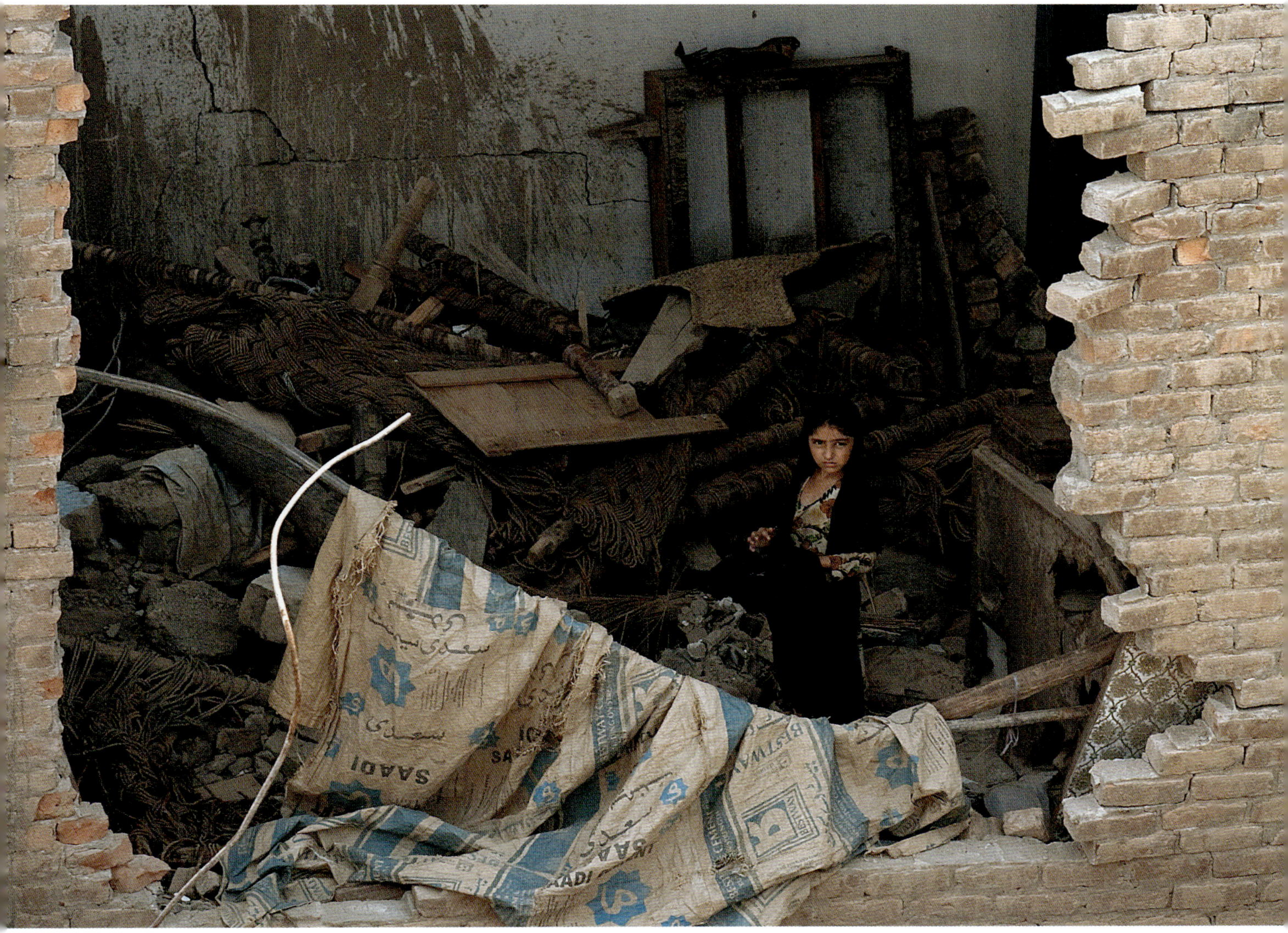
SAADI

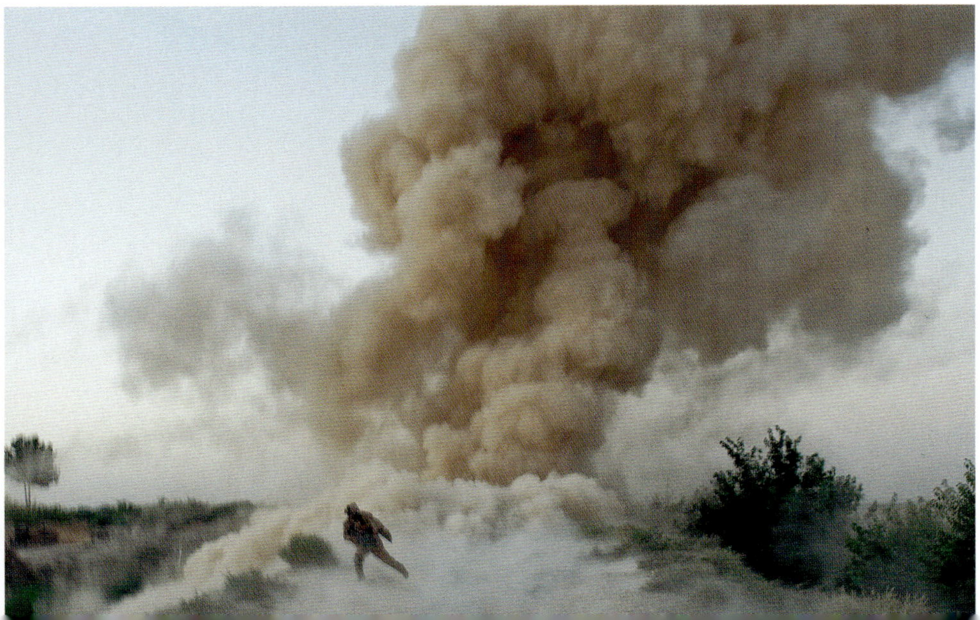

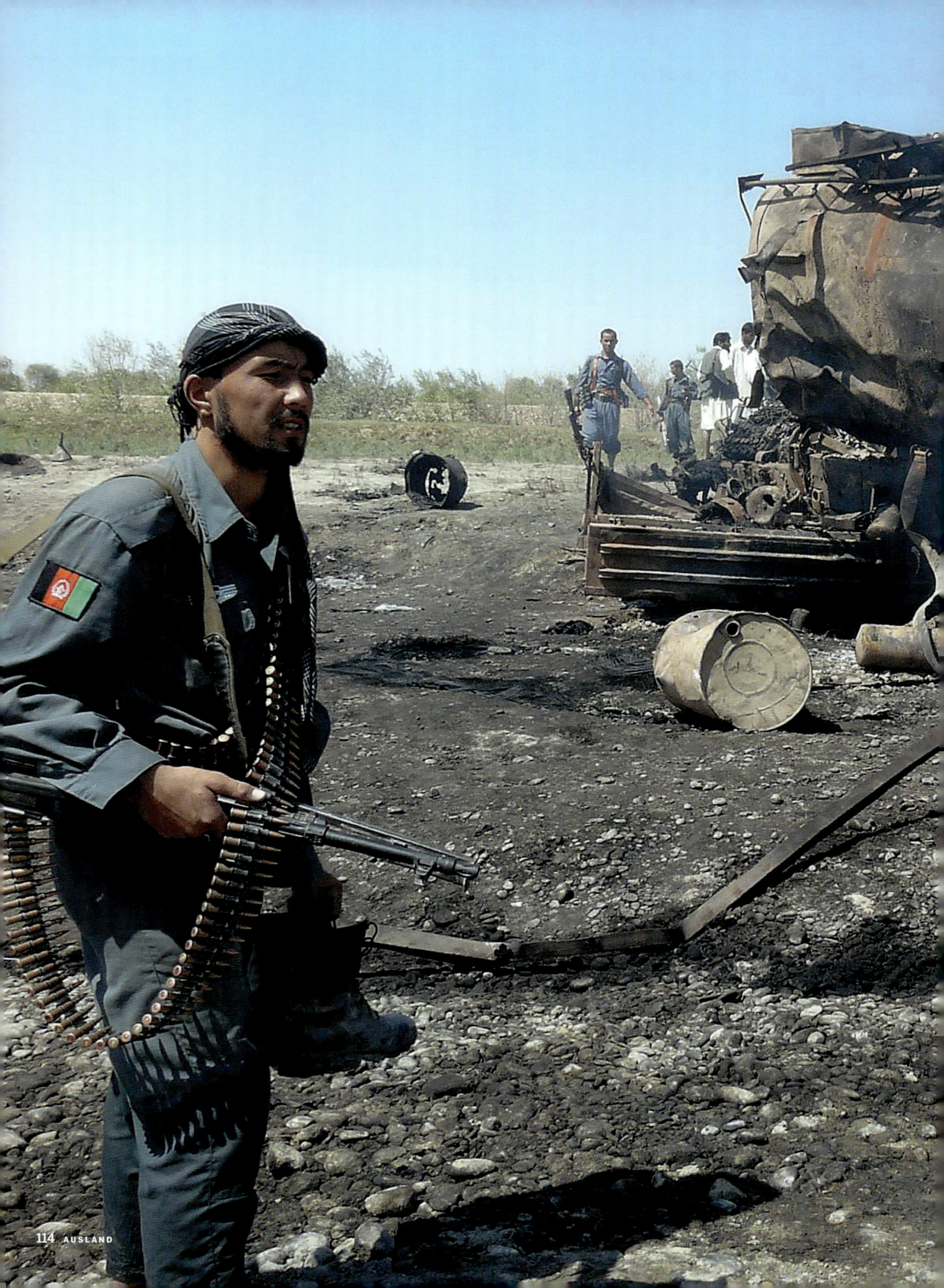

UNSER KRIEG

Afghanische Polizisten inspizieren Anfang September die verbrannten Wracks der zwei Tanklastwagen in der Umgebung von Kundus. Taliban hatten die Lkws entführt – auf Anforderung der deutschen Bundeswehr waren sie von US-Flugzeugen bombardiert worden. Weit mehr als 100 Menschen kommen bei der Aktion ums Leben – nach Recherchen des Roten Kreuzes 74 Zivilisten, unter ihnen auch Kinder wie der 13-jährige Rahmatullah (l.), der eine Woche gegen die höllischen Verbrennungen kämpfte und doch sterben musste. Die Bundesanwaltschaft prüft, ob der Angriffsbefehl rechtmäßig war. Ein parlamentarischer Untersuchungsausschuss wird klären, ob gezielt Menschen getötet wurden

BITTERER WAHLBETRUG

Auf dem beschwerlichen Weg zur Demokratie: Esel mit den blauen Boxen auf dem Rücken transportieren Wahlurnen in ein entlegenes Dorf in der Provinz Panjshir. Am 20. August wird in Afghanistan gewählt. Am 21. August werden die Stimmzettel ausgezählt und noch am selben Tag erklärt sich Präsident Hamid Karsai zum Sieger. Auch wenn er um Vertrauen werbend vorher von Plakaten winkte: Der vom Westen lange hofierte Karsai gerät ins Zwielicht, weil Hunderttausende Stimmen gefälscht sind. Zwei Monate nach der Wahl räumen schließlich auch die UN ein, was nach EU-Beobachtern längst offen zutage liegt: Das afghanische Volk ist betrogen worden. Karsai wird dennoch Präsident, weil sein Herausforderer aus Protest nicht zur Stichwahl antritt

117

IRAN
VOLKSAUFSTAND IM GOTTESSTAAT

Chomeinis Islamische Republik feiert ihren 30. Geburtstag. Statt Blumen aber gibt es Proteste. Viele Iraner haben Zweifel an der Rechtmäßigkeit der Präsidentschaftswahlen im Juni. Das Regime zögert eine Woche lang, schickt dann aber Schlägertrupps gegen die Demonstranten aus und lässt schießen. Während der Mullah-Staat den Widerstand im Inneren gewaltsam zu ersticken versucht, wächst die Furcht des Westens, das Land könne schon bald Atombomben bauen

Grün ist die Farbe der iranischen Protestbewegung. Vor allem die Frauen stehen bei den Kundgebungen für einen Regimewechsel im Iran in der ersten Reihe

GEZIELTE REPRESSION
MIT GEWALT GEGEN DIE GRÜNE REVOLUTION

TEXT STEFFEN GASSEL

Eine junge Frau in Jeans und langem Oberteil sinkt auf den Asphalt. Zwei Männer beugen sich über sie. „Neda, Neda! Bleib bei mir", ruft der eine. Unter ihren Kleidern läuft dunkle Flüssigkeit hervor. Die Kamera schwenkt auf das Gesicht. Aus dem Mundwinkel quillt Blut. Es wirkt, als wolle sie sich aufrichten, dann schließen sich die Lider. – Dieser verwackelte Film von 42 Sekunden Länge, gedreht mit der Handykamera an einer Straßenkreuzung in Teheran: Für viele ist er das Nachrichtendokument, das sich ihnen in diesem Jahr am schärfsten ins Gedächtnis geprägt hat. Die Bildsequenz vom Tod der 27-jährigen Studentin Neda Agha Soltan am 20. Juni 2009 ist zum Sinnbild für den moralischen Bankrott eines Regimes geworden, das im Namen des Islam das eigene Volk unterdrückt. Und: Diese Bilder – verbreitet nicht über die klassischen Medien, sondern über Internetnetzwerke wie Twitter und YouTube – markieren das Ende der Zeit, in der es sinistren Regierungen möglich war, unbeobachtet von der Welt ihre Bürger zum Kotau zu zwingen. Die wütenden Frauen im Tschador, die mit Schirm und Handtasche auf prügelnde Geheimpolizisten losgehen; die verängstigten Menschen auf einem Balkon, die zusehen, wie im Wohnblock gegenüber die Schergen der Regierung die Tür eintreten und schreiende Menschen auf die Straßen zerren. Hätten sich diese Szenen nicht im Iran des Sommers 2009, sondern vor 10 oder 20 Jahren abgespielt, die Welt hätte von ihnen wohl nie etwas erfahren. Und damit wäre auch die Anteilnahme am Schicksal der Menschen im Iran, den wir im Sommer erlebt haben, unvorstellbar gewesen. Genauso wie die Dringlichkeit, mit der Menschen außerhalb des Iran die politische Frage stellten: Wie konnte es dort so weit kommen?

„Id-e schoma mobarak. – Ich wünsche Ihnen ein gesegnetes Neujahrsfest." Selten hat ein Gruß so viel Hoffnung gestiftet wie dieser. Barack Obama schickte ihn zum persischen Frühlingsfest am 21. März per Videobotschaft an die Iraner. Doch der bärtige Revolutionsführer Ali Chamenei, geistliches und weltliches Oberhaupt der Islamischen Republik und mächtigster Mann im Staat, donnerte arrogant zurück: „Er sitzt denselben Irrtümern auf wie sein Vorgänger George Bush." Zwei Monate zuvor hatte das Regime den 30. Jahrestag von Chomeinis Revolution gefeiert. Doch selbst 30 Jahre nachdem der Ayatollah mit dem Slogan „Tod Amerika! Tod Israel!" im Iran die Macht ergriffen hatte, war seinem Nachfolger eine Wiederannäherung mit Washington zuwider. Und Staatspräsident Mahmud Ahmadinedschad? Anders als der rauschebärtige Revolutionsführer gab sich der Holocaust-Leugner und Israel-Hasser zum Jubiläum gemäßigt: „Die Zeit militärischer Gewalt ist vorbei. Wir sind zum Dialog mit Amerika bereit." Das war Taktik. Im Juni standen die Wahlen an, und die meisten Iraner sehnten nach Jahrzehnten der Isolation eine Öffnung ihres Landes herbei. Eine Stimmung, auf die selbst der Staatspräsident Rücksicht nehmen musste.

„Glaubst du, dass die Israelis angreifen?", fragte eine Freundin aus Teheran, wenige Tage nachdem die Internationale Atomener-

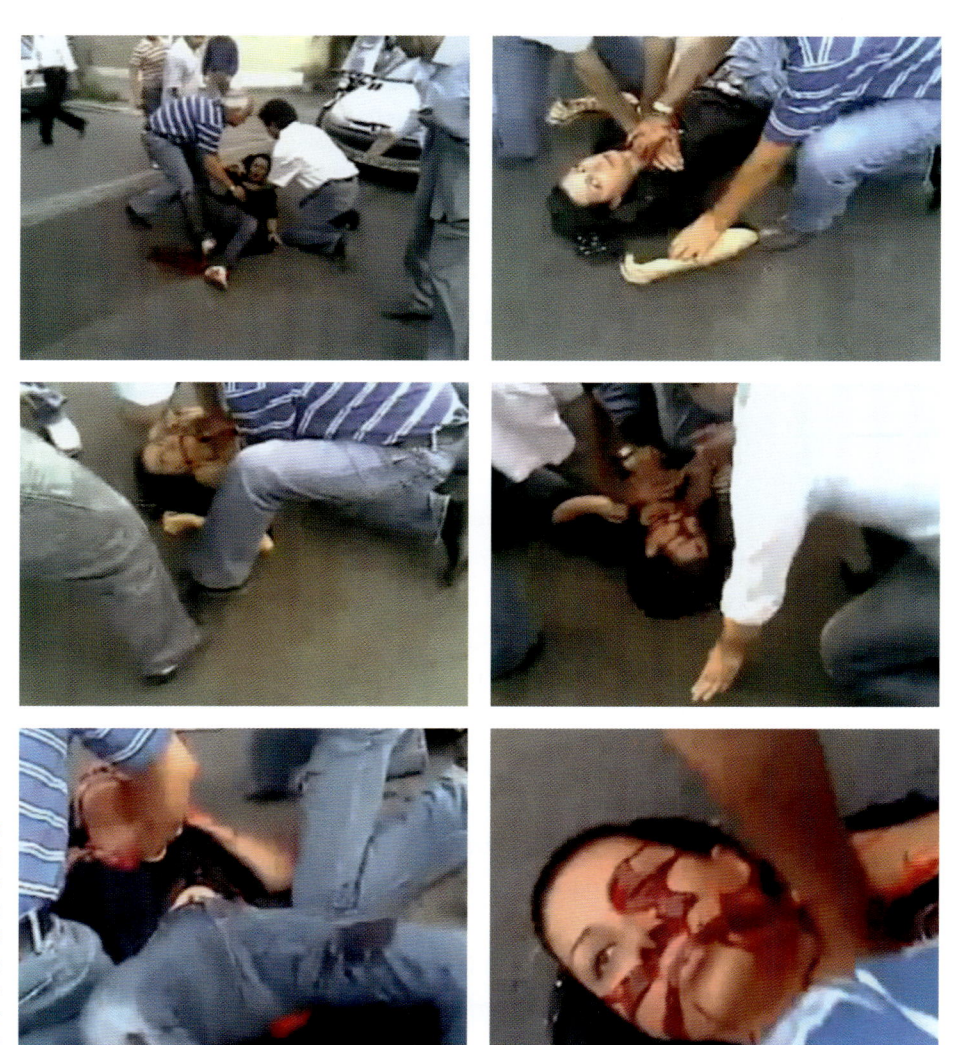

Die Studentin Neda wird bei Protesten gegen das Gewaltregime in Teheran erschossen. Die mit einer Handykamera festgehaltene Bildsequenz geht per Internet um die Welt

giebehörde enthüllt hatte, dass ihr Land bereits über genug Uran für ein bis zwei Atombomben verfügt. Im Iran ging seitdem die Angst vor einem Krieg um. Für diese Freundin und Millionen ihrer Landsleute, die sich eine friedliche Zukunft wünschen, blieb nur die Hoffnung auf den 12. Juni, den Tag der Präsidentschaftswahlen. Überraschend bekam Amtsinhaber Ahmadinedschad ernste Konkurrenz: Mir Hussein Mussawi, der 67-jährige Oppositionskandidat, und seine charismatische Frau Zahra Rahnaward wurden Hoffnungsträger einer neuen Volksbewegung. Die Wahlkampfauftritte des Power-Couple im Pensionsalter zogen besonders junge Leute an. Sie trugen grüne Bänder oder grüne Kopftücher: Grün, die Farbe des Propheten, wurde zur Farbe des Protests gegen Ahmadinedschad. Am Wahltag mussten viele Wahllokale länger als geplant geöffnet bleiben, so groß war der Andrang. Ein Sieg des Herausforderers Mussawi schien klar. Doch am Tag nach der Wahl setzte die Erklärung der Wahlkommission der Euphorie ein abruptes Ende: 63 Prozent für Ahmadinedschad, nur 34 Prozent für Mussawi. Viele Iraner konnten es nicht glauben. Millionen strömten auf die Straßen von Teheran, Isfahan, Schiras und Täbris, um die Rücknahme des ihrer Ansicht nach gefälschten Wahlergebnisses zu fordern. Es waren die größten Massenproteste seit der Revolution. „Tod dem Diktator!", skandierten die Menschen wie vor 30 Jahren beim Sturz des Schahs – und meinten damit nicht nur Ahmadinedschad, sondern Revolutionsführer Ali Chamenei selbst. Sieben Tage sah es aus, als gerate – wie 1978/79 – wieder ein iranisches Regime ins Wanken. Dann schickte die Regierung Schlägertrupps auf Motorrädern los, bewaffnet mit Ketten, Elektroschockern und scharfer Munition. In seiner Freitagspredigt drohte Chamenei mit „Blutvergießen und Chaos", falls die Proteste nicht aufhören würden. Er machte seine Worte wahr: Tags darauf starb Neda Agha Soltan durch die Kugel eines Milizionärs. Sie wurde zur Ikone des Protests. Doch nach und nach erstickte Gewalt den Widerstand. Der Westen protestierte gegen die Verhaftung Tausender Regimegegner und die offiziell 36 Toten des Aufruhrs – und verhandelte weiter über das Atomprogramm. Im Oktober

Mit Schlagstöcken bewaffnet, prügeln Geheimpolizisten auf einen Anhänger des Oppositionsführers Hussein Mussawi ein. Wütende Demonstrantinnen versuchen zu intervenieren

setzten sich überraschend iranische und US-Diplomaten in Genf an einen Tisch, die erste hochrangige Begegnung von Vertretern beider Staaten seit 30 Jahren. Wenige Tage zuvor hatte Obama vor der Weltpresse enthüllt, dass der Iran nahe der heiligen Stadt Qom an einer zweiten, bisher geheimen Urananreicherungsanlage baut. Trotzig ließ das Regime in Teheran daraufhin kurz vor Abreise seines Unterhändlers Mittelstreckenraketen testen. Der Westen und Russland kamen dem Iran in Genf so weit entgegen wie nie zuvor. Doch nach Wochen des Lavierens schlug Teheran das Angebot aus, sein Uran nach Russland zu exportieren und im Gegenzug angereicherten, aber für Bomben untauglichen Reaktor-Brennstoff aus Frankreich zu erhalten.

Im Iran ging die Repression weiter. Schergen des Regimes vergewaltigten in den Gefängnissen Frauen und Männer. Das Revolutionsgericht verhängte in Schauprozessen gegen mindestens acht Oppositionelle die Todesstrafe, Dutzende bekamen lange Haftstrafen. Für Kian Tadschbachsch, einen US-iranischen Soziologen, lautete das Urteil: 15 Jahre Haft wegen „Gefährdung der Staatssicherheit". Dabei hatte der 48-jährige an den Protesten nicht mal teilgenommen. Ihm wurde seine doppelte Staatsangehörigkeit zum Verhängnis. Schon oft hatte das Regime Ausländer verhaftet, um sie als internationales Druckmittel zu benutzen. Tadschbachsch hatte nach Obamas Kairoer Rede, in der dieser den Iran aufgefordert hatte zu erklären, „für welche Zukunft er steht", in einer hellsichtigen E-Mail an einen Freund geschrieben: „Jeder Iraner wird sich fragen, warum die Antworten unserer Herrscher darauf so vage sind." Die Ereignisse zum Jahresende gaben ihm recht. Anfang Dezember riskieren überall im Land Studenten in Campus-Schlachten mit Revolutionsgarden und Bassidsch-Milizen ihr Leben. Und nach dem Tod des Regimekritikers Großayatollah Montaseri versammelt sich die gesamte Opposition zu Kundgebungen am 27. Dezember auf der Straße. Mindestens acht Regimegegner werden getötet, darunter ein Neffe von Oppositionsführer Mussawi. Der Riss, der durch die Gesellschaft des Iran geht, ist deutlich wie kaum zuvor. Selbst Teile der Revolutionsgarden und der staatlichen Eliten verweigern der Regierung die Gefolgschaft. Via Internet gehen auch diesmal die Proteste in alle Welt. Sie zeigen: Die Hoffnung auf die „Grüne Revolution" – das iranische Volk gibt sie nicht auf.

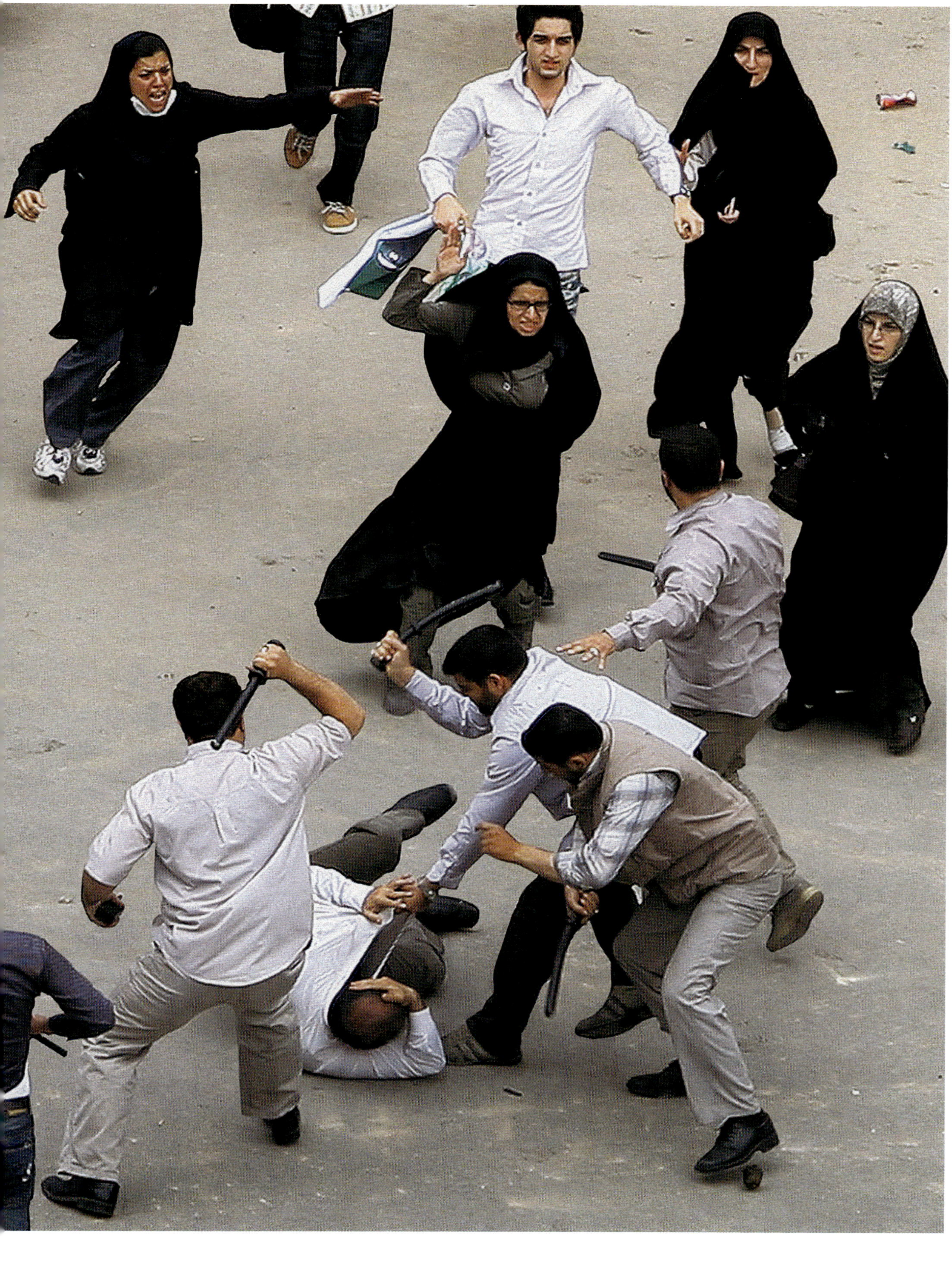

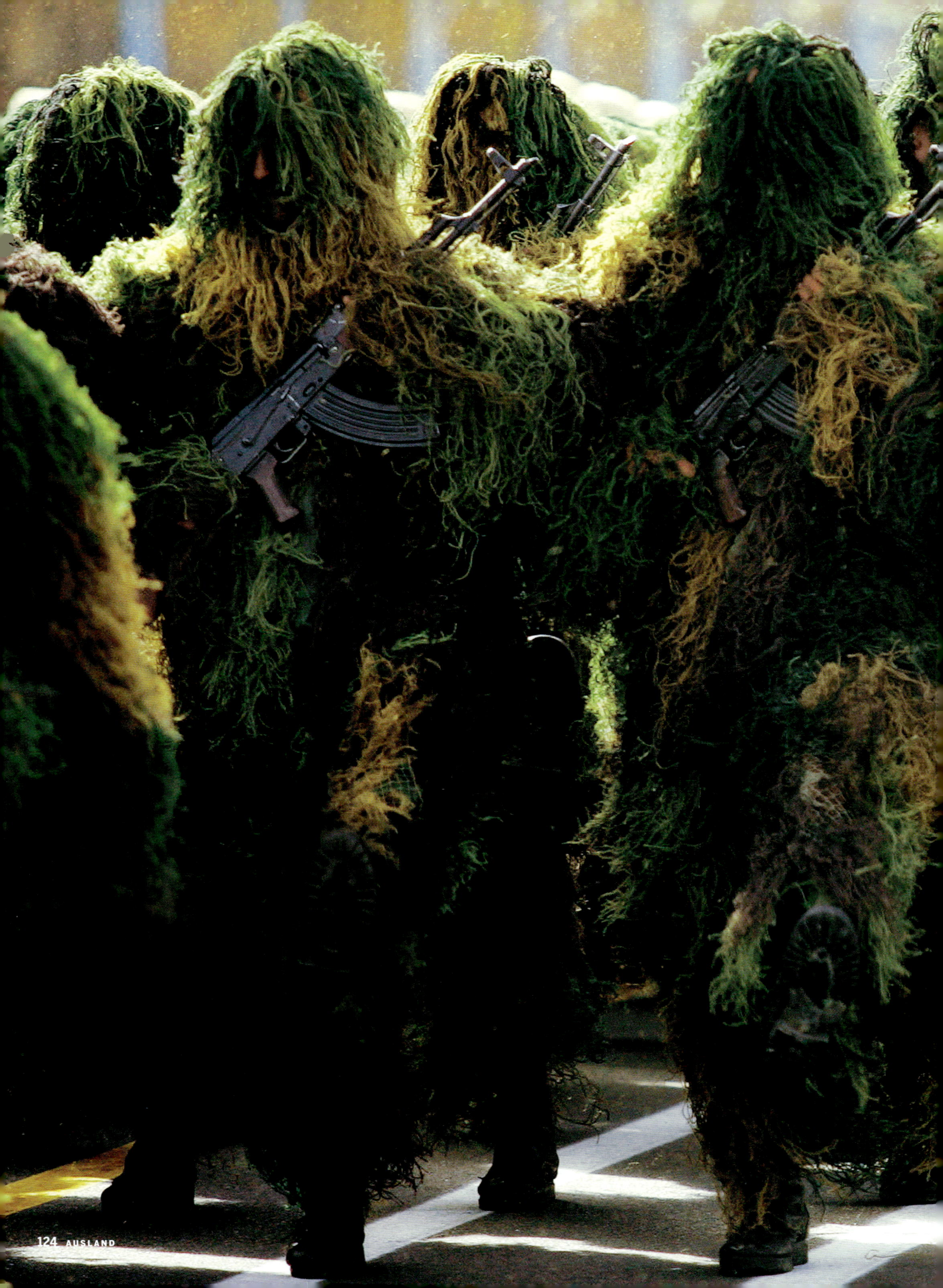

ASPHALT-YETIS

Außer den Nasenspitzen, ihren Stiefeln und den hochgereckten Kalaschnikows ist von den Elitesoldaten der iranischen Armee nichts zu erkennen: Zum Tag der Armee paradieren sie im April an Chomeinis Mausoleum vor den Toren Teherans vorbei. In ihren zotteligen Tarnanzügen wirkt die 150 Mann starke Einheit wie eine Mischung zwischen Yeti und Ernie aus der Muppetshow

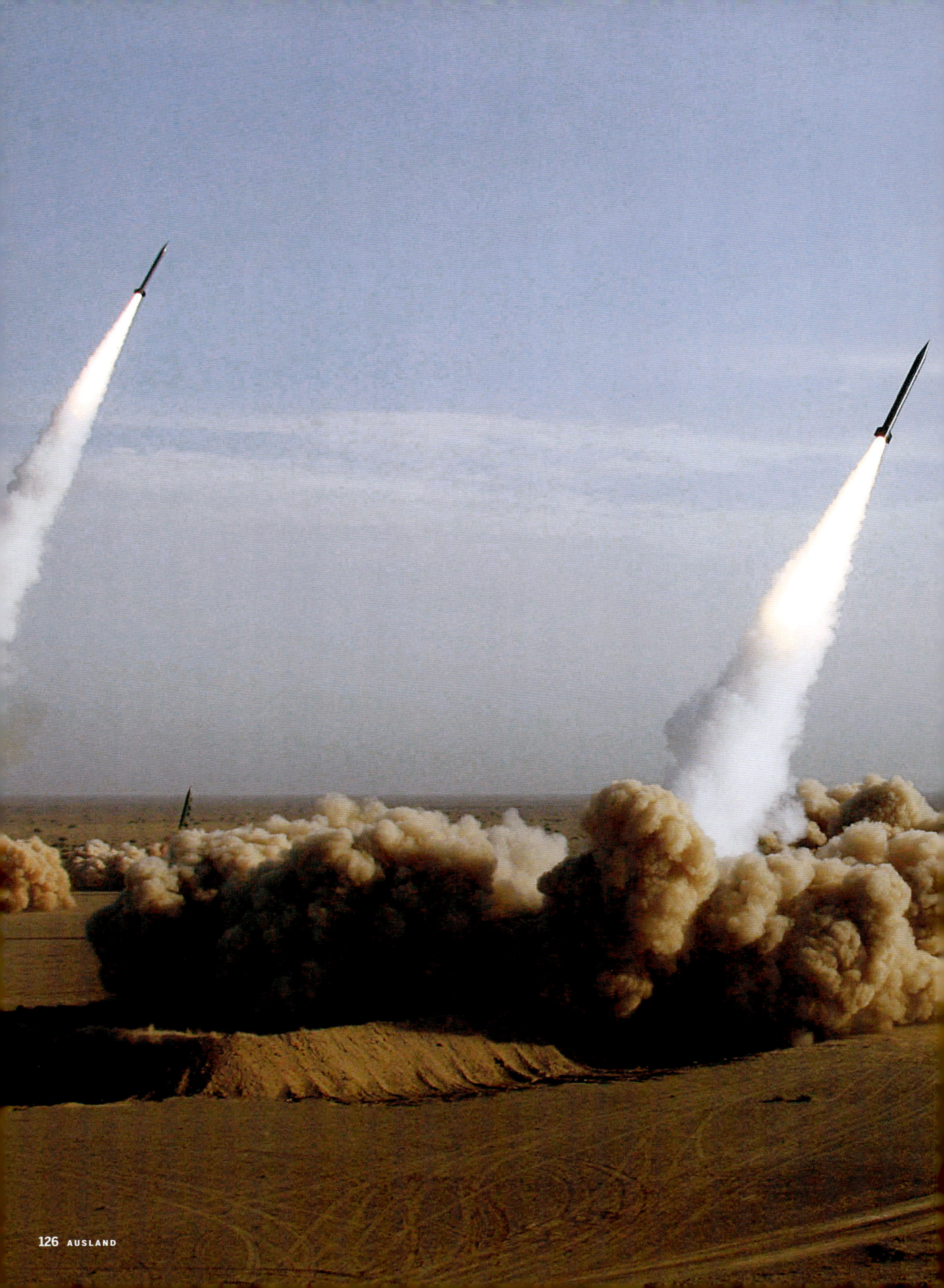

DIE GOTTESKRIEGER RÜSTEN AUF

„Großer Prophet" heißt die Militäraktion. Irans fanatischer Präsident Mahmud Ahmadinedschad (kl. Bild Mitte) lässt im Juli Raketen in den Himmel feuern. 2000 Kilometer schaffen die Geschosse. Das reicht, um Städte im Land des Erzfeindes Israel zu bombardieren. Dort befürchtet man, der Holocaust-Leugner könne seine Raketen bald mit Atomsprengköpfen bestücken. Denn seit diesem Jahr reichert der Iran in Isfahan wieder Uran an – zur angeblich friedlichen Nutzung

NAHOST
NEUE GEWALT IM GELOBTEN LAND

Das Jahr beginnt mit einem Krieg in Gaza. Rund drei Wochen dauern die Gefechte. 13 Israelis und 1400 Palästinenser sterben, 100 000 werden obdachlos. Der Goldstone-Report, recherchiert im Auftrag der UN, beschuldigt später beide Seiten schwerer Kriegsverbrechen. Im Westjordanland geht der Streit um die jüdischen Siedlungen weiter. Die USA machen Druck. Doch erst Ende November kündigt Israels Premier Benjamin Netanyahu einen halbherzigen Baustopp an

In einer Gasse der Altstadt von Jerusalem nahe dem Tempelberg liefern sich palästinensische Jugendliche im Oktober eine Straßenschlacht mit der Polizei

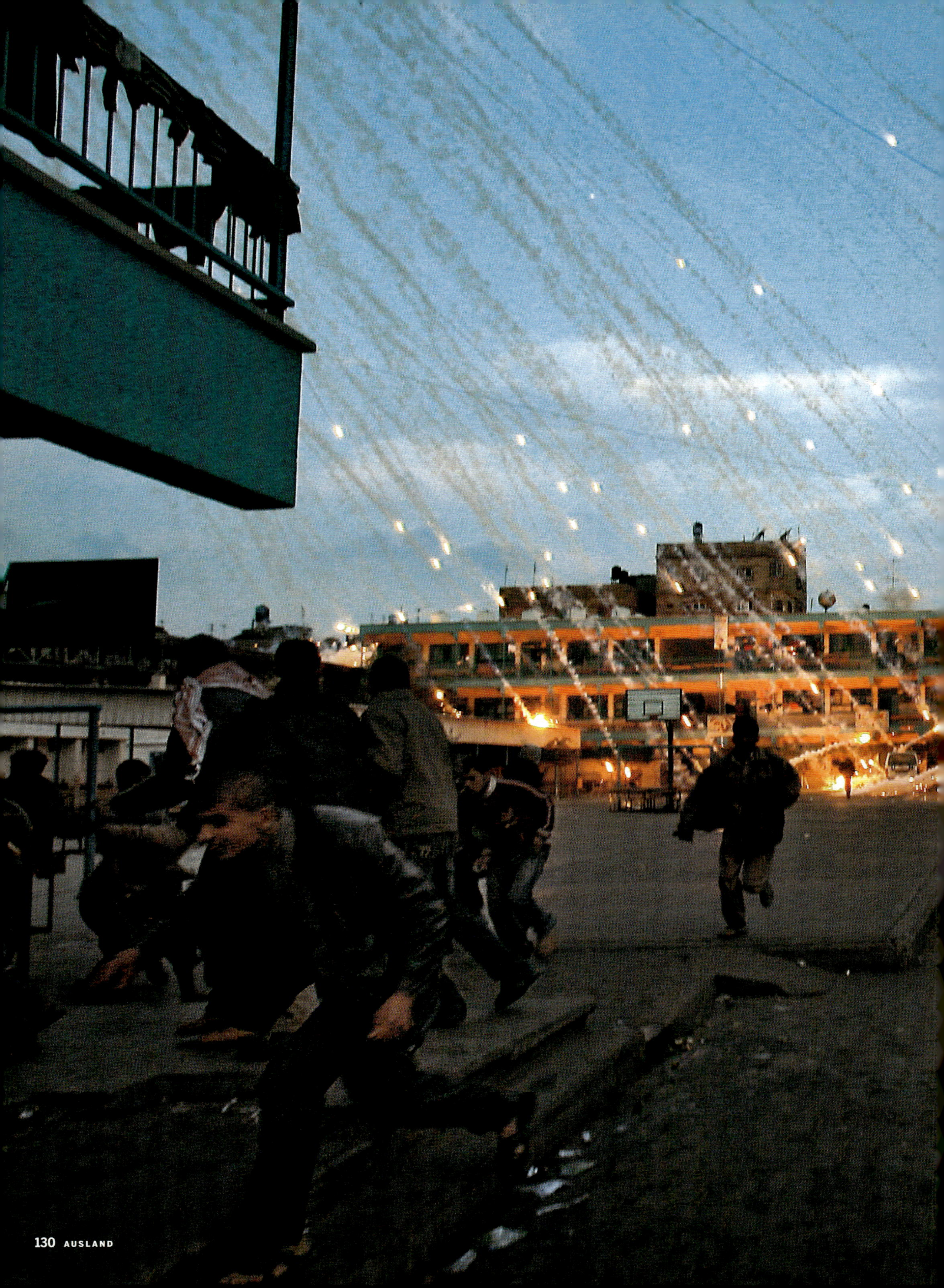

IM FEUERREGEN

Die Augen vor Schreck geweitet, rennen Zivilisten und Sanitäter um ihr Leben. Die Menschen suchen bei einem Luftangriff der Israelis auf die UN-Schule von Bait Lahia im Norden des Gazastreifens Deckung. Die feuerwerksähnlichen Geschosse, sogenannte Schreckbomben, setzt die israelische Armee häufig ein, bevor sie mit Raketen dicht besiedeltes Gebiet beschießt. Bei diesem Angriff im Januar kommen eine Frau und ein Kind ums Leben

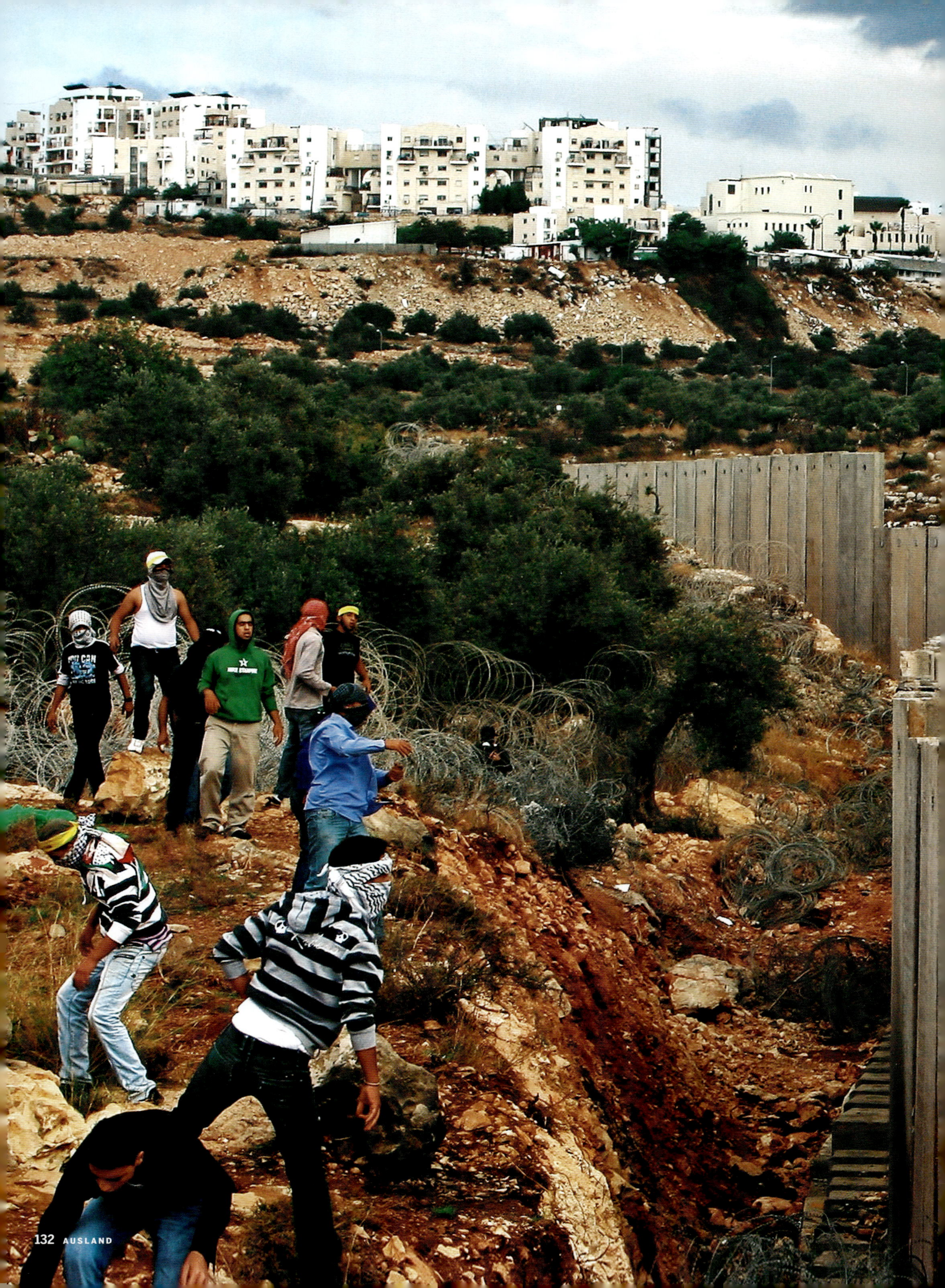

MAUERKAMPF

Acht Meter hoch ist die Betonwand, die Israel hier von der Westbank trennt. Vermummte palästinensische Jugendliche schleudern wütend Steine auf einen Patrouillenjeep der israelischen Armee. Zwischen dem Ort Ni'ilin und der jüdischen Siedlung Modi'in Illit wird ein Dauerkonflikt ausgetragen. Abgeschnitten von ihren Jobs als Bauarbeiter in Israel, finden die Palästinenser nur noch in der Landwirtschaft Arbeit. Ihr Protest richtet sich auch gegen den Verlust von rund einem Drittel der bisherigen Dorffläche durch den Grenzwall

OBDACHLOS IN PALÄSTINA

Wie sich die Bilder doch gleichen in ihrer Armseligkeit und dem Lebenstrotz. Im Mai lässt Israels Premier Benjamin Netanyahu eine eigenmächtige Landnahme seiner Landsleute auf Palästinensergebiet niederreißen (o. l.). Doch die Aktivistin Daniella Weiss bleibt hartnäckig und baut ihre Baracke immer wieder auf (o. r.). Und auch die Palästinenser improvisieren auf unterstem Niveau: Ein Mann hat sich eine Bettstatt gezimmert (u. l.), in Rafah werden Schüler in Zelten unterrichtet (u. r.)

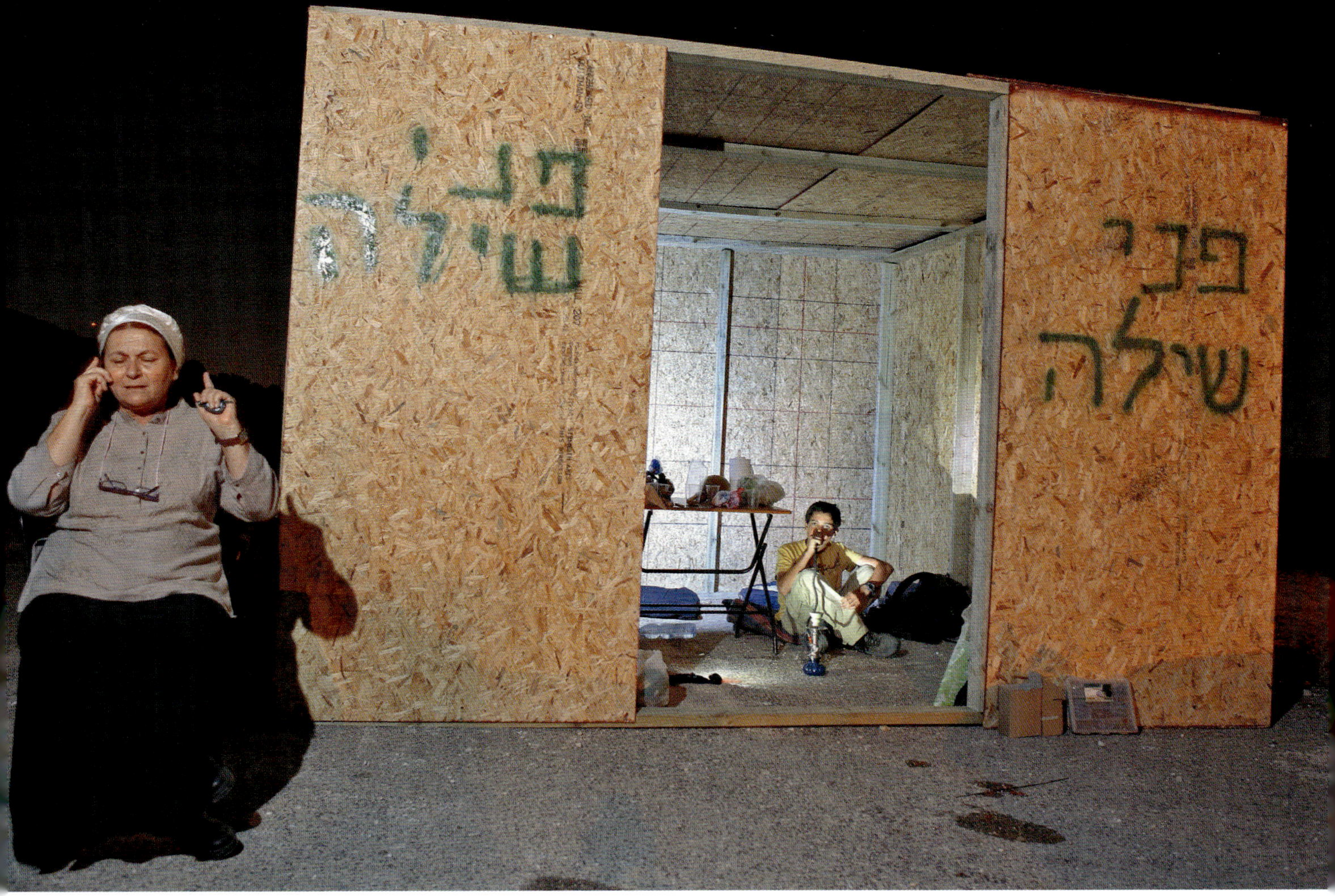
פני
שילה
פני
שילה

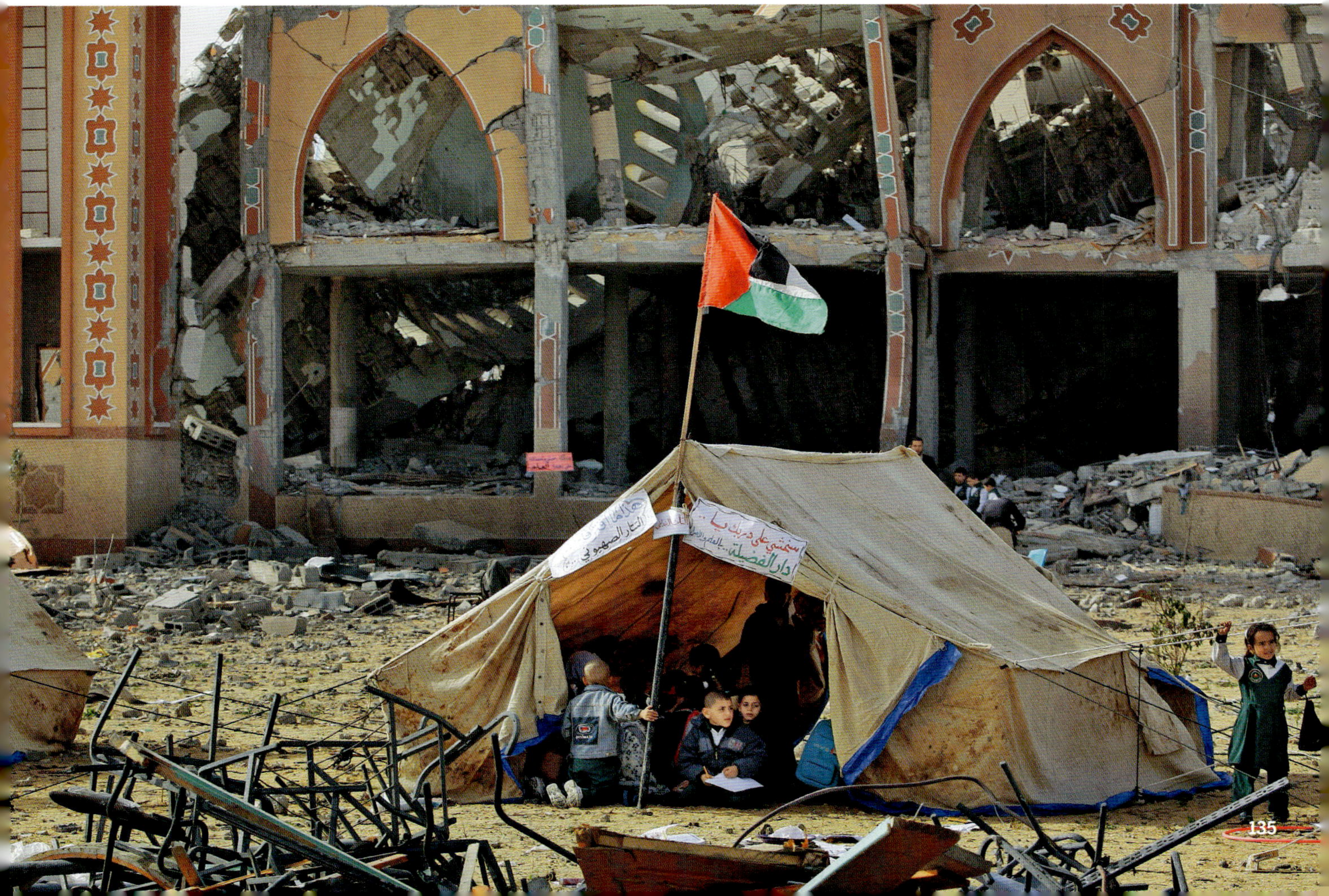

GAZA-STREIFEN

Da stehen sie nun, die beiden Esel, Hintern an Hintern, im Happy Land Zoo, etwas außerhalb von Gaza City. Wenn sie wüssten, wie sie aussehen. Wegen der israelischen Blockade war es palästinensischen Zoobetreibern nicht möglich, echte Zebras in ihr Gehege zu bekommen. Aber wie man sieht, lässt sich mit Pinsel und ein bisschen Farbe auch aus gemeinen Eseln noch was machen

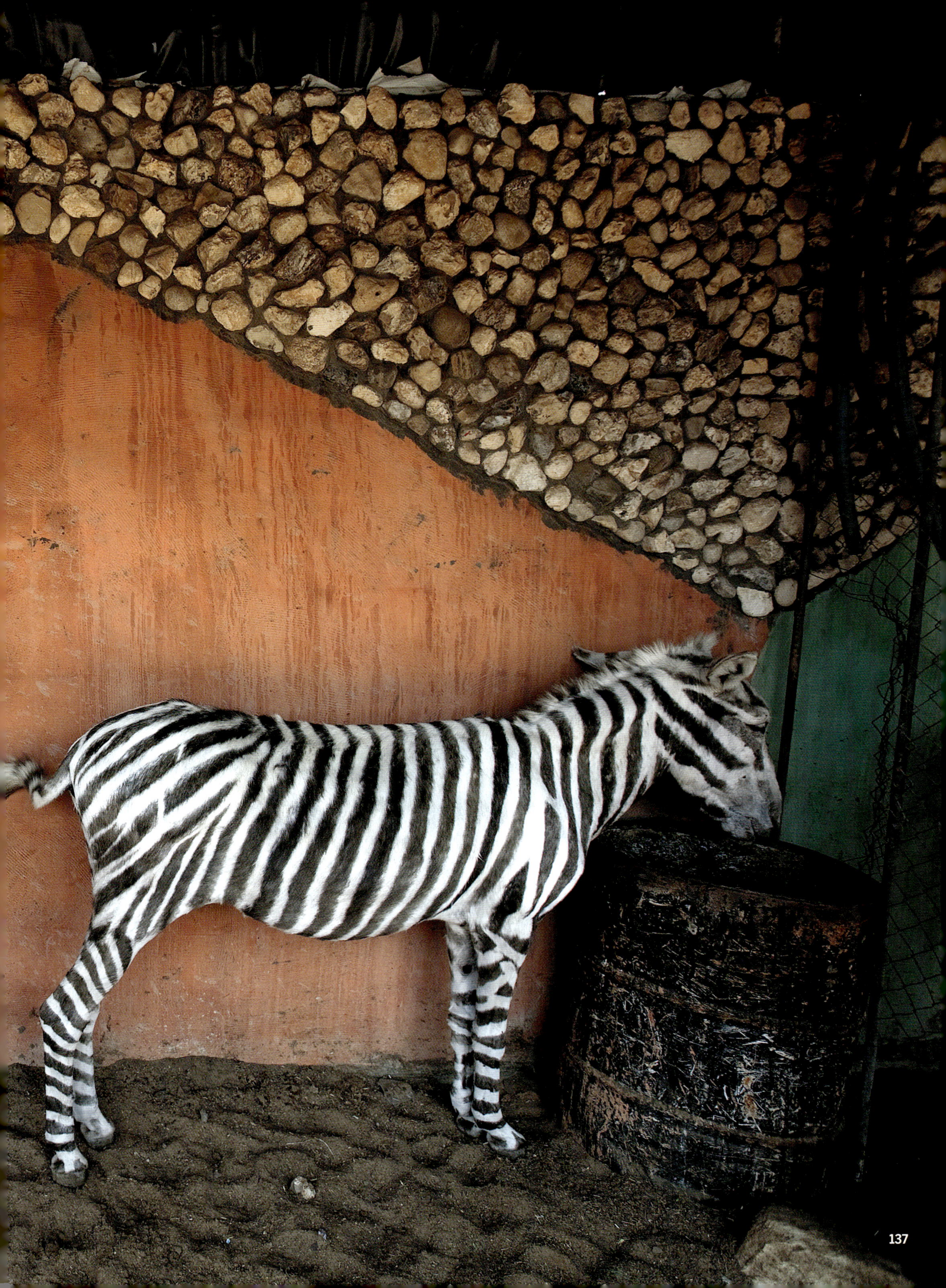

BARACK OBAMA
JEDEM ANFANG WOHNT EIN ZAUBER INNE

Sein optimistisches „Yes we can" haben wir noch in den Köpfen. Der neue Präsident hat das Ausland mit Amerika versöhnt, doch in der Heimat wird er von den Rechten scharf attackiert. Er hat viel versprochen, doch viele seiner hehren und ehrgeizigen Absichten sind noch Träume. Er hat, kaum im Amt, den Friedensnobelpreis gewonnen, doch seine sanfte Politik hat noch keinen Konflikt gelöst. Hat der US-Präsident versagt? Wurde er überschätzt? Nein, denn um die Welt zu verändern, braucht selbst ein Obama mehr als ein Jahr

Hand in Hand: US-Präsident Barack Obama mit Ehefrau Michelle auf dem Weg ins Weiße Haus

BARACK OBAMAS NEUE POLITIK
DER MANN IST EIN VERSPRECHEN

TEXT **GIUSEPPE DI GRAZIA**

Es war im April in London, in einer schmucklosen Konferenzhalle, als allen bewusst wurde, dass es wirklich ein neues Amerika gibt. Um Barack Obama herum saßen an einem riesigen runden Tisch 17 Männer und zwei Frauen. Die wichtigsten Staatslenker berieten, wie sie die Welt vor einem finanziellen Kollaps retten könnten, und am Ende sagte der Neue in der Runde mit leiser, fast brüchiger Stimme: „Die Krise hat in den USA begonnen, ich übernehme die Verantwortung, auch wenn ich damals noch gar nicht Präsident war."
Angela Merkel, Silvio Berlusconi, Nicolas Sarkozy und all die anderen brauchten einige Zeit, um auf diesen Satz zu reagieren. Ein Satz, der in die Geschichte eingehen wird. Ein Satz, mit dem das neue Amerika mit altem Denken brach: Wir sind die Größten, wir sind die Mächtigsten – und also unfehlbar. So hatte sich das alte Amerika in den vergangenen Jahren mal wieder benommen und über seine Verhältnisse gelebt. Und nun gestand dieser junge Präsident, der von seinem Vorgänger nicht nur zwei Kriege, sondern auch eine Weltwirtschaftskrise geerbt hatte, demütig die Schuld seines Landes dafür ein. Es vergingen einige Sekunden der Stille, bis alle begriffen. Dann klatschten Merkel, Berlusconi, Sarkozy Beifall.
Es war fünf Monate später, an einem Samstag in Washington, als allen klar wurde, dass dieses neue Amerika nicht wirklich von allen Amerikanern gemocht wird. Mehr als 70 000 Leute protestierten vor dem Kapitol gegen die Reform des Gesundheitswesens. Der Präsident wurde von der Menge persönlich verhöhnt. In Sprechchören nannten sie ihn einen „Lügner", einen „Verräter" oder „Marxisten", auf Plakaten wurde er mit Hitler-Bärtchen entstellt oder neben Hugo Chávez gezeigt. Vielen der Demonstranten ging es nicht nur um die Gesundheitsreform. Die schwarze Schriftstellerin Toni Morrison merkte dazu später an: „Es sind jene Amerikaner, die enorme Angst vor dem Verlust ihrer Privilegien haben. Tief gestörte Leute, die fürchten, was unabwendbar ist: Dieses Land wird in 30 Jahren eine weiße Minderheit haben. Was diese Leute ausdrücken, ist: ‚Ich will mein Land zurück!'" Es ist schwer zu sagen, ob es sich dabei tatsächlich um einen unausrottbaren Rassismus handelt, provoziert durch den ersten schwarzen Präsidenten im Lande. Auf jeden Fall hat eine immer größer werdende Gruppe Weißer in den USA Angst vor Obama.
Es sind diese beiden Extreme, zwischen denen sich Barack Obama in seinem ersten Amtsjahr bewegt hat. Obama wollte der Versöhner und Erneuerer Amerikas sein. Bisher hat er die Welt mit dem neuen Amerika versöhnt, aber im eigenen Land wird er mit seltener Schärfe attackiert. Obama hat allein mit seinen Reden für eine radikale Richtungsänderung Amerikas gesorgt. Doch bisher sind viele seiner hehren Absichten noch Träume.
Obamas größter Erfolg im ersten Jahr ist das verbesserte Ansehen der Amerikaner im Ausland. Er wollte, dass die Menschen Amerika wieder vertrauen, und dafür hat er geworben. Der muslimischen Welt versichert er, dass „Amerika nie im Krieg war mit dem Islam". Bei seiner Rede im Juni in Kairo sprach er von

Er will der Präsident aller Amerikaner sein, aber seine Gegner verhöhnen ihn mit einer Hitlerkarikatur. Sie reagieren damit auf die geplante Gesundheitsreform. Die anderen politischen Problemzonen: die Finanzkrise, die Kriegseinsätze im Irak und Afghanistan – und Guantánamo. Obamas Versprechen, das menschenunwürdige Gefangenenlager auf Kuba vollständig aufzulösen, wird ein langwieriger, von Kritik begleiteter Prozess

AUSLAND 141

Heilsame Demonstration: In einer großen Halle in Inglewood bei Los Angeles wird den Menschen kostenlos auf den Zahn gefühlt. Mitte August reihen sich hier eine Woche lang mehrere Tausend Besucher ein, um ihre Zähne reparieren zu lassen

„Respekt" und nicht vom „Krieg gegen den Terror". Viele Araber lobten ihn dafür. Obama setzt bei seiner gesamten Außenpolitik auf Soft-Power, also auf ein Amerika, das zuhört, das seine eigenen Werte und die Werte anderer Kulturen achtet. Er beschwichtigt die Iraner, er gibt gegenüber den Russen nach, er fordert eine nuklearfreie Welt. Er möchte, dass Amerika respektiert wird und nicht gefürchtet. Er hat Amerika vom bösen Geist Bushs befreit. Die Menschen in der Welt, vor allem in Europa, lieben Obama dafür; in einigen Ländern verehren sie ihn sogar mehr als ihre eigenen Politiker. Obama hat die Welt nicht verändert. Wie sollte er das auch nach einem Jahr? Aber er hat einen neuen Ton angeschlagen, einen, der die Menschen glauben lässt, dass man gemeinsam doch noch etwas bewirken kann. Und er hat damit die Welt auch sicherer gemacht. Die Herren in Oslo haben es ihm mit dem Friedensnobelpreis gedankt.

Viele haben diese Entscheidung kritisiert: Obama habe bislang nichts erreicht, außer guter Stimmung. Als wäre das nichts. Es ist nämlich genau diese Stimmung, die erst geschaffen werden musste, damit es überhaupt eine Chance gibt, die Konflikte dieser Welt zu lösen. Dieser Preis ist, wenn man so möchte, ein Vertrauensvorschuss auf das, was Obama noch leisten kann.

Seine sanfte Politik bringt ihm den Beifall vieler Staaten und bei den UN, wo die USA zuvor immer mit Argwohn gesehen wurden. Seine Stärke im Ausland könnte aber zugleich seine Schwäche in Amerika werden. Er läuft Gefahr, bei den Konservativen eines Landes, das sein Selbstbewusstsein oft aus harter Führung gezogen hat, als Verräter der eigenen Interessen und Ideale zu gelten. „Ist er schwach?", fragte beispielsweise Jim Hoagland von der „Washington Post", als er über Obamas Außenpolitik urteilte.

Die Republikaner sehen den Präsidenten ohnehin als Zauderer an. Einige von ihnen verspotten Obama als „Obambi". Als schönes, scheues Reh. Aber auch Leute seiner eigenen Partei fordern vom Präsidenten, dass er eine härtere Gangart einschlägt und endlich Ergebnisse erzielt. Trotz Obamas Ermahnungen bauen

Die Gesundheitsreform ist Obamas wichtigstes Projekt – das wissen natürlich auch seine Gegner in den USA

die Israelis neue Siedlungen und schüren somit den Nahostkonflikt weiter. Iran bastelt ungeachtet Obamas Annäherungsversuchen an einer Atombombe. In Afghanistan will Obama 30 000 zusätzliche Soldaten stationieren, um diesen Konflikt endlich zu lösen. Im Irak ist Amerika noch weit davon entfernt, die Truppen wie angekündigt nach Hause zu holen und das Land in einem stabilen Zustand zu hinterlassen.

Als Obama gewählt wurde, waren viele von diesem Mann mit der eleganten Pose, der schönen Poesie und der beeindruckenden Prosa verzaubert. Diese Euphorie ist verflogen. Kurz nach seinem Amtsantritt im Januar fanden noch fast 70 Prozent der amerikanischen Bevölkerung ihren neuen Präsidenten gut, zum Ende des Jahres finden das rund ein Drittel weniger. Auch für Obama – und vielleicht gerade für ihn – gilt: Wer regiert, macht sich angreifbar. Er hat viele seiner Anhänger enttäuscht.

Er hat beim Klimaschutz viel versprochen, doch sein Umweltgesetz zur Reduzierung der Treibhausgase hat er noch nicht durchbringen können. Er hat zwar die Folterpolitik von Bush beendet, möchte aber die Verantwortlichen nicht bestrafen. Und das Gefangenenlager auf Guantánamo wird er nicht wie geplant bis Januar 2010 schließen können, einen neuen Termin wollte er dafür nicht nennen.

Er hat Amerikas Wirtschaft vor dem Kollaps gerettet, die Wirtschaft erholt sich dank seines Konjunkturprogramms von 800 Milliarden Dollar, aber sie schafft keine Jobs, die Arbeitslosenzahl stieg sogar auf mehr als zehn Prozent an. Er griff die Vergütungspraktiken an der Wall Street an, entschied sich aber für sehr vage Bonusbeschränkungen. Er forderte eine viel strengere Regulierung der Banken, als er sie bisher durchsetzte.

Obamas Politik ist wie der Mann selbst: gelassen, versöhnlich und auch ein wenig verträumt. Er mag sich nicht hetzen lassen, schon gar nicht vom Jagdtrieb der Nachrichtensender, die 24 Stunden am Tag auf der Suche nach Schlagzeilen sind. Obama ist auf Hawaii aufgewachsen, er praktiziert eine Art „Aloha-Zen", sein Motto lautet: no drama. Während alle um ihn herum, selbst seine engsten Berater, bei Kritik und Attacken nervös und hektisch reagieren, bleibt er ruhig. Und dann wartet er und wartet, bis der superdramatische Moment gekommen ist, in dem er mit einer seiner brillanten Reden alles rettet, sich, seine Regierung und die Welt. Zuletzt geschah dies nach den Protesten von Washington, als er im Kongress seine Pläne zum Gesundheitswesen vor dem vorzeitigen Aus bewahrte. Seine Rede war wie gewohnt voller Poesie und voller Versprechen. Doch Obama muss in naher Zukunft auch zeigen, dass er seine schönen Worte umsetzen kann. Er braucht Resultate. Er möchte, dass alle Amerikaner einen Krankenversicherungsschutz bekommen. Wenn er dieses Jahrhundertvorhaben durchbringt und es ihm zugleich gelingt, die verstörten und hasserfüllten rechten Weißen in sein neues Amerika mit einzubinden, wird er ein starker Präsident sein, weil er dann auch seine anderen Ideen leichter durchsetzen kann. Wenn er damit scheitert, wäre er ein schwacher Präsident. Trotz des Friedensnobelpreises, trotz Beliebtheit im Ausland. Die Gesundheitsreform ist Obamas wichtigstes Projekt – das wissen natürlich auch seine Gegner zu Hause.

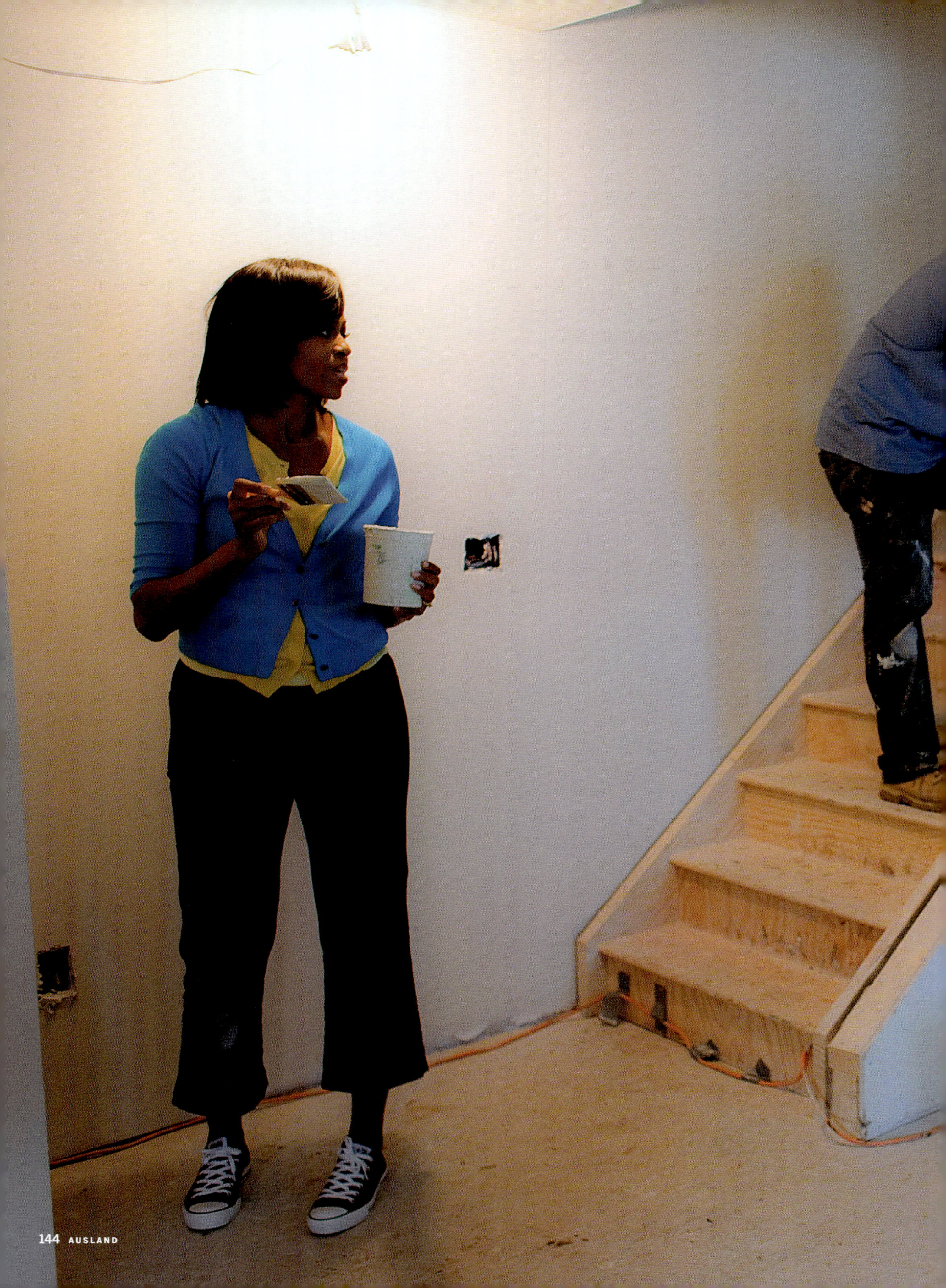

Yes, we can auch das: Michelle und Barack Obama legen in einem Washingtoner Wohnheim für Hilfsbedürftige Hand an. Einen Präsidenten, der die Ärmel hochkrempelt, haben die Amerikaner, die durch die Krise ihr Eigenheim verloren haben, bitter nötig

AUSLAND
VOM GLÜCK UND UNGLÜCK IN UNSICHEREN ZEITEN

China rüstet sich zur wirtschaftlichen Weltmacht, die USA rüsten ab – zunächst verbal. Barack Obama reicht der arabischen Welt die Hand und erhält den Nobelpreis. Vorschusslorbeeren für eine friedlichere Erde. Irgendwann. Noch wird gestorben in Afghanistan und dem Irak. Und geflüchtet. Von Afrika nach Europa. Der verlorene Kontinent ist über Monate fast täglich in den Schlagzeilen. Wegen der Piraten vor der somalischen Küste. Wer Glück hat, kommt durch. Und wer nicht? Die einen verdanken ihrem Piloten das Leben, die anderen verlieren es, womöglich, weil eine Fluggesellschaft spart. Am falschen Ende, bei der Sicherheit. Die ist auch 2009 fragil, weltauf, weltab

PARAGUAY
VERNAGELTER PROTEST

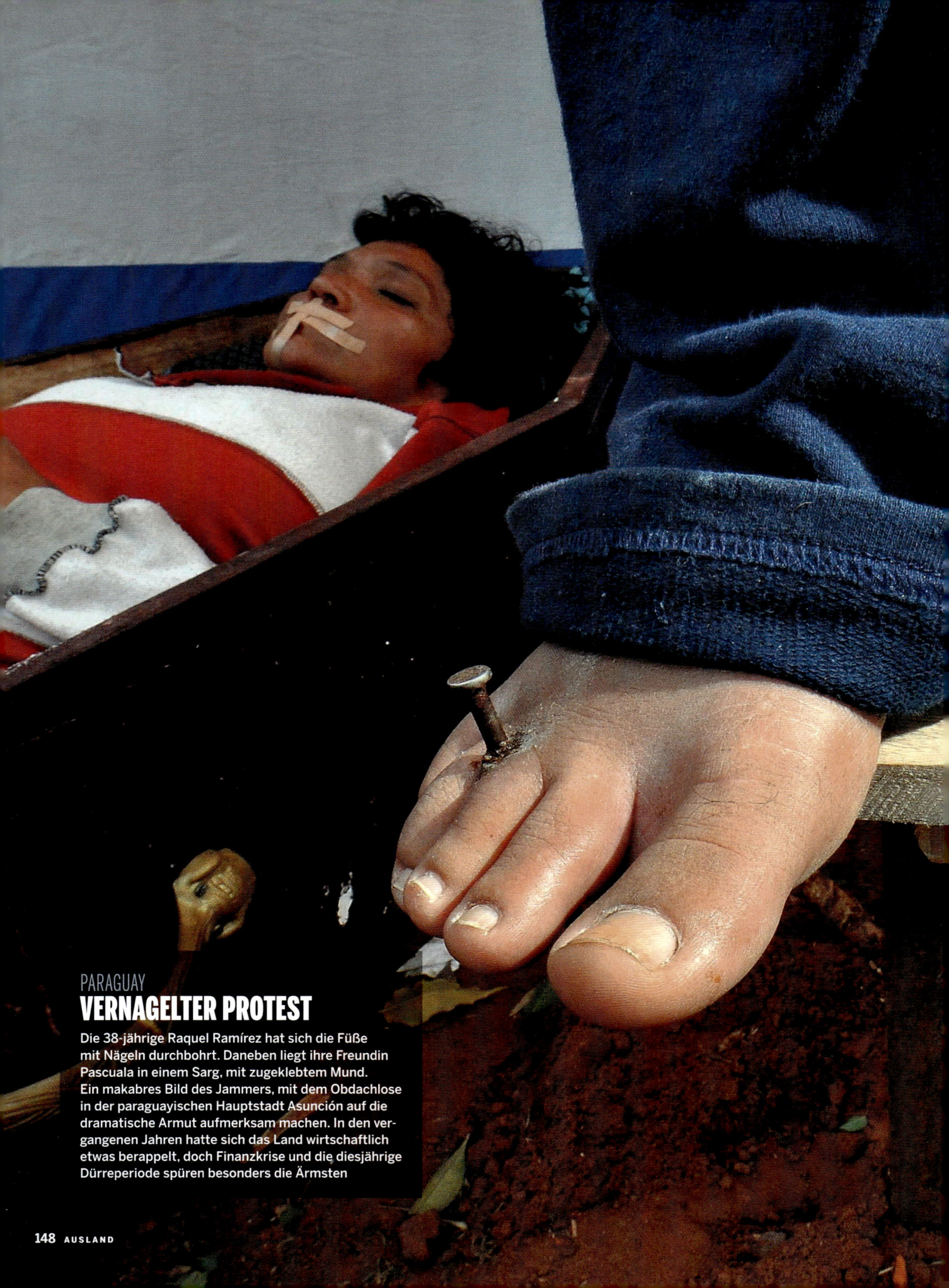

Die 38-jährige Raquel Ramírez hat sich die Füße mit Nägeln durchbohrt. Daneben liegt ihre Freundin Pascuala in einem Sarg, mit zugeklebtem Mund. Ein makabres Bild des Jammers, mit dem Obdachlose in der paraguayischen Hauptstadt Asunción auf die dramatische Armut aufmerksam machen. In den vergangenen Jahren hatte sich das Land wirtschaftlich etwas berappelt, doch Finanzkrise und die diesjährige Dürreperiode spüren besonders die Ärmsten

149

150 AUSLAND

USA
DAS WUNDER VOM HUDSON

Es ist der 15. Januar, als der amerikanische Airbus-Pilot Chesley Sullenberger alles richtig macht. Nachdem ein Schwarm Wildgänse beide Triebwerke außer Kraft gesetzt hat und eine Rückkehr zum Flughafen nicht mehr möglich ist, setzt Sullenberger seinen Airbus A320 sanft im eiskalten Hudson River auf. Die 155 Menschen an Bord klettern auf die Tragflächen. Den Rettungsteams bleiben nur wenige Minuten, ehe sich die Maschine zu einer Seite neigt. Alles klappt. Als Letzter verlässt Sullenberger die Maschine. Später sagt er: „Das ist mein Job, dafür habe ich trainiert"

TENERIFFA
AUF SICHEREM BODEN

In Decken eingewickelt, liegen die ausgekühlten Afrikaner am Strand von Teneriffa. In einem kleinen Holzboot haben sie mit anderen Ende März die rettende Insel erreicht. Es sind 60 von insgesamt 2300 in diesem Jahr. 2008 gelang noch 8500 Menschen die Überfahrt auf die Kanaren, aber inzwischen wird in den Küstengewässern häufiger patrouilliert. Die meisten Afrikaner fliehen vor heimatlicher Armut, der Albino möchte vielleicht auch Verfolgern entkommen: In einigen Regionen werden Körperteile von hellhäutigen Afrikanern zu Wunderdrogen verarbeitet

153

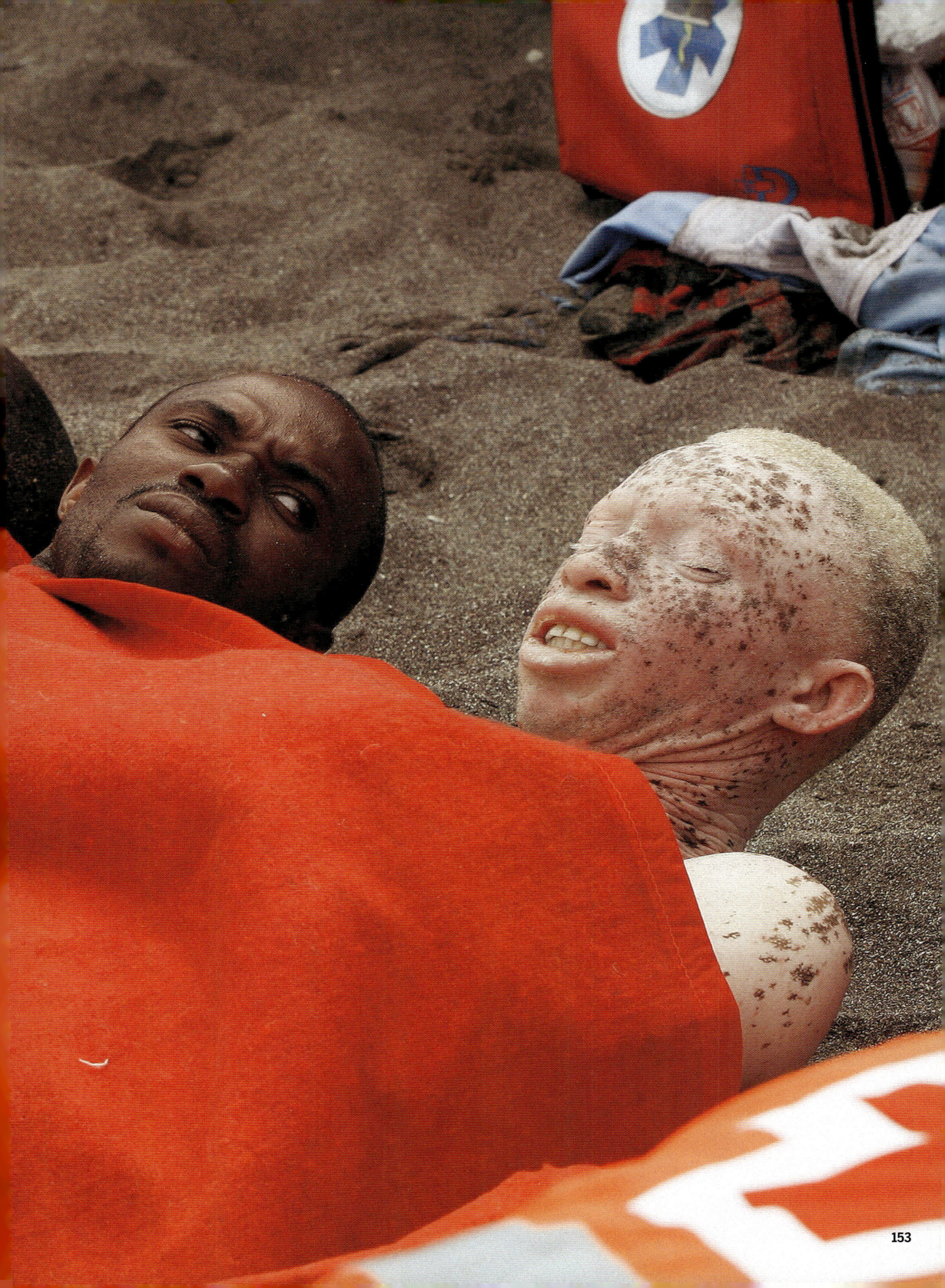

SOMALIA
PIRATEN-TERROR AUF HOHER SEE

Nach vier Monaten und hoher Lösegeldzahlung kann das von somalischen Piraten entführte Containerschiff „Hansa Stavanger", geschützt von bewaffnetem Personal, endlich den kenianischen Hafen von Mombasa anlaufen. Die 24-köpfige Mannschaft des deutschen Schiffes, die von den Seeräubern mit Scheinhinrichtungen gepeinigt wurde und außer Reis 121 Tage lang kaum etwas zu essen bekam, ist erschöpft, aber wohlauf. Kapitän Krzysztof Kotiuk wird nach langem Bangen – und um 15 Kilo leichter – im August von seiner Frau in die Arme genommen. Später kritisiert er das Krisenmanagement seiner Reederei. Kurz vor Weihnachten wird Kotiuk entlassen. Wegen der Wirtschaftskrise, behauptet sein Arbeitgeber

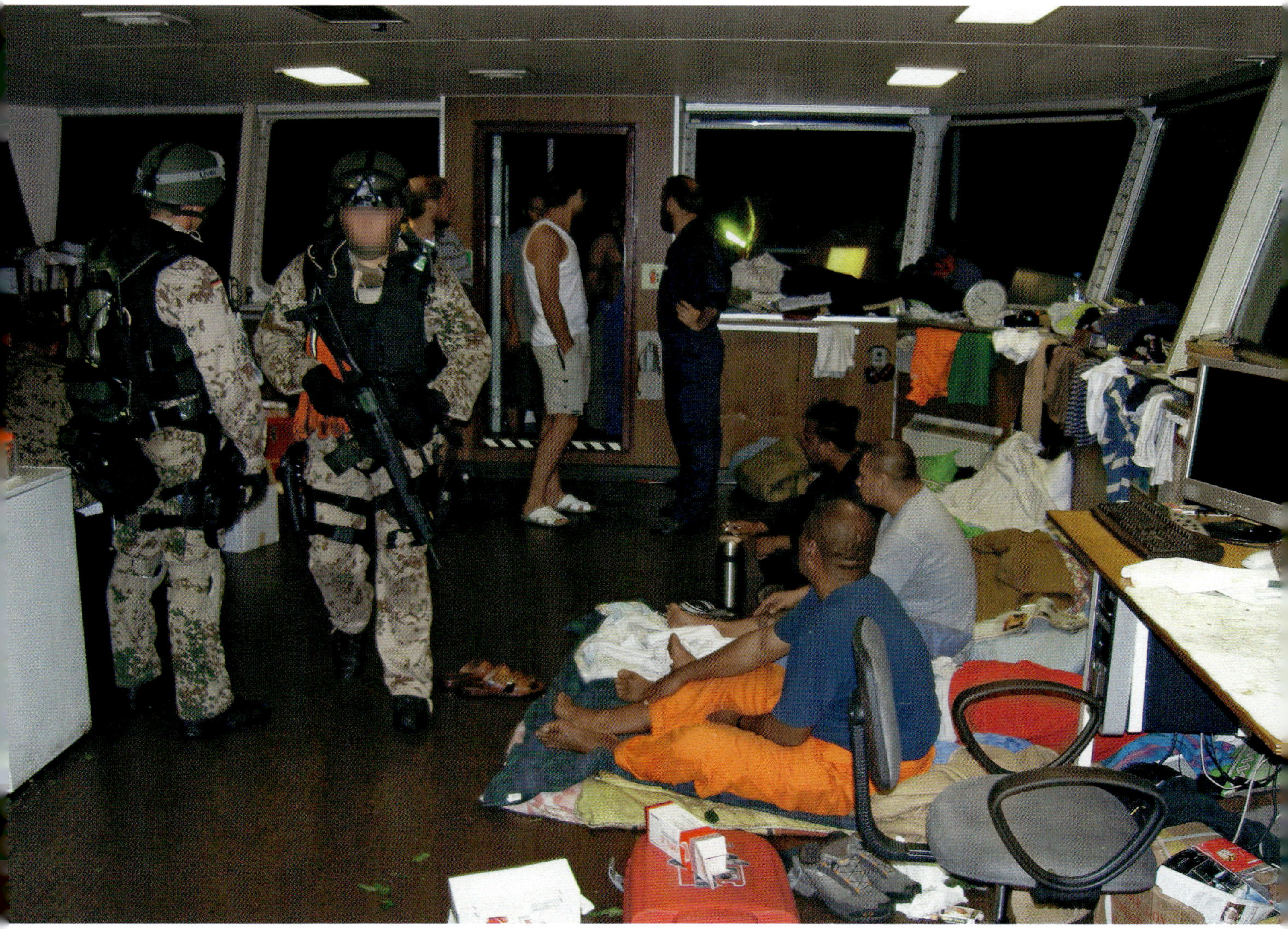

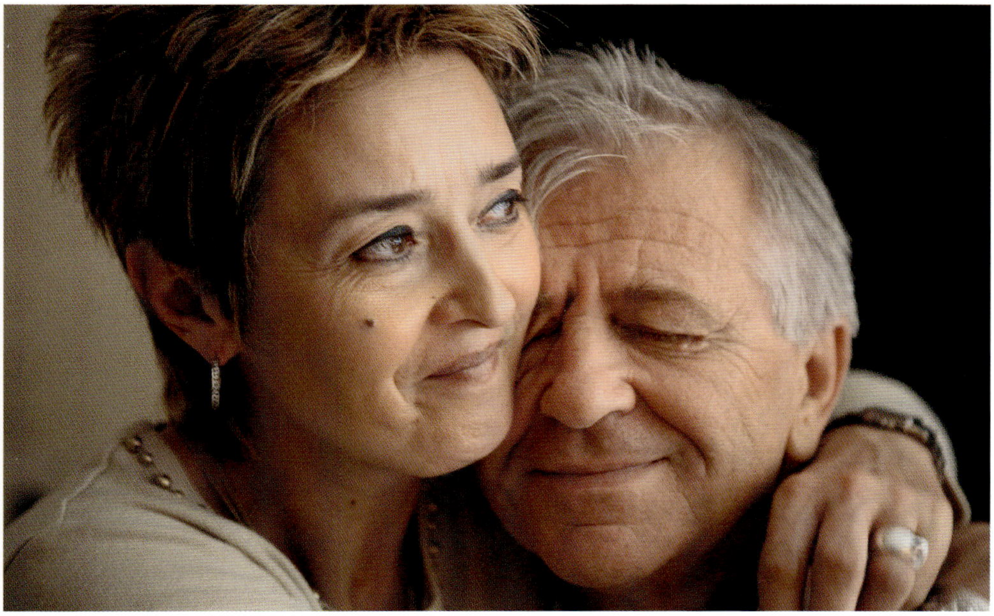

CHINA
WOHLSTAND IM BLICK

Die Sonnenbrille auf dem Werbeplakat spiegelt die Träume der chinesischen Mittelklasse: Luxusappartements mit daunenweichen Betten und polierten Wohnzimmertischen, wie sie überall in Peking entstehen. Die chinesischen Arbeiter, die vor dem Poster ihr Mittagessen verzehren, haben viel zu tun. Während weltweit die Wirtschaft schrumpft, geht in China das rasante Wachstum weiter: 2009 beträgt es 8,5 Prozent

SOHO尚都

157

158 / AUSLAND

SÜDKOREA
ARBEITSKRIEG

77 Tage lang steigen Arbeiter ‚ihrer' Automobilfabrik Ssangyong Motor Company aufs Dach, um gegen Massenentlassungen zu protestieren. Mehrere polizeiliche Räumungsversuche des Geländes in der Nähe von Seoul mittels Wasserwerfern und Schlagstöcken scheitern. Am 6. August müssen die eingekesselten Arbeiter ihren Widerstand aufgeben, die Streikführer werden verhaftet. Das insolvente Unternehmen Ssangyong verklagt die Gewerkschaft auf Schadensersatz in Millionenhöhe

ATLANTIK
FLUG AF 447: TREIBGUT DES TODES

Weit draußen auf dem Atlantik befestigen brasilianische Marinetaucher ein Seil am Seitenleitwerk eines Airbus 330. Das Trümmerteil zählt zu den Spuren, die das schlimmste Flugzeugunglück der französischen Geschichte hinterlassen hat: Am 1. Juni, Pfingstmontag, verschwindet Air France 447 von den Radarschirmen – und mit ihr 228 Menschen. 28 Deutsche verlieren ihr Leben. Die Helfer haben 51 Tote und 600 Teile geborgen, die Flugschreiber aber nicht gefunden. Offenbar aber waren die Geschwindigkeitsmesser, die sogenannten Pitot-Röhrchen, defekt. „Ohne den Defekt hätte es das Unglück nicht gegeben", sagt Gérard Arnoux, Chef der französischen Pilotengewerkschaft

161

DUBAI
SCHNEE AUS DER STECKDOSE

Ob die Scheichs darüber reden, dass es dieses Wintermärchen in der Wüste vielleicht bald nicht mehr geben wird? Kälte kostet. Die 6000 Tonnen Pulverschnee, die bei etwa 35 Grad Außentemperatur hergestellt und konserviert werden müssen, sind nicht nur teuer, sondern vor allem eine irrwitzige Energieverschwendung. Außerdem weckt das einstige Boom-Emirat Zweifel an seiner generellen Zahlungsfähigkeit

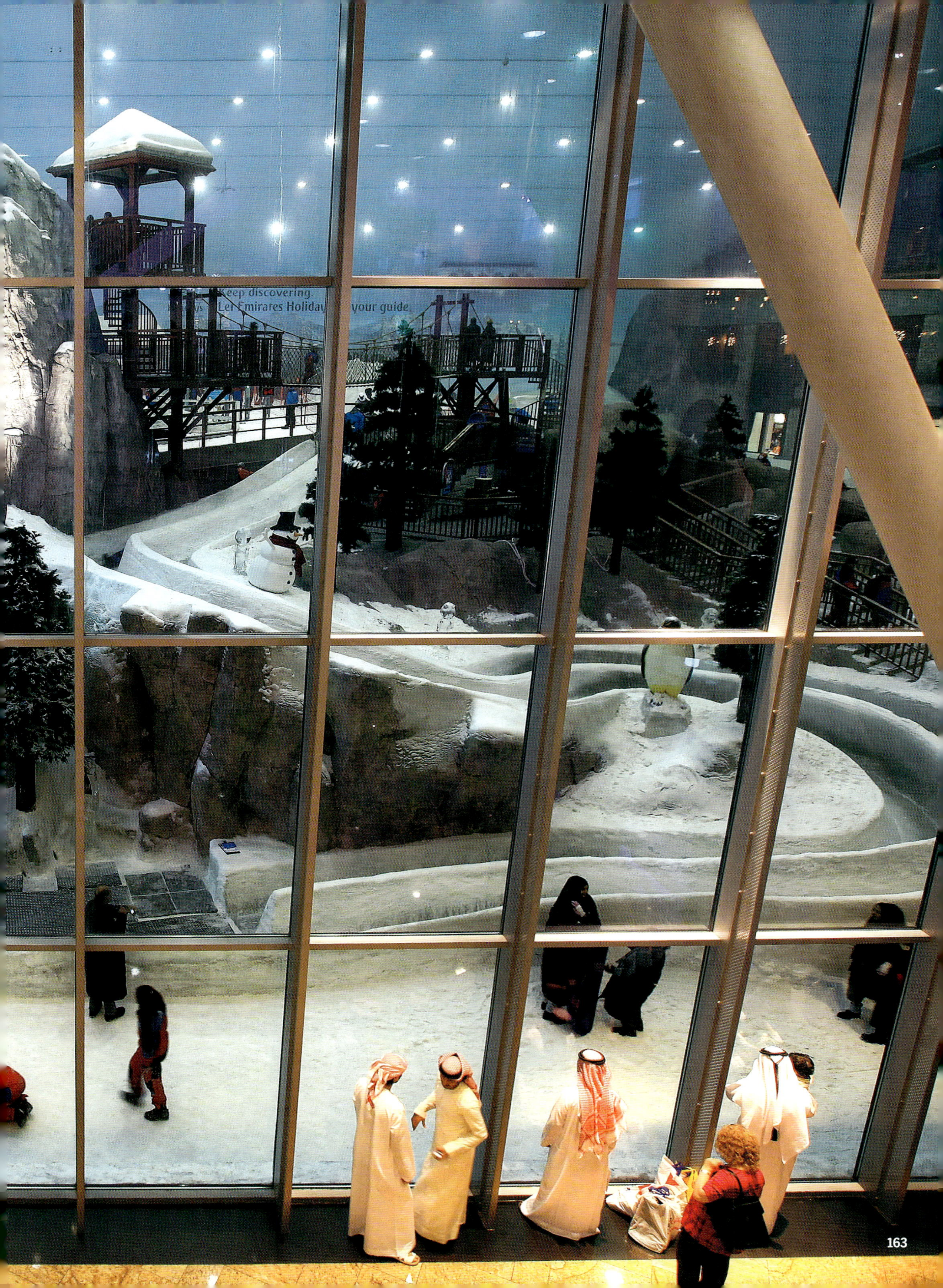
Keep discovering.
Let Emirates Holiday
your guide

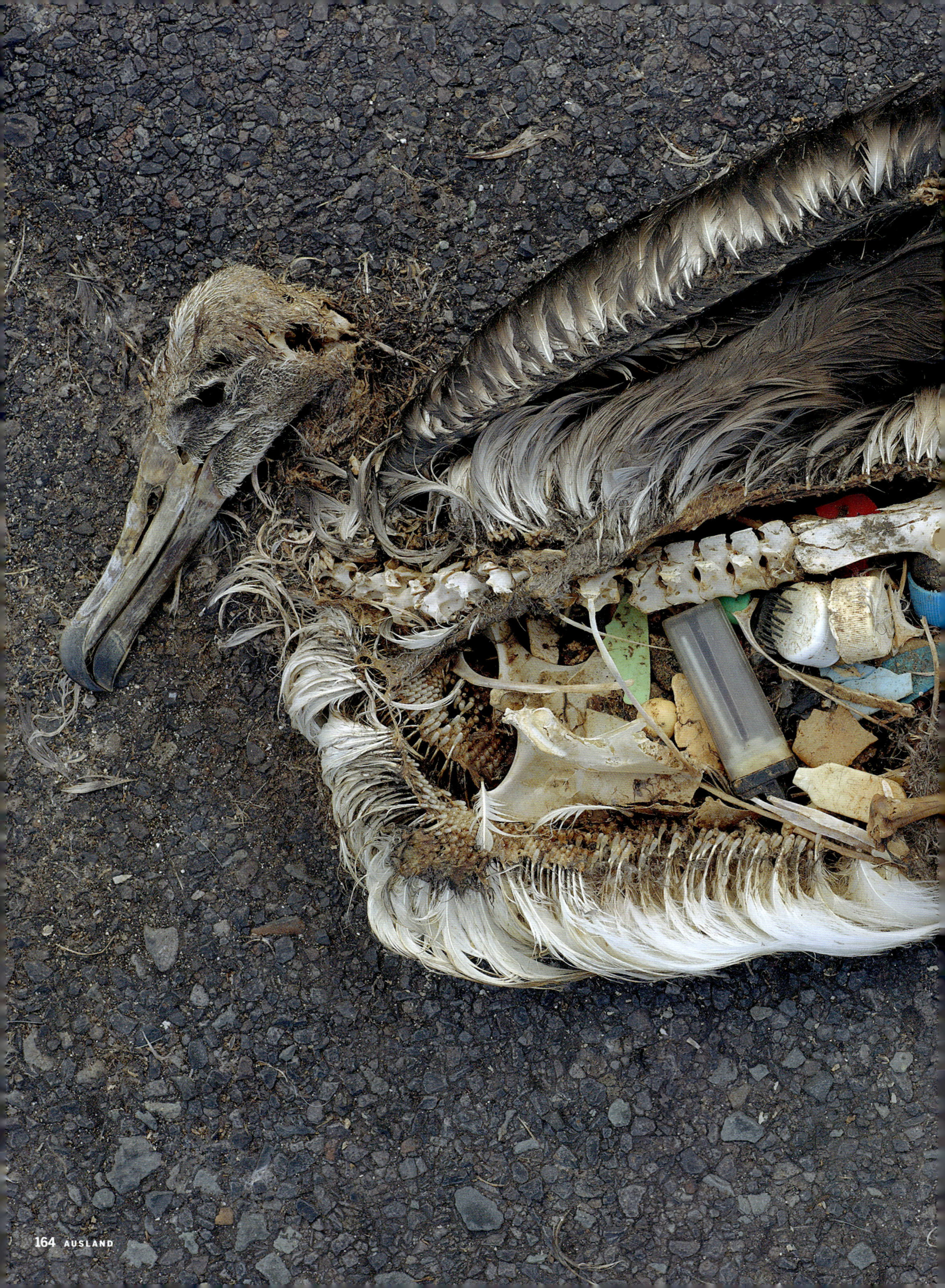

PAZIFIK
SOS IM OZEAN

Eine Tragödie mitten im Pazifik auf dem Midway-Atoll. Zehntausende junge Albatrosse sterben hier jährlich an Verstopfung und Vergiftung durch unseren Wohlstandsmüll. Sie verhungern an Plastikkrempel und anderem Unrat, den ihre fürsorglichen Vogeleltern für sie aus dem Meer fischen und ihnen in den Schnabel stopfen. Und zwar nicht in der Nähe einer Hafenstadt, sondern 4000 Kilometer entfernt vom nächsten Kontinent, etwa in der Mitte – daher der Name Midway-Inseln – zwischen Kalifornien und Japan

GLOBALISIERUNG
FÜR JEDEN DEN PASSENDEN SCHUH

Das Video, das den irakischen Journalisten Muntasar al-Saidi (l.) zeigt, wie er mit Schuhen nach George W. Bush wirft, ist ein YouTube-Klassiker und findet Anfang des Jahres eifrige Nachahmer: In London feuern Demonstranten ihr Schuhwerk in Richtung Amtssitz des Premierministers, in Washington steckt der aufblasbare „Bushoccio" Treffer und Kritik ein. Im irakischen Tikrit errichtet man dem Schuh und dem Journalisten, der ihn auf Bush warf, ein Denkmal

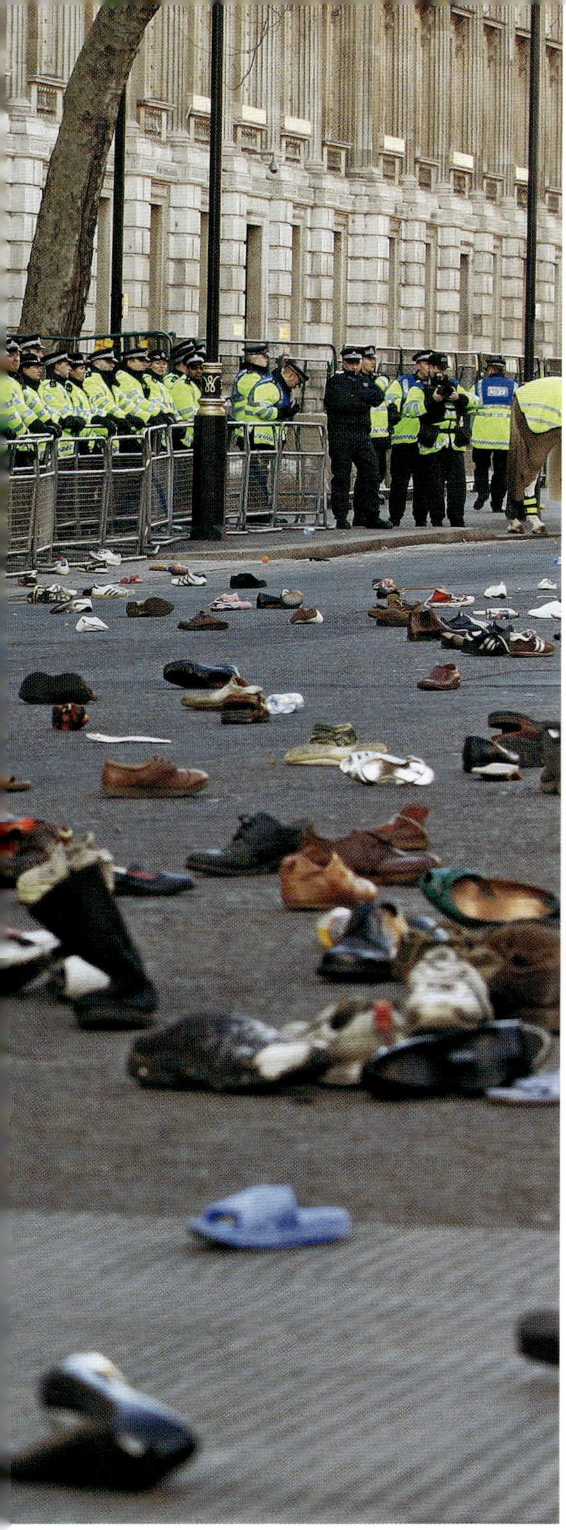

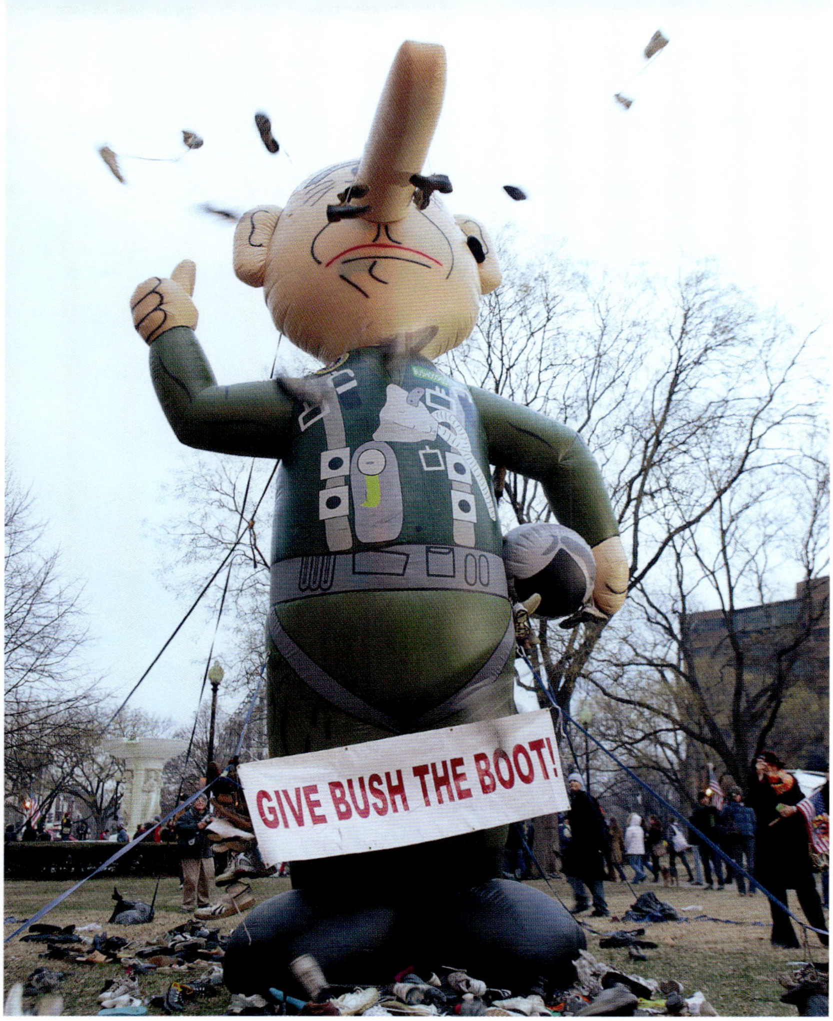
GIVE BUSH THE BOOT!

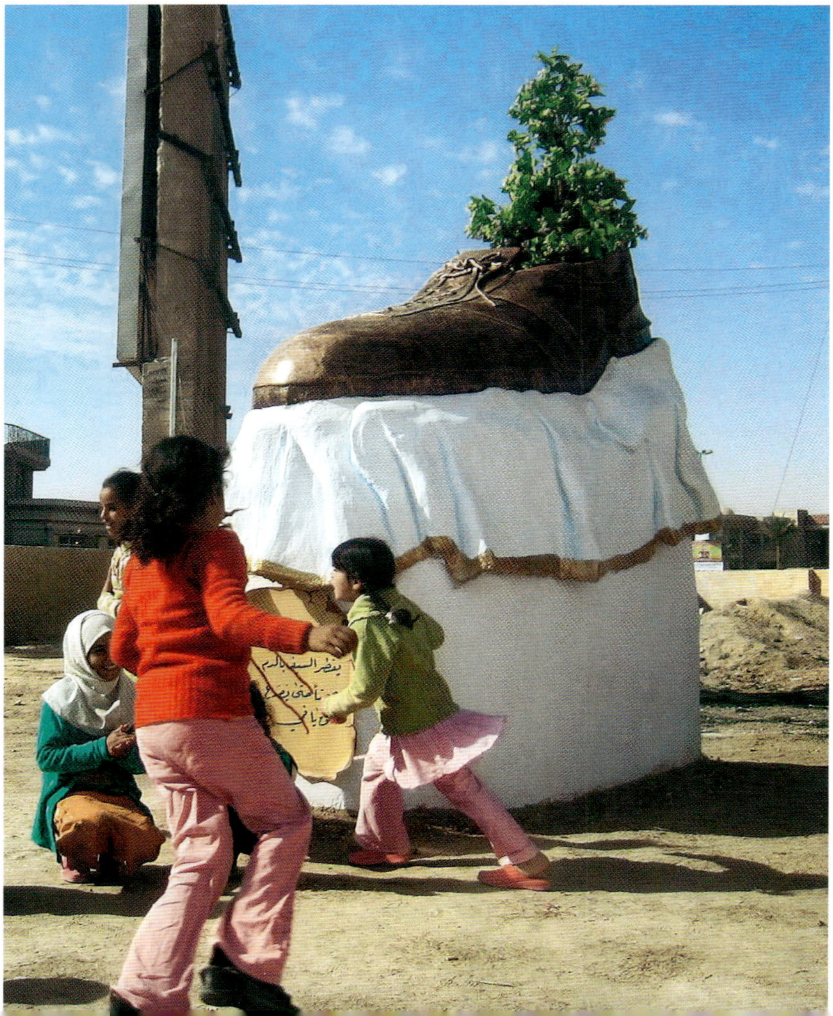

GROSSBRITANNIEN
PREMIER AM PRANGER

Auch 2009 ist das gemeine Ei unverzichtbar, wenn es gilt, unliebsame Politiker aufs Korn zu nehmen. Im August wird Pappkamerad Gordon Brown, Englands Premier, zur Zielscheibe bürgerlichen Protests. Dazu aufgerufen hat das Londoner Gruselkabinett „The Dungeon", das in einer Umfrage Britanniens Regierungschef als „bösesten Schuft" ermittelte. Der Pranger war noch die mildeste mittelalterliche Form der Sanktion: Einige votierten für Erhängen und Foltern. Die Bürger lasten Brown den Spesen- und Spendenskandal der politischen Klasse persönlich an

169

ITALIEN
DIE AFFÄRE MIT PAPI

Sie (rechts) trennt sich von ihm. Und sie (links) ist der Grund dafür. Dass Italiens Ministerpräsident Silvio Berlusconi ein notorischer Fremdgänger ist, weiß jeder. Als er aber auf der Geburtstagsparty von Model Noemi Letizia aufläuft und ihr ein Goldkettchen verehrt, fühlt sich Ehefrau Veronica Lario brüskiert und reicht die Scheidung ein. Die 18-jährige Noemi gibt sich unschuldig. Mit „Papi Silvio" habe sie sich nur unterhalten. Später einmal möchte sie Showgirl werden oder Politikerin; so genau weiß sie das noch nicht

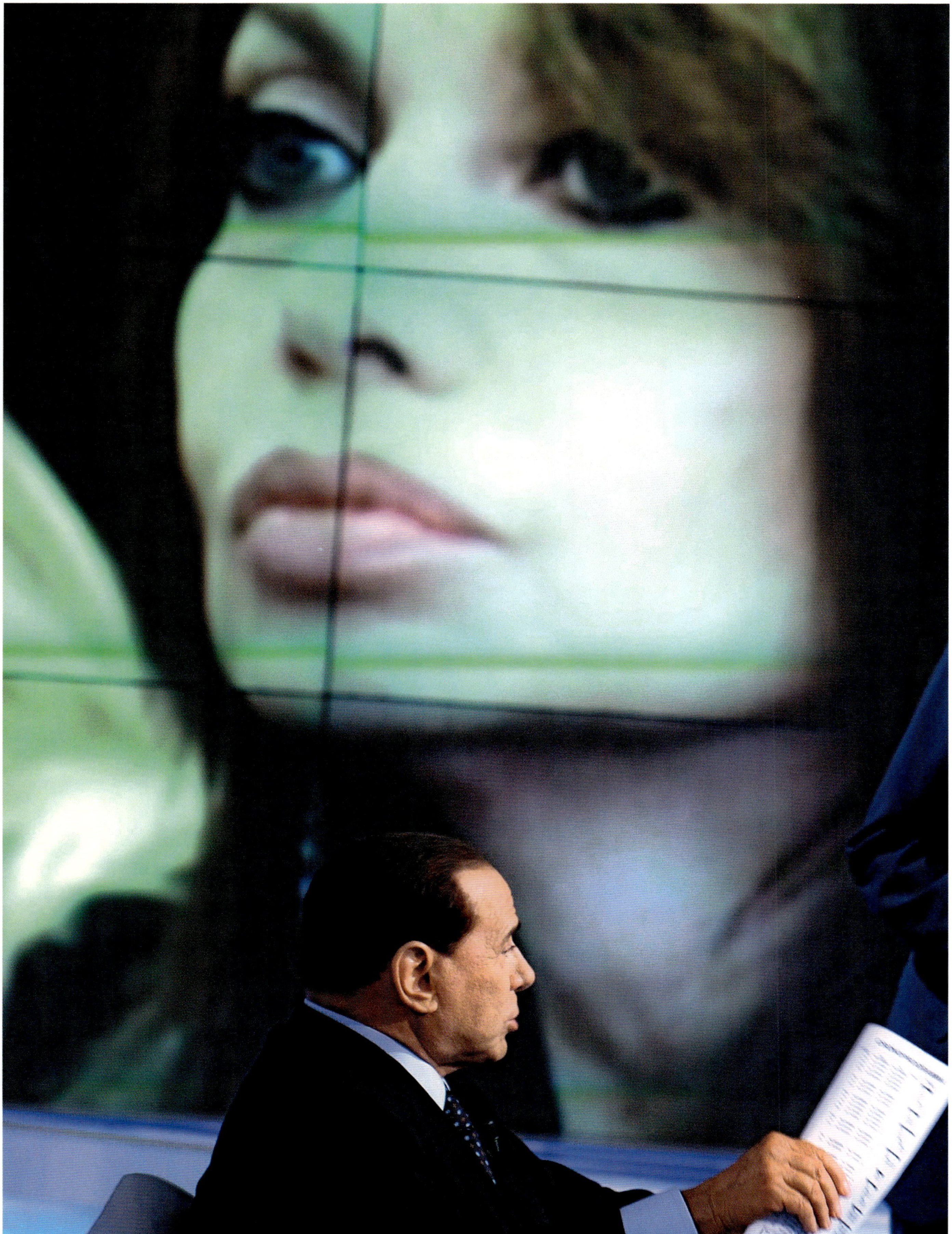

AUSLAND

NIEDERLANDE
DIE AMOKFAHRT VON APELDOORN

Entsetzen verzerrt die Gesichter von Prinzessin Máxima, Kronprinz Willem Alexander (links) und zwei weiteren Mitgliedern der königlichen Familie: Beim Nationalfeiertag, dem niederländischen Königinnentag, durchbricht ein Suzuki die Absperrungen in Apeldoorn. Mit hoher Geschwindigkeit rast der Fahrer auf den offenen Festbus mit Königin Beatrix zu. 17 Zuschauer werden durch die Luft geschleudert, bevor der Wagen gegen ein Denkmal prallt. Acht Menschen sterben, unter ihnen der Amokfahrer

FRANKREICH
GROSSMANNSSUCHT

Da muss er sich strecken: Der französische Präsident Nicolas Sarkozy stellt sich auf die Zehen, doch bis auf Augenhöhe mit den anderen auf dem roten Teppich schafft er es nicht. Neben seiner Frau Carla Bruni sind noch zwei weitere Größen nach Straßburg zum 60. Jubiläum der Nato gekommen: Barack und Michelle Obama. Für sie gibt Sarkozy am 3. April im Palais Rohan eine Willkommensfeier. Bei einem weiteren Besuch Obamas in Frankreich zum Jahrestag der Landung der Alliierten in der Normandie steht Sarkozy besser da: Fürs Abschlussbild lässt er extra ein Podest aufstellen. Obama bleibt, sich seiner natürlichen Größe bewusst, auf dem Boden

175

KATASTROPHEN
MACHTKAMPF ZWISCHEN MENSCH UND NATUR

Überschwemmungen, Feuersbrünste und Erdbeben verwüsten auch in diesem Jahr weltweit wieder ganze Landstriche. Tausende Menschen ertrinken in reißenden Fluten, sterben unter einstürzenden Gebäuden oder verlieren ihre Existenz in den Flammen. Immer wieder zeigt sich, dass die Bewohner der Erde den Naturkräften schutzlos ausgeliefert sind. Allerdings: Viele der Katastrophen würden ohne menschliche Eingriffe in die Natur gar nicht passieren

Als im Oktober in Brasilien nach heftigen Regenfällen die Flüsse über die Ufer treten, reißen sie Menschen, Autos und Gebäude mit. Die Frau, die verzweifelt die Hand aus den braunen Strudeln streckt, kann gerettet werden

IRDISCHES FIASKO
ERDBEBEN, ÜBERSCHWEMMUNGEN, WALDBRÄNDE

TEXT AXEL BOJANOWSKI

Kaum eine Stadt schien paradiesischer als L'Aquila in der mittelitalienischen Hügellandschaft der Abruzzen. Doch der Friede trog – in Italien wirken höllische Kräfte. 1000 Grad heißes Magma brodelt im Untergrund, zudem liegt das Land in der Knautschzone einer geologischen Massenkarambolage von kilometerdicken Gesteinspaketen. Am 6. April hielt der Boden unter L'Aquila der Spannung nicht mehr stand; mit einem Schlag barsten Millionen Tonnen Gestein. Das Erdbeben riss Gebäude, Brücken und Straßen ein. Hunderte Menschen starben, Zehntausende wurden obdachlos.

Das war die erste schwere Naturkatastrophe in diesem Jahr, es sollten weitere folgen. Mitte Juni zogen mächtige Regenwolken, die sich über der Adria aufgeladen hatten, über Mitteleuropa auf. Bis in den Juli hinein regnete es von Serbien bis Bayern fast unentwegt. Flüsse wandelten sich zu Wasserlawinen und fluteten zahlreiche Städte. Mehrere Menschen ertranken. Gerade waren in den Alpen die Fluten gewichen, da verschluckten Wassermassen Teile von Nachterstedt in Sachsen-Anhalt. Gut 50 000 Quadratmeter des Dorfes waren in der Frühe des 18. Juli in den Concordiasee gekracht; drei Menschen wurden mit den Erdmassen in den Tod gerissen. Im August vernichteten Waldbrände im Umland von Athen mehrere Millionen Bäume, große Flächen Ackerland und Hunderte Häuser. Ende September traf es wieder einmal die Südsee: Tsunamis verwüsteten die Insel Samoa. Tags darauf zeigten sich die geologischen Kräfte auf Sumatra: Ein Beben zerstörte viele Ortschaften, Hunderte Menschen starben. Erst mal in Fahrt, so schien es, drohte der Planet nicht mehr zur Ruhe zu kommen. Doch waren überhaupt Naturgewalten am Werk? Bei näherem Hinsehen zeigte sich, dass der Mensch großen Anteil an den Katastrophen hat. Zwar ist die Erde rastlos: Erdplatten ruckeln gegeneinander, Stürme jagen übers Land, und Meere treten über die Ufer. Solche Naturereignisse wirken jedoch nur dort verheerend, wo größere Siedlungen liegen. Und dort entscheidet dann oft die Architektur über die Folgen von Naturereignissen für die Bewohner.

In L'Aquila könnten wohl alle Erdbebenopfer noch leben, wären die Gebäude besser konzipiert worden. Ausschläge jener Stärke, die in L'Aquila zur Katastrophe führten, richten in Japan oder Kalifornien selten nennenswerten Schaden an – es gelten striktere Baurichtlinien. Auch Hochwasser sind partiell menschengemacht. Asphaltierter Boden und kanalisierte Flüsse versperren dem Wasser seinen natürlichen Sickerweg. Der Absturz von Nachterstedt scheint ebenso Folge menschlicher Aktivität zu sein: Der Unglücksort stand auf einer alten Tagebaukippe. Auch Waldbrände werden zwar durch Trockenheit begünstigt. Forst-Missmanagement und fahrlässiger Umgang mit Feuer sind jedoch meist Auslöser der Feuerwalzen. Buschfeuer haben aber auch ihr Gutes. Sie lichten den Wald, was vielen Pflanzen erst das Wachstum ermöglicht; viele Samen keimen erst nach einem Brand. Die Natur ist auf Katastrophen eingestellt. Der Mensch noch nicht.

Wasserdichter Vertrag: Bei der ersten Unterwasser-Kabinettssitzung der Welt unterzeichnet der Fischereiminister der Malediven, Ibrahim Didi, eine Deklaration, in der alle Länder aufgerufen werden, ihre CO_2-Emissionen zu reduzieren. Die Aktion Mitte Oktober soll auf die Bedrohung des tropischen Archipels durch steigende Meeresspiegel aufmerksam machen

Die Natur ist auf
Katastrophen eingestellt.
Der Mensch noch nicht

HÖLLISCHE HITZE

Gewaltige Rauch- und Feuerschwaden verdüstern den Himmel. Die Löschfahrzeuge muten angesichts des Höllenfeuers wie kleine Spielzeugautos an. Im 60 Kilometer südöstlich von Melbourne gelegenen Pakenham kämpft die australische Feuerwehr Anfang Februar gegen die Buschbrände im Bundesstaat Victoria. Extreme Wetterbedingungen – sommerliche Hitze (46,4 Grad in Melbourne) und heftiger Wind – begünstigen die Ausbreitung der Feuerwalze. Am Ende sterben mehr als 200 Menschen, sind 1800 Häuser zerstört, und die Erde ist auf einer Fläche von 30 000 Hektar verbrannt

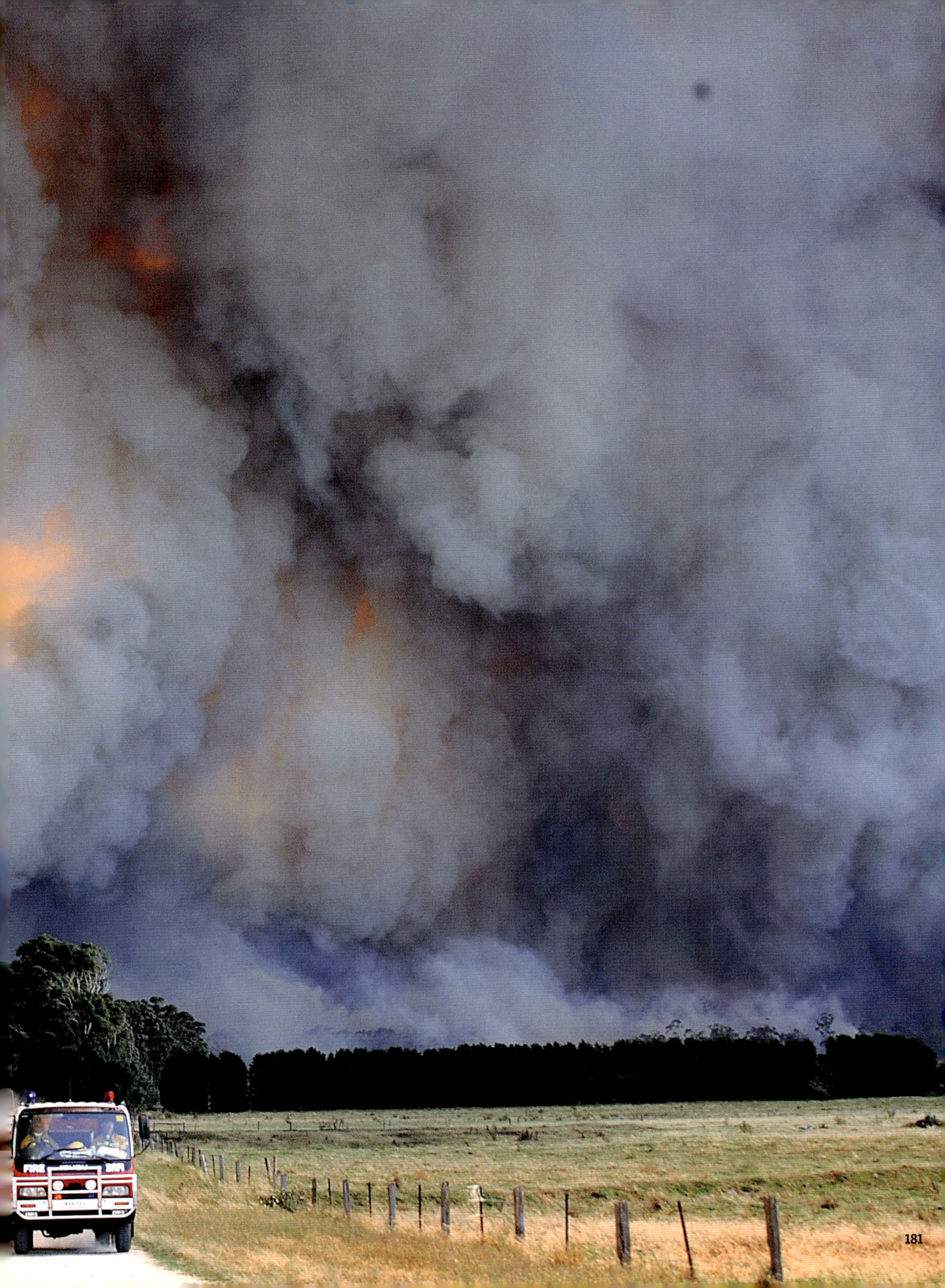

182 UMWELT

DIE WUNDE VON NACHTERSTEDT

Schöne Grundstücke waren entstanden, nachdem vor Jahren das Braunkohlerevier zu einem künstlichen See geflutet worden war. Es ließ sich gut leben am Rande von Nachterstedt in Sachsen-Anhalt. Am 18. Juli aber klafft hier ein hundert Meter tiefes Loch. An der Kante hängt noch die Hälfte eines Hauses, der andere Teil liegt im Krater. Drei Menschen werden vermisst und später als verschollen erklärt. Am Morgen war der Boden abgerutscht. Die Häuser (kl. Foto) bleiben unbewohnbar. Sie stehen auf dem Hang, der mit Erde aus dem Braunkohlerevier aufgebaggert worden war. Setzungsfließen heißt das Phänomen, das bei lockeren Böden auftritt, wenn das Grundwasser steigt. Die Erde saugt sich erst voll, dann beginnt sie zu rutschen

WIE ABGESCHNITTEN

Hinter ihnen herabgestürzte Felsen, vor ihnen statt der Straße ein Abgrund: Die Flucht aus der philippinischen Provinz Benguet wird nicht nur für diese Bewohner mühsam. Tagelange Regenfälle haben im Norden des Inselstaates die schlimmsten Überschwemmungen seit vier Jahrzehnten ausgelöst. Schlammlawinen begraben ganze Dörfer und verwandeln Verkehrswege in reißende Flüsse. Insgesamt verlieren bei der Unwetterkatastrophe Anfang Oktober mehr als 700 Menschen ihr Leben, Hunderttausende werden obdachlos

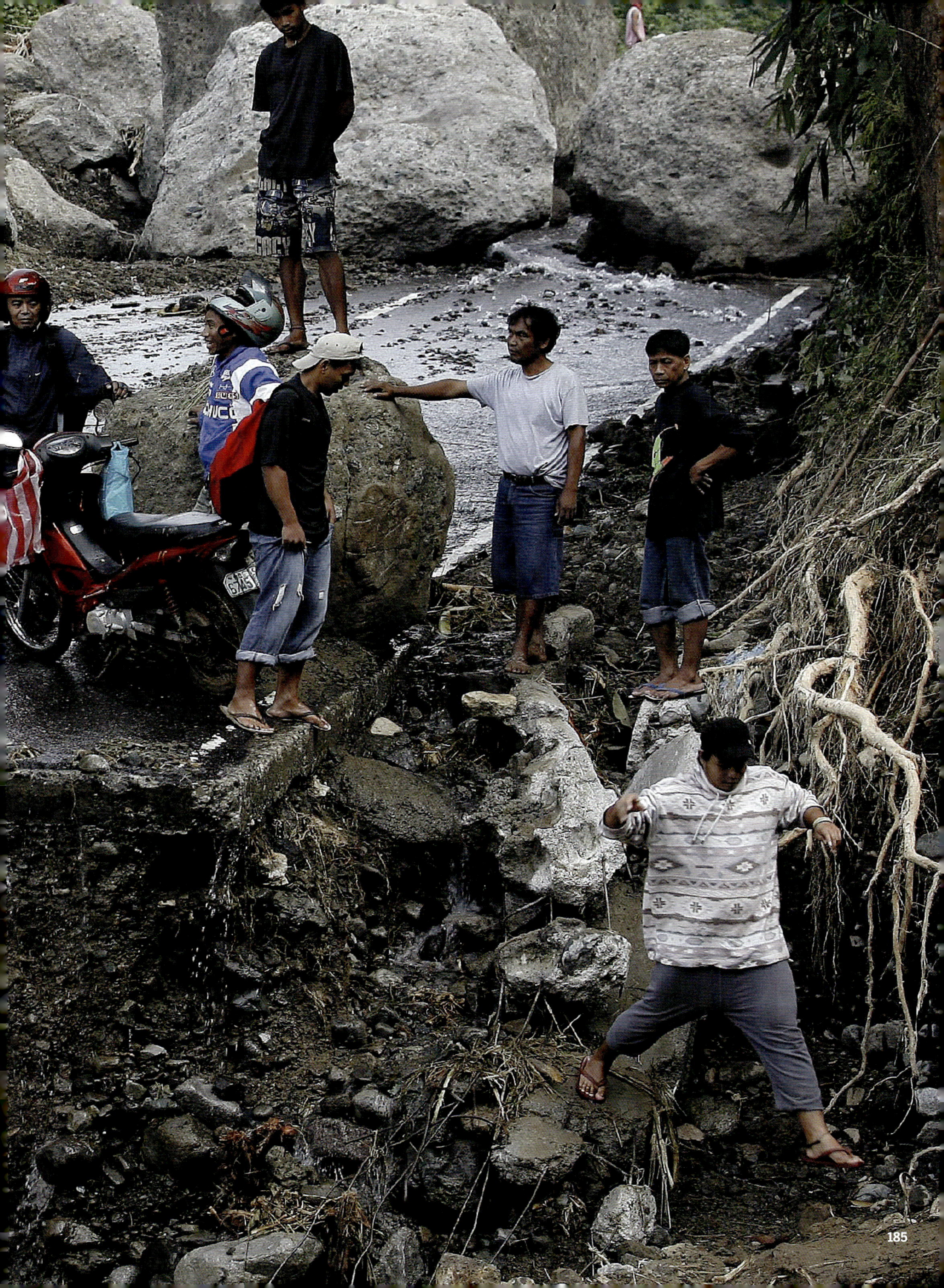

DIE RUHE NACH DEM BEBEN

Eine Gruppe älterer Frauen, gegen die Kälte fest in Decken gehüllt, schaut sprachlos auf die Verwüstungen von L'Aquila. Um sie herum ist eine Welt eingestürzt. Die etwa 100 Kilometer nordöstlich von Rom gelegene mittelalterliche Stadt ist in der Nacht zum 6. April von einem schweren Erdbeben überrascht worden. Von den heftigen Erdstößen – mit Ausschlägen von bis zu 5,8 auf der Richterskala – werden mehrere Orte in der Region Abruzzen erschüttert. 296 Menschen sterben. Besonders viele Tote hat das Dorf Onna (r.) zu beklagen. Von den 300 Einwohnern sind 40 unter Trümmern begraben. Trost finden und wieder Mut schöpfen ist vermutlich selbst für eine Nonne in dieser Situation eine besondere Herausforderung

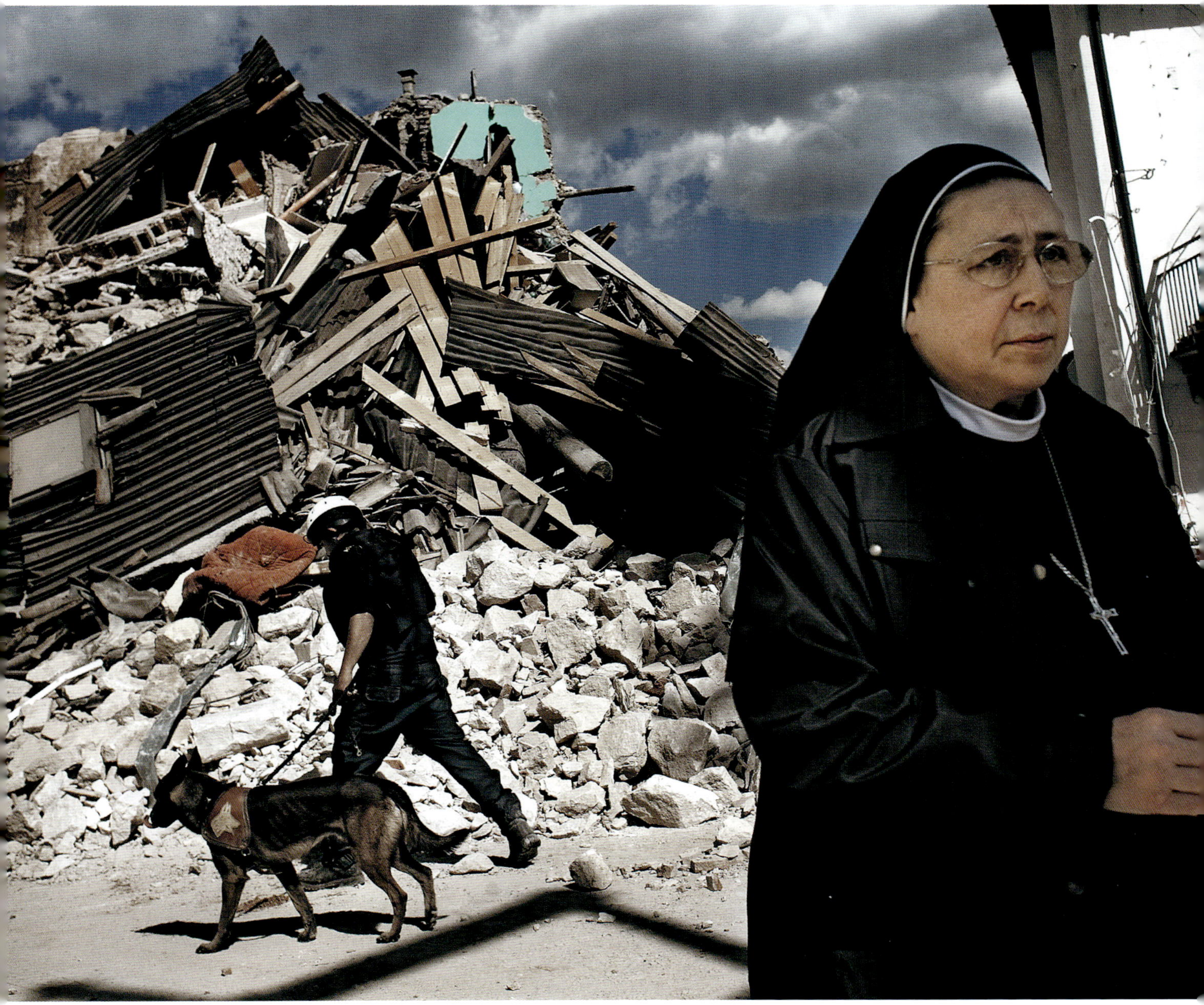

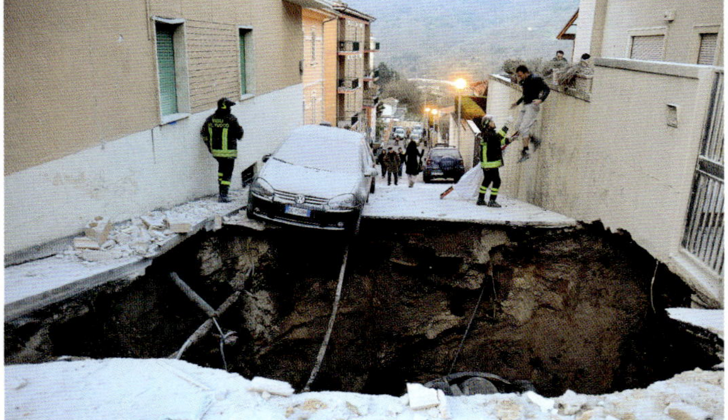

TSUNAMI-BLUES

Das Dorf, das tags zuvor hier noch stand, gibt es nicht mehr. Nur ein Trümmerfeld ist geblieben, mittendrin hockt ein Junge auf einer Plastikkiste und spielt Gitarre. Ein Tsunami hat mehrere Dörfer nahe der Hauptstadt Apia auf Samoa niedergewalzt und mindestens 140 Menschen in den Tod gerissen. Die bis zu fünf Meter hohen Flutwellen im Südpazifik wurden von unterseeischen Beben mit Stärken bis zu 8,3 auf der Richterskala ausgelöst

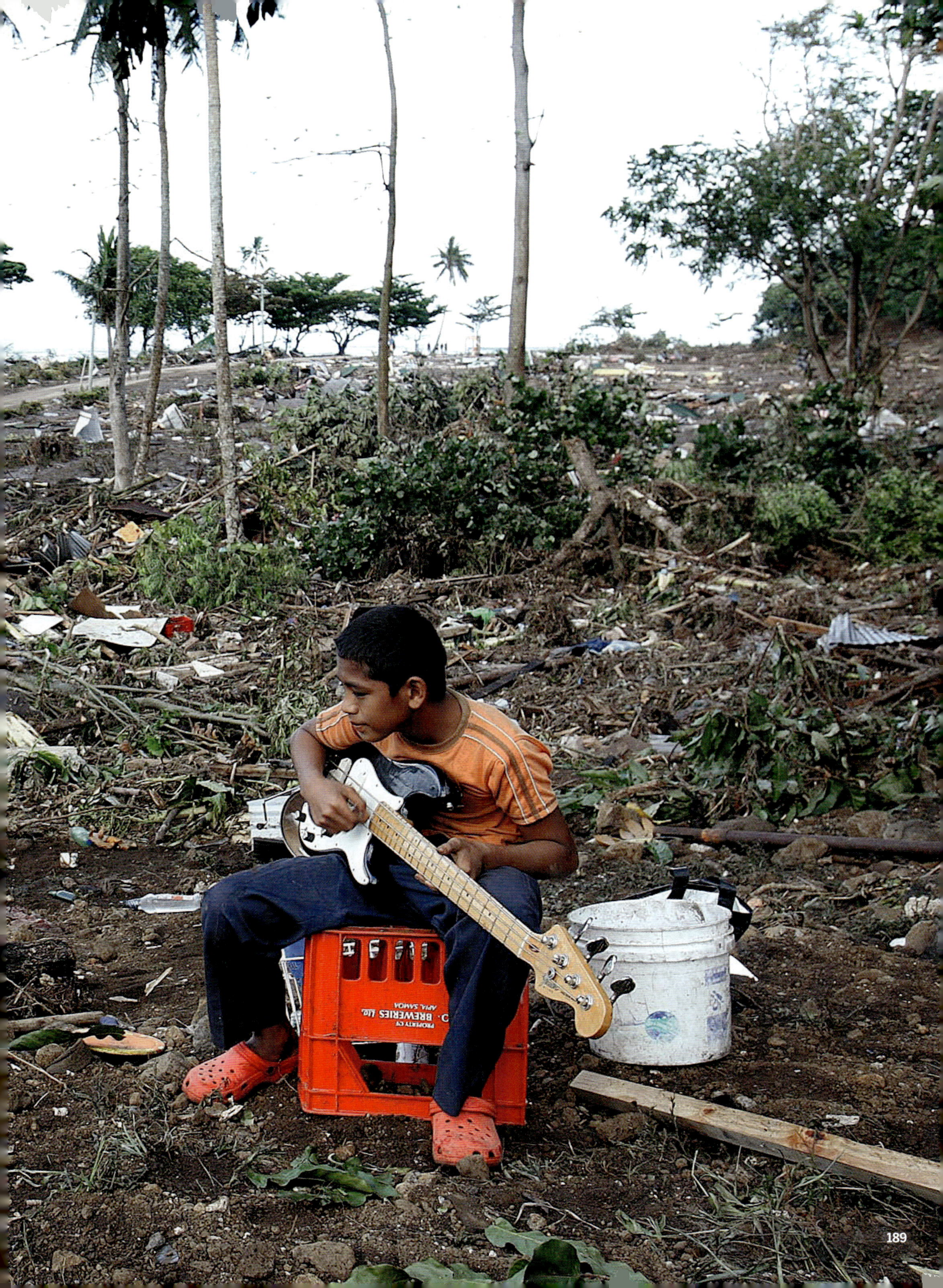

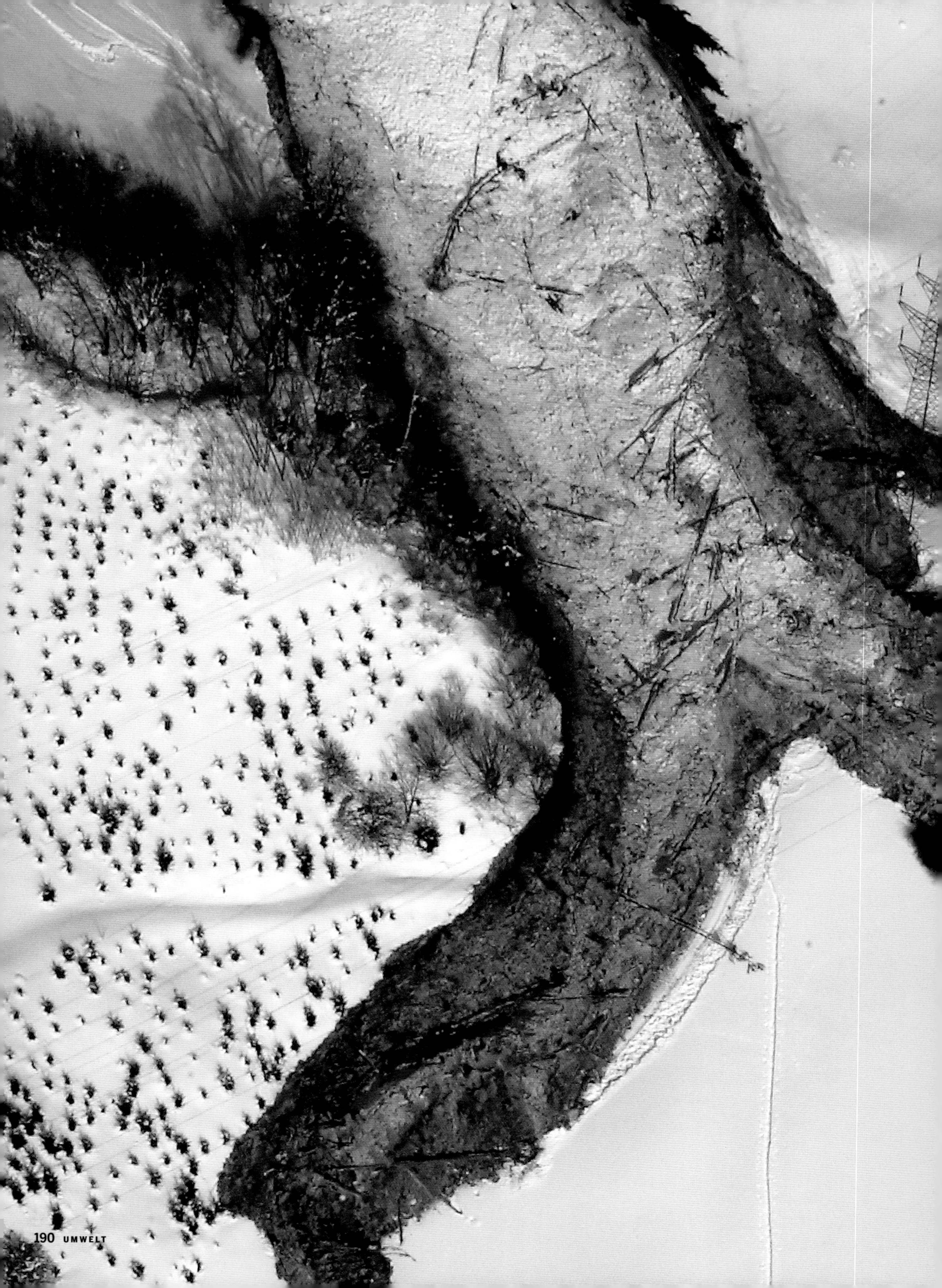

EISKALT ERWISCHT

Es ist ein gewaltsamer Einbruch ins steirische Winteridyll: Wie mit langen Fingern greift die Lawine am 25. Februar nach der österreichischen Kleinstadt Eisenerz. Bei ihrem Sturz ins Tal reißt die Schneewalze auch Erdmassen und Bäume mit. Der Abgang ereignet sich nicht unerwartet: Nach heftigem Schneefall in der Alpenregion gilt seit Tagen die höchste Lawinenwarnstufe, einige Nachbarorte sind bereits von der Umwelt abgeschnitten. Eisenerz hat Glück: Die Lawine begräbt lediglich zwei Gartenhäuschen unter sich

ZUM ZUSCHAUEN VERDAMMT

Der Mount McLean geht in Flammen auf, und die fünf Piloten der Löschhubschrauber können nur noch zusehen. Anfang August drohen Waldbrände in Kanada das Städtchen Lillooet zu verschlingen. 2500 Menschen müssen ihre Häuser verlassen. Statt mit Wasser zu löschen, legen die Einsatzkräfte gezielt Brände, um mit Schneisen den Flammen die Nahrung zu nehmen. Sie haben Erfolg, Lillooet bleibt von der Feuerwalze verschont

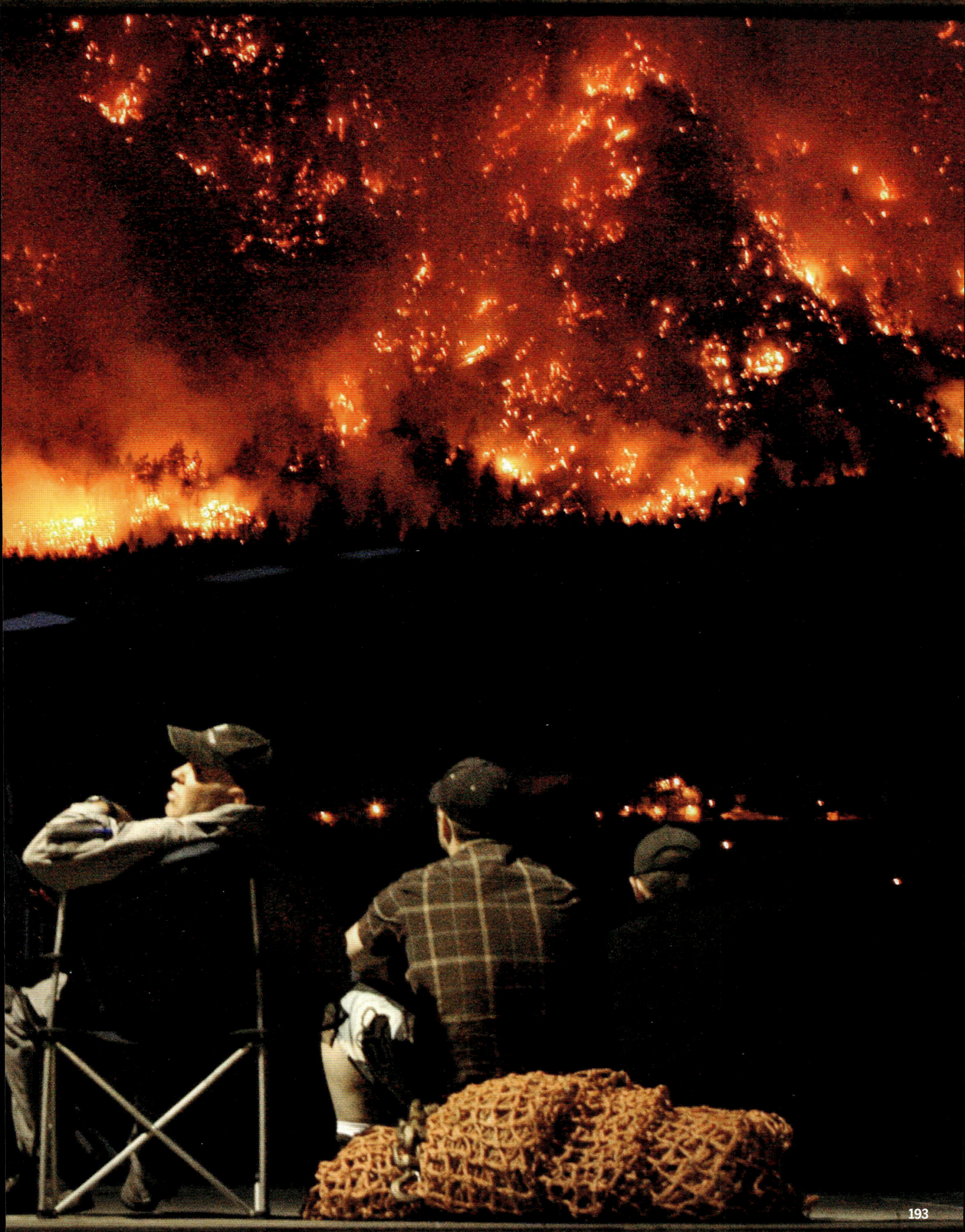

RETTUNGSINSEL

Das Land steht unter Wasser. Mensch und Tier drängen sich auf dem kleinen Fleckchen Grün, das verschont geblieben ist. Was wie eine Lego-Installation anmutet, ist das wahre traurige Leben im November 2009. Als eine schwere Flut das südostasiatische Malaysia trifft, verlieren Tausende ihre Häuser. Sie werden vom Hochwasser eingeschlossen und müssen hilflos auf Rettung warten

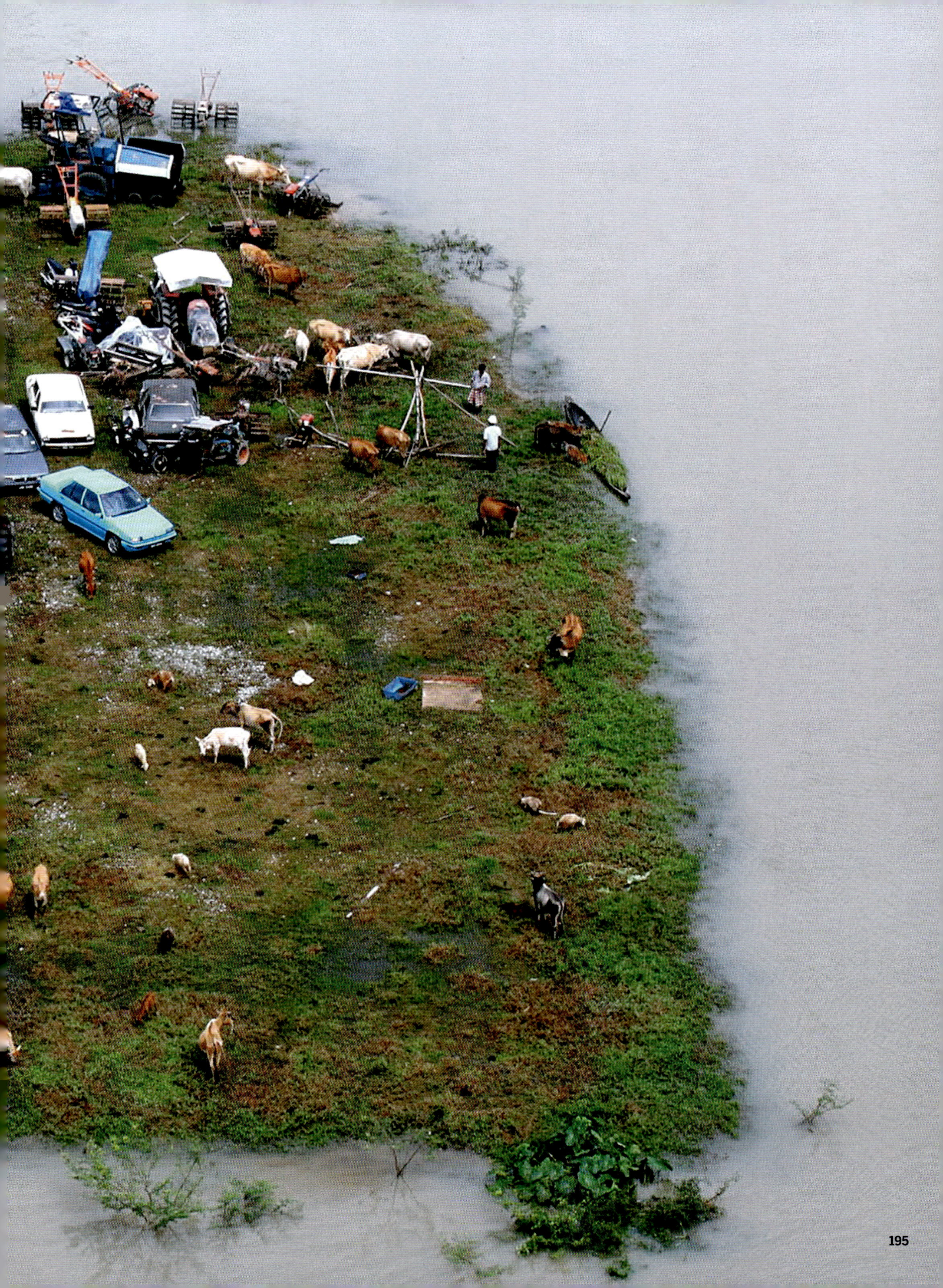

SPORT
HOHE EMOTIONEN, TIEFE TRAUER

Ein Sportjahr würde dieses 2009 nicht unbedingt werden. So denken alle noch im Januar. Doch im Sport lässt sich nur wenig vorhersagen. Da schießt sich Wolfsburg mit einem 5:1 gegen Bremen zum deutschen Fußballmeister, und der Sommermärchentrainer Jürgen Klinsmann wird in München als Leichtgewicht enttarnt. Da stellt ein Sprinter bei der Leichtathletik-WM in Berlin unwirklich anmutende Weltrekorde auf. Und dann trauert ein ganzes Land. An einem dunklen Tag im November nimmt sich Nationaltorwart Robert Enke das junge Leben. Der Sport hält inne, und für ein paar Tage sind Leistungen und Ergebnisse völlig nebensächlich

WELTREKORDLER USAIN BOLT
FAST ZU SCHNELL, UM WAHR ZU SEIN

H

TEXT **MATHIAS SCHNEIDER**

ype, es geht jetzt um den Hype. Und um Vereinnahmung. Einer, der drei Weltrekorde bei den Olympischen Spielen in Peking aufgestellt hat, der wird doch förmlich erdrückt von seinen Landsleuten, gerade auf Jamaika, wo sie so stolz auf ihre Sprinter sind. Kommt man da nicht ins Grübeln, ob man all den Erwartungen gerecht werden wird, wenn ein Volk und mit ihm die ganze Welt nicht weniger als immer neue Wundertaten erwartet? Wie macht man sich frei davon, bevor der Startschuss fällt? Usain Bolt lächelt. Er sitzt auf einem Gartenstuhl neben dem Pool eines Businesshotels in Kingston. Im Sommer wird er Berlin mit zwei Wunderläufen in Atem halten. Unverschämt locker, unverschämt selbstbewusst wird er auftreten. Doch Berlin ist an diesem Morgen im April noch weit entfernt, und doch erklärt sich viel von jener Leichtigkeit, die Bolt der Weltmeisterschaft schenken wird, aus jener Episode, die er jetzt erzählt. Man bekommt bereits da eine Ahnung, dass es auch für einen wie ihn ein steiniger Weg gewesen ist bis zur Selbstgewissheit eines Champions. „Als ich besser wurde als Jugendlicher, haben die Leute mich unterstützt und waren glücklich", sagt Bolt. Dann kam die Weltmeisterschaft in Helsinki 2005, und Usain, gerade 18 und mehr Talent als Star, trabte wegen einer Verletzung als Letzter durchs Ziel. „Sofort begann Gerede hinter meinem Rücken. Da ist mir klar geworden, dass die Leute nicht das Beste für mich wollen, sie wollen nur auf der Seite der Sieger stehen." Jamaikaner seien so. „Wenn du gewinnst, sind sie glücklich, wenn du verlierst, zerreißen sie sich das Maul über dich." Seither höre er in sportlichen Fragen nur auf seinen Coach. Er klingt nicht verbittert, eher sachlich. Von dem rotzigen Burschen, der noch bei Olympia 2008 in Peking mitten in der Nacht vor der Weltpresse saß und wortkarg auf einem Müsliriegel kaute, ist ein Dreivierteljahr später nichts mehr zu sehen. Dafür hört man deutlich heraus, dass es an der nötigen Wettkampfhärte heute nicht mehr scheitern wird.

Am 16. August steht er in Berlin an einem schwülheißen Abend auf der Tartanbahn, und ihn umgibt eine Aura, als wären diese Weltmeisterschaften exklusiv als Bühne für seine Heldentaten bestimmt. Er kann das wie kein Zweiter, Energie aus der Aufmerksamkeit ziehen, die ihm ein ganzes Stadion entgegenbringt. Keiner rührt derzeit einen solch verführerischen Cocktail aus

100 Meter in 9,58 Sekunden – was für ein Spektakel

Show und Sport an wie er, Sohn eines Kioskbesitzers aus den Wäldern Trelawnys. Der Lauf selbst bildet dabei nur noch den Höhepunkt einer Inszenierung, die bereits mit dem Einlauf ins Stadion beginnt. Versatzstücke aus einem jamaikanischen Dancehall-Videoclip mischen sich mit sportlicher Höchstleistung.

Gestenreich: Der Lauf selbst ist für Usain Bolt, den Weltrekordler über 100 und 200 Meter, nur der letzte Schritt der Inszenierung

Noch Sekunden vor dem Start posiert Bolt vor der Kamera. Er schneidet Grimassen, das Publikum johlt. Wie in Peking lässt er auch in Berlin die Welt zwischen Faszination und Fassungslosigkeit zurück, kaum hat er den Zielstrich überquert. 100 Meter in 9, 58 Sekunden bei einer Höchstgeschwindigkeit von 44,72 Stundenkilometern – was für ein Spektakel. Elf Hundertstelsekunden bleibt er unter seiner eigenen alten Marke, ein Quantensprung in einem Sport, in dem man sich in den vergangenen Jahrzehnten hundertstelweise von Weltrekord zu Weltrekord robbte.

Vier Tage später wiederholt sich das Schauspiel, diesmal über 200 Meter. Die Uhr hält bei 19,19 Sekunden. Wieder ist Bolt elf Hundertstel schneller als in Peking. Im Pressezelt rekapituliert er seine Taten danach mit einer Selbstverständlichkeit, als gehörten wunderliche Rekorde zu ihm wie Seriensiege zum Schweizer Tennisspieler Roger Federer. Er wird nun im Pantheon der größten Sportler der Geschichte geführt, natürlich. Und doch befindet Bolt sich bis auf Weiteres in der Probezeit unter den Heroen. Noch immer überschatten Zweifel seine Leistungen in einer Disziplin, deren beste Sprinter sich in der Vergangenheit häufig als Betrüger entpuppten. Sie hießen Ben Johnson, der 1988 gedopt in Seoul zum Olympiasieg lief. Oder Marion Jones. Dass die Amerikanerin trotz massiven Dopings nicht durch einen Test, sondern eine Indiskretion enttarnt wurde, zeigt, dass negative Proben nicht auf einen sauberen Sport schließen lassen. Nicht nur die Glaubwürdigkeit der Leichtathletik hängt deshalb von Bolts Werdegang ab, sondern das gesamte Bild eines Superstars der Neuzeit. Würde Bolt des Dopings überführt, zerstörte er neben seiner Reputation auch den Traum vom bewundernswerten Überathleten.

Gerade der Jugend dient der 23-Jährige als Vorbild. Bislang schlossen sich Höchstleistungen und coole Pose meist aus. Wer vorn sein wollte, widmete sich mit verbissener Akribie seinem Sport, der nicht selten wie ein ungeliebter Job aussah. Statt verkrampft und ernst von Sieg zu Sieg zu eilen, verkörpert Bolt das Bild eines Helden, der scheinbar mühelos die Welt aus den Angeln hebt. Er gibt den Popstar im Rennanzug, den man nachts in Jamaikas Discos mit Sonnenbrille und tief sitzender Jeans antrifft, eine Flasche Guinness in der Hand. So einer, einst trainingsfaul und unzuverlässig, verkörpert gerade in Europa perfekt den hedonistischen Zeitgeist einer Generation, die sich nicht mehr dem drögen Trainingsalltag verschreiben mag, den Sex-Appeal der Sieger allerdings höchst anziehend findet. Schon deshalb werden sie alle weiterhin zu Tausenden herbeieilen, wenn der Sprinter von Kontinent zu Kontinent zieht, um seine sagenhafte Fähigkeit zur Beschleunigung zur Aufführung zu bringen. Der Zweifel an seiner Leistung wird Bolt bis auf Weiteres begleiten, ihm allein wird er nicht davonlaufen können. In Berlin überforderte er das Publikum mit seiner atemberaubenden Kunst regelrecht. Viele Zeugen des Sprints staunten eher, als dass sie vor Freude brüllten. Beinahe schien ihnen dieser Bolt zu schnell, um wahr zu sein.

SPORT

HAND AUFS HERZ

Usain Bolt hat gerade die Ziellinie überquert, da erscheint auf der Anzeigetafel diese unglaubliche Zahl: 9,58 Sekunden. Es ist der 16. August. Nie zuvor ist ein Mensch die 100 Meter so schnell gelaufen. Bolts Fabelrekord bei der Leichtathletik-WM in Berlin lässt die Welt staunen – und zweifeln: Kann ein Mensch wirklich so schnell sein, ohne Doping? Der jamaikanische Sprinter verspricht noch mehr: „Ich sehe keine Grenzen. Eine Zeit unter 9,50 ist durchaus möglich"

201

AUF HÖHENFLUG

Die Haare sitzen, die Sonnenbrille auch, und die Kompressionssocken sind elegant unter Kniestrümpfen versteckt. Die Hochspringerin Ariane Friedrich ist nicht nur ein Hingucker. Sie ist so erfolgreich wie kaum eine Deutsche vor ihr. Bereits legendär ihr schreiender Gefühlsausbruch (l.), als sie im Juni mit 2,06 Metern den fast 18 Jahre alten deutschen Rekord knackt. Das Ende des Höhenfluges kommt ausgerechnet bei der Weltmeisterschaft in Berlin im August. Sie gewinnt nur Bronze. Zufrieden ist die 25-jährige Frankfurterin trotzdem. „Es war so geil", brüllt sie in das Mikrofon des Stadionsprechers

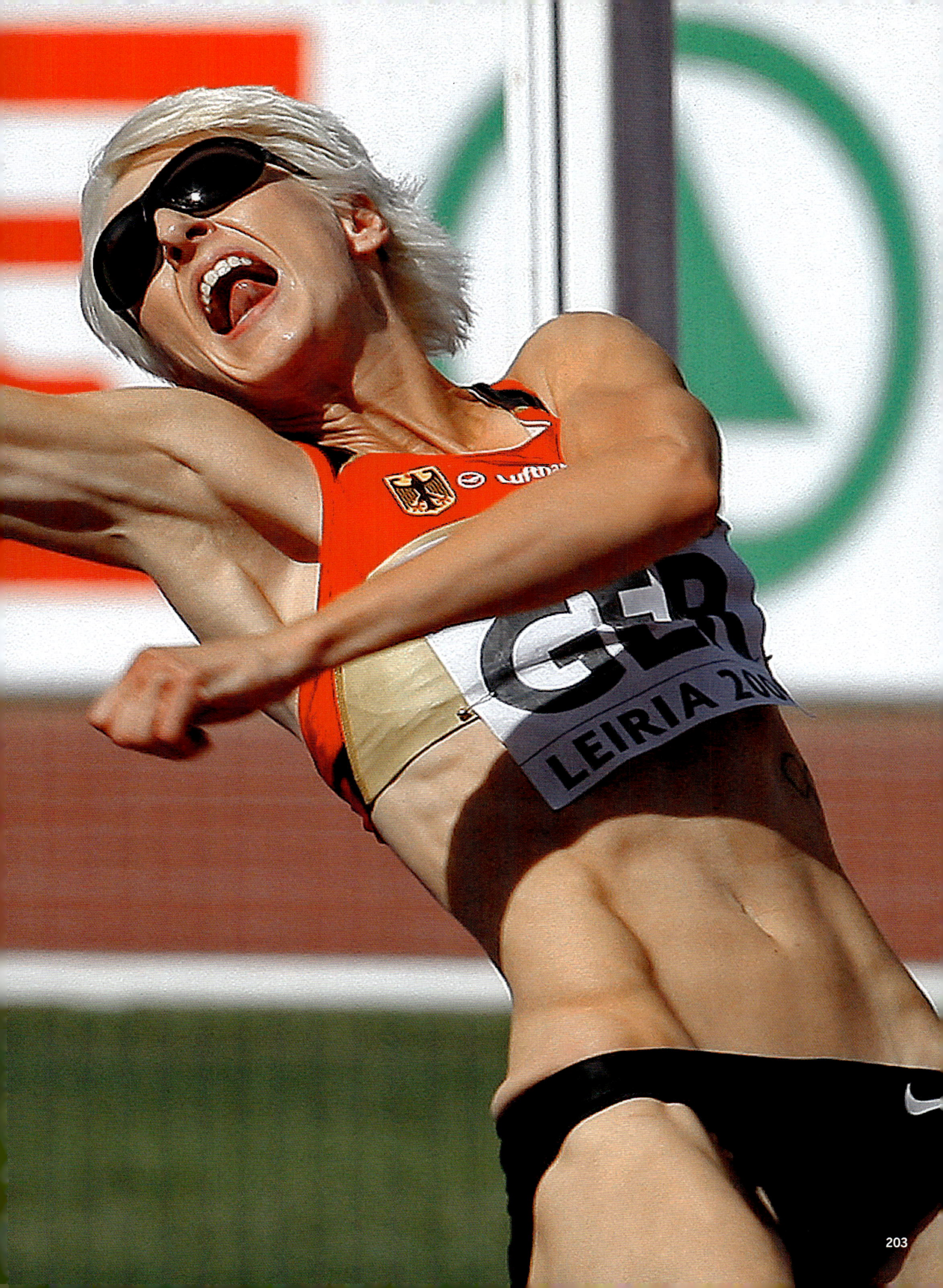
LEIRIA

ALLES EINE FRAGE DER TECHNIK

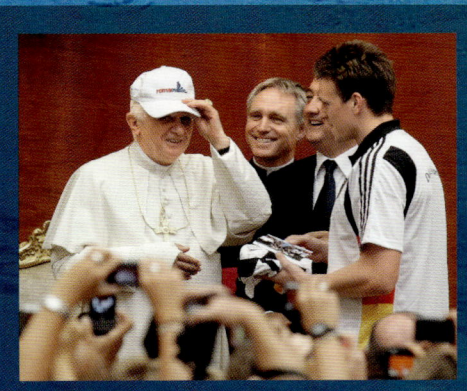

Paul Biedermann ist das neue deutsche Schwimmwunder. Bei der WM in Rom unterbietet er erst den sieben Jahre alten Fabelrekord des Australiers Ian Thorpe über 400-Meter-Freistil um eine hundertstel Sekunde. Zwei Tage später deklassiert er in Weltrekordzeit über 200 m den 14-maligen Olympiasieger Michael Phelps. Was ihm eine Audienz bei Papst Benedikt einbringt. Aber auch geistlicher Beistand kann nicht verhindern, dass ab 2010 die sogenannten Hightech-Anzüge, mit denen Biedermann schwamm und die wohl Grund für seine Wunderzeiten waren, verboten sind

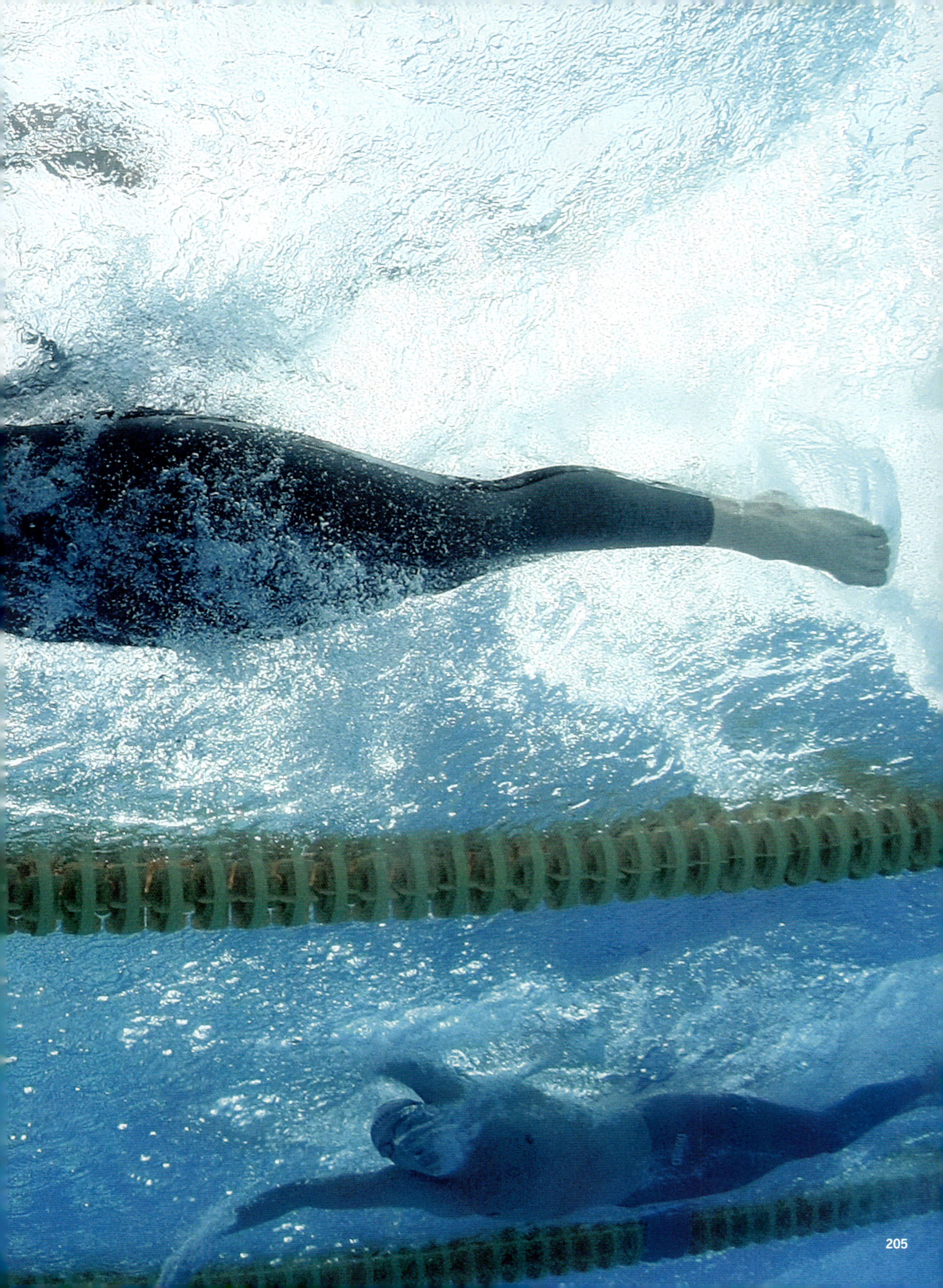

SALTO FÜR SÜDAFRIKA

Es ist nicht sein Jahr. Mal verletzt, mal außer Form, verbringt Miroslav Klose beim FC Bayern viele Spiele auf der Bank oder auf der Tribüne. Doch in der Nationalelf darf er stürmen, auch am 10. Oktober in Moskau, als Mesut Özil nach Doppelpass mit Podolski flach vor das Tor des Russen Akinfejew passt. Miroslav Klose ist da, trifft, hebt ab. Sein 1:0 ist der Endstand – und Deutschland direkt für die Weltmeisterschaft 2010 qualifiziert

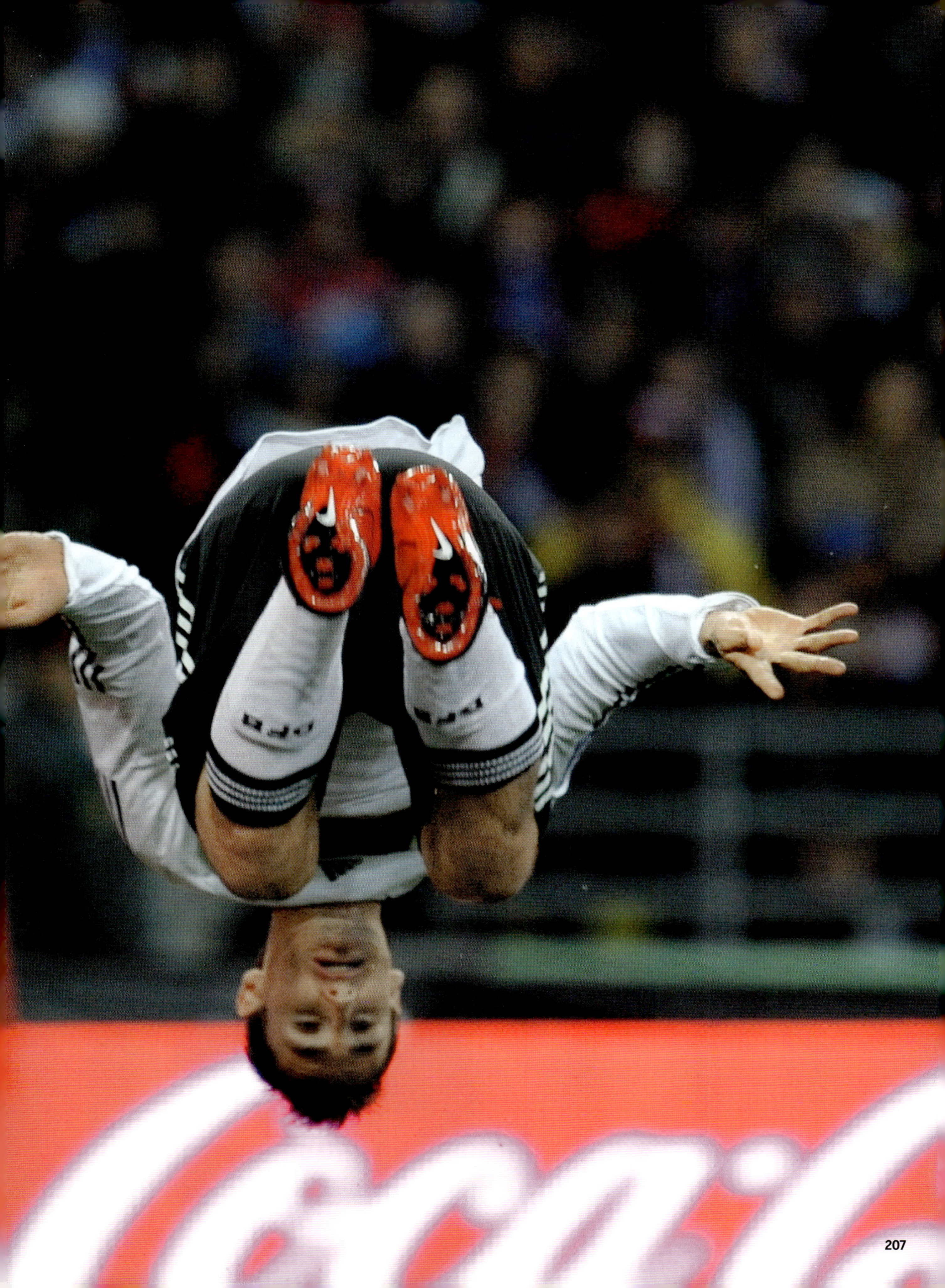

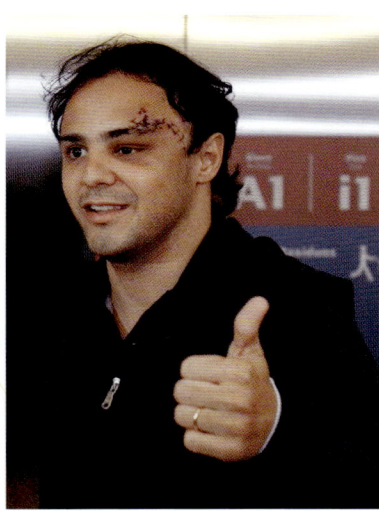

KNAPP AM TOD VORBEI

Mit einem Schnitt über dem linken Auge, das andere in Panik weit aufgerissen, wird der Formel-1-Fahrer Felipe Massa im Juli aus seinem Ferrari gezogen. Eine 800 Gramm schwere Metallspirale ist ihm beim Qualifikationstraining zum Großen Preis von Ungarn an den Kopf geflogen. Massa verlor die Kontrolle über sein Auto und raste mit 230 Stundenkilometern in einen Reifenstapel. Der 28-Jährige, der bereits elfmal den Grand Prix gewonnen hat, erleidet eine schwere Gehirnerschütterung und muss am Kopf operiert werden. Beim WM-Lauf im Oktober in São Paulo ist er wieder auf den Beinen. Als Zuschauer

209

alinghi

SEGEL-MONSTER

Nur eine leichte Brise kräuselt den Genfer See, doch sie reicht aus, um bei der Jungfernfahrt der „Alinghi 5" im Juli zu zeigen: Der Hightech-Katamaran ist so schnell wie kaum ein anderes Gefährt unter Segeln. Er ist neun Tonnen leichter als sein Vorgängermodell. Die Mastspitze ragt 50 Meter hoch, etwa einem Hochhaus mit 20 Stockwerken entsprechend. Die Fläche des Großsegels beträgt rund 1000 Quadratmeter. Seine Schweizer Besitzer wollen 2010 mit dem Doppelrumpfboot den America's Cup, die prestigereichste Segelregatta der Welt, zum dritten Mal gewinnen

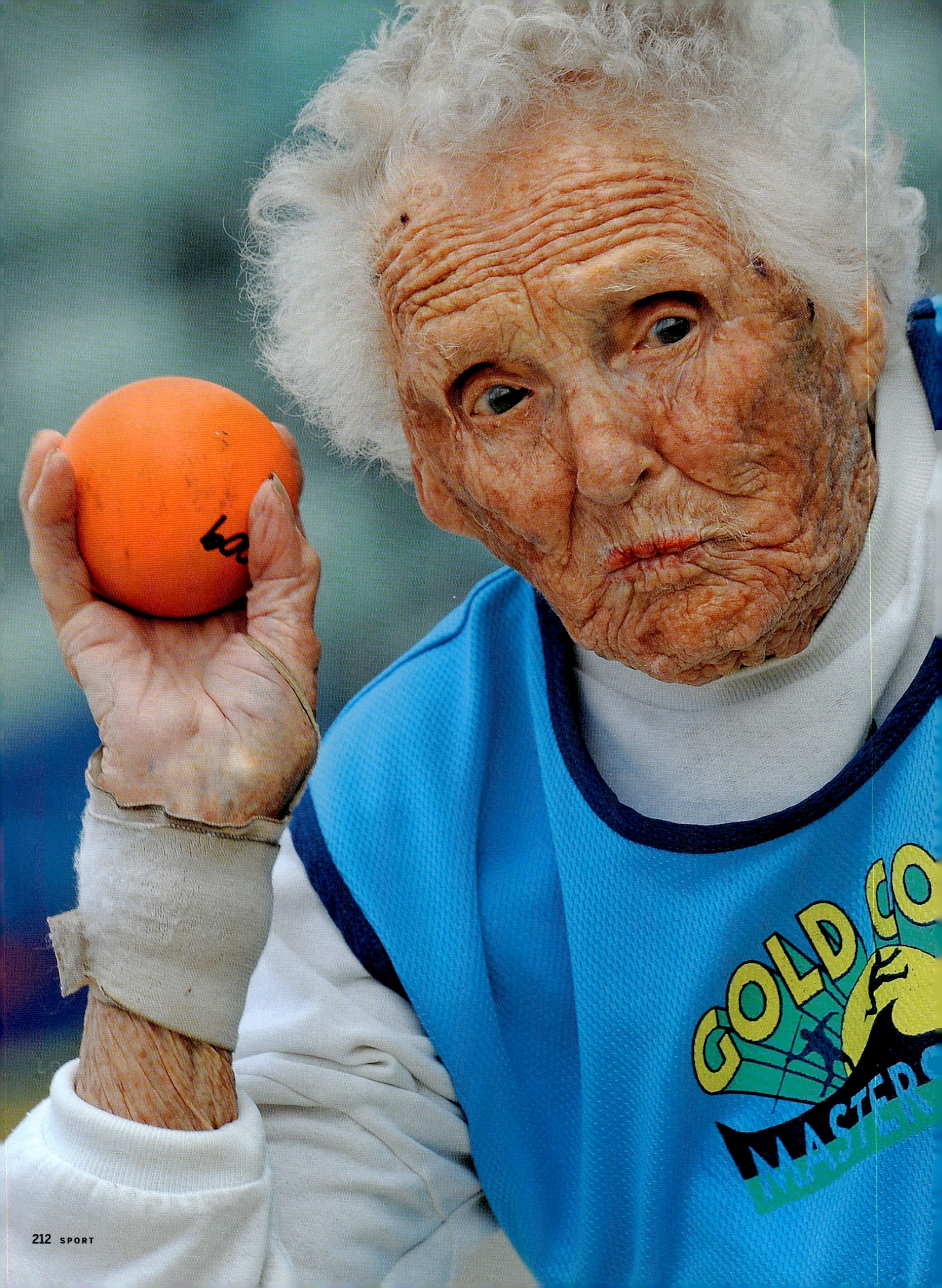
GOLD CO
MASTERS

OLDIES BUT GOLDIES

Vor Falten schützt regelmäßiger Sport zwar nicht, aber er verlängert das Leben – so die Statistik. Der beste Beweis sind die 100 Jahre alte Ruth Frith (l.) und der 80-jährige „Santa Claus" (o.). Kugelstoßen, Turmspringen, 100-Meter-Lauf – alles kein Problem. Unter dem Motto „Fit, fun and forever young" starteten die beiden Australier bei den World Masters Games in Sydney, einem Sportwettbewerb für jedermann. Höchstalter 101. Für Ruth Frith waren die Spiele im Oktober ein voller Erfolg. Sie gewann Gold im Kugelstoßen, Hammer- und Diskuswerfen. Jeweils mit Weltrekord. Allerdings war sie die einzige Starterin in ihrer Altersklasse

EINE SCHRECKLICH NETTE FAMILIE?

Tiger Woods, der beste Golfspieler, den es jemals gab, hält Baby Charlie im Arm, neben ihm seine Frau Elin und Tochter Sam (l.), die Hunde Yogi (l.) und Taz.

Ende November bricht das Bild des perfekten Daddys in Stücke. Erst zerlegt Woods unter mysteriösen Umständen seinen Cadillac (o. l.), dann melden sich gleich mehrere Damen, die behaupten, mit Woods intim geworden zu sein. Unter ihnen Jaimee Grubbs (o. r.)

215

WISSENSCHAFT
NEUE GRIPPE AUF ERDEN, FREMDE WOLKEN AM HIMMEL

Es beginnt in Mexiko, schreckt Urlauber auf Mallorca und ist das Hauptthema des Herbstes in Schulen und Kneipen sowie auf den Titelseiten: Das H1N1-Virus, vulgo Schweinegrippe, beschäftigt Wissenschaft und Medizin in Deutschland und der Welt in diesem Jahr wie selten eine Erkrankung. Bis Ende des Jahres bleibt die befürchtete Katastrophe allerdings aus. Und sonst? Forscher entdecken eine neue Wolkenart am Himmel – die erste seit mehr als 50 Jahren. Biologen geben uns faszinierende Einblicke in die Welt der Mikroorganismen, Archäologen präsentieren die auf der Schwäbischen Alb gefundene bislang älteste Darstellung des Menschen – winzig, aber unverkennbar: eine Frau

SCHWEINEGRIPPE
WARNSCHUSS AUS MEXIKO

TEXT **FRANK OCHMANN**

Vermutlich hatte es schon Wochen zuvor angefangen. Im Februar jedenfalls wusste die Ortsvorsteherin von La Gloria, einer Kleinstadt im mexikanischen Bundesstaat Veracruz, dass etwas Bedrohliches im Gange war. Viele Einwohner, junge vor allem, litten unter schlimmem Husten und hohem Fieber. Die Familie eines Bauern hatte gar ihren 22 Monate alten Sohn verloren. Wegen einer schweren Infektion der Atemwege war der Junge noch ins Krankenhaus gebracht worden. Dort konnten sie aber nichts mehr für ihn tun. Das sei halt die Grippe, wie jedes Jahr, versuchte man Bertha Crisóstomo beim Gesundheitsamt zu beruhigen. Doch die Gemeindevorsteherin war sich sicher: Was sie beobachtete, war keineswegs wie jedes Jahr. Einige Wochen später gab es daran auch bei der Weltgesundheitsorganisation (WHO) in Genf keinen Zweifel. Ein neues Grippevirus war ausgebrochen und verbreitete sich schnell. Weil in der Nähe von La Gloria eine industrielle Schweinefarm liegt, hieß die neue Krankheit bald „Schweinegrippe", ein Name, der sich gehalten hat, obwohl es Ärzte und Epidemiologen mit einem ausgewachsenen Menschenvirus zu tun haben. Kurz nach Mexiko meldeten auch die USA, dann auch weitere südamerikanische Länder die ersten Fälle. Und bald war bei der WHO klar, dass eine Eindämmung nicht mehr möglich war. Am 11. Juni wurde die Pandemie ausgerufen und damit zum ersten Mal seit 1968 die weltweite Bedrohung durch ein neues Grippevirus offiziell festgestellt. Dass es sich um eine Variante des Typs H1N1 handelte, erinnerte an die verwandte Spanische Grippe, die gegen Ende des Ersten Weltkriegs ausgebrochen war und nach einem globalen Seuchenzug viele Millionen Tote zurückgelassen hatte. Doch in dieser Hinsicht konnte Entwarnung gegeben werden: Die neue Grippe vom Typ H1N1 führte in den allermeisten Fällen zu milden Erkrankungen. Wozu dann die Aufregung? Manchem mochte nicht einleuchten, warum gleich das komplette Arsenal weltweiter Virusbekämpfung mobilisiert werden musste, um einer Grippe zu begegnen, die etwa bei einem Drittel der Infizierten überhaupt keine Symptome hervorrief. Doch wer konnte mit Sicherheit ausschließen, dass da nicht ein potenzieller Killer ausgebrochen war? Die wirkungsvollste Gegenmaßnahme, solange Zeit dafür blieb: Massenimpfungen. Als Details der in vielen Ländern geplanten Impfkampagne bekannt wurden, wuchsen nicht nur bei uns die Befürchtungen. Hauptgrund: Anders als etwa in den USA wurde für Deutschland und etliche europäische Länder Impfstoff mit biochemischen Verstärkern (Adjuvanzien) geordert. So sei man auf der sicheren Seite, wurde von offizieller Seite argumentiert. Doch waren die Verstärker hinreichend getestet? Fasste man die Antwort internationaler Experten zusammen, ergab das ein wenig ermutigendes „Vermutlich". Impfstoff für eine weltweite Kampagne zu produzieren dauert Monate. Als das internationale Vorgehen abgesprochen werden musste, war aber noch offen, mit welcher Dosis ein vollständiger Schutz zu erreichen sei. Ob sich der für die Produktion erforderliche

Fieberfahndung: Eine plötzlich erhöhte Körpertemperatur ist ein erstes Anzeichen einer Grippeinfektion. Zum Schutz der eigenen Bevölkerung wurde auf Flughäfen wie in Tokio und in einem Flugzeug in Shanghai mit Infrarotsensoren nach Einreisenden mit Fieber gesucht. Wer auffällt, kommt in Quarantäne

Impfstamm des Erregers gut vermehren lassen würde, war eine weitere Unbekannte in der Rechnung, die weltweit aufgemacht werden musste. Entscheidungen mussten aber fallen. Und natürlich trafen nicht alle ins Schwarze. Als im Sommer die ersten Ergebnisse amerikanischer Impfstudien einliefen, war klar, dass eine Dosis mit 15 Mikrogramm Wirkstoff ausreicht, um einen gesunden Erwachsenen vor dem neuen H1N1-Erreger zu schützen. Der Schutz trat sogar ein, wenn keine biochemischen Verstärker beigemischt wurden. Spätestens jetzt war fraglich, ob die in Deutschland getroffene Entscheidung für solche „Adjuvanzien" angesichts einer vielleicht nicht hinreichend bewiesenen Sicherheit solcher Stoffe die richtige war. Ein weiteres Problem: Wie bei den meisten Pandemien infizierten sich auch diesmal überdurchschnittlich viele junge und gesunde Menschen. Und, was die Lage nicht vereinfachte, noch eine besonders anfällige Gruppe fiel diesmal auf: die Schwangeren. Konnte man die wie alle anderen impfen? Je mehr Daten gesammelt wurden, desto mehr wuchs – auch wegen anhaltender öffentlicher Diskussionen – die Skepsis. Als endlich die offizielle Impfempfehlung für Deutschland herauskam, enthielt sie für schwangere Frauen eine Ausnahme. Bei ihnen sollten keine Adjuvanzien verwendet werden. Kurz darauf wurde auch bekannt, dass die Bundeswehr für ihren Bedarf ebenfalls ein Präparat ohne Adjuvans bestellt hatte. Gab es für die Bevölkerung einen Impfstoff zweiter Klasse? Vielleicht sogar nur, weil der aufs Ganze gerechnet billiger war? Die Bereitschaft, sich impfen zu lassen, erreichte bei Umfragen nicht einmal die 20-Prozent-Marke. Erst die nächsten Monate und vielleicht Jahre werden zeigen, ob der Ausbruch der neuen Variante des H1N1-Virus nur ein Warnschuss war. Sicher hingegen ist nach den ersten Erfahrungen mit dem neuen pandemischen Grippeerreger: Wenn es nicht gelingt, den Ernst der Lage und den Sinn der Gegenmaßnahmen einer breiten Bevölkerung verständlich zu machen, bleibt jeder noch so sorgfältig erstellte Pandemieplan weitgehend wirkungslos.

SCHÜTZENDE SCHWADEN

Mit Hochdruck gegen die Schweinegrippe: Ein Thailänder sprüht Desinfektionsmittel in einen Klassenraum. Mehrere hundert Schulen und Kindergärten in Bangkok werden im Juli auf diese Weise eingenebelt. Den Kindern beschert die Aktion freie Tage, die Epidemie stoppt sie nicht. Innerhalb von drei Monaten versechsfacht sich in Thailand die Zahl der Infizierten auf etwa 30 000. Fast 200 Menschen bringt das Virus den Tod

221

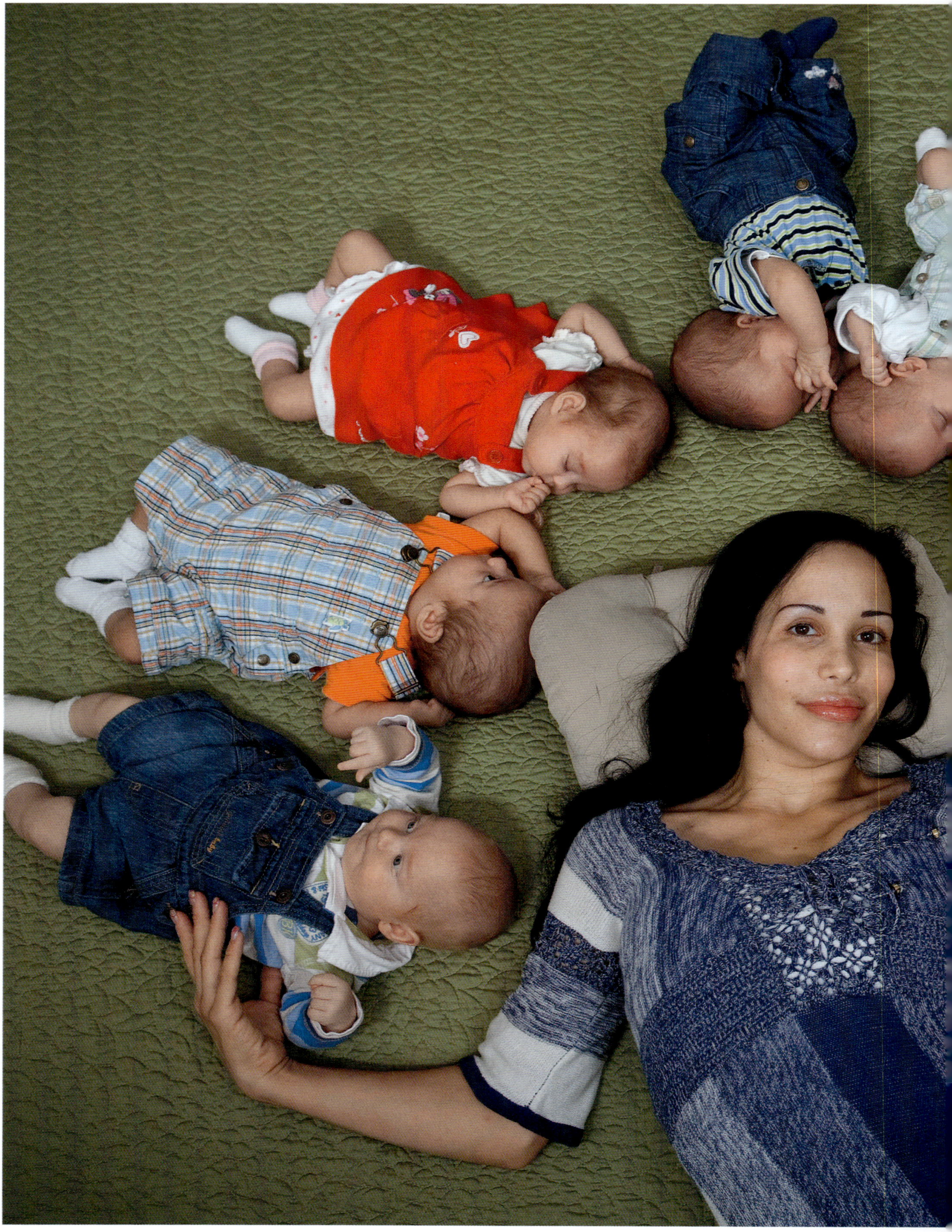

ACHT AUS EINEM BAUCH

Umringt von ihren Lieben, lächelt Mega-Mama Nadya Suleman im Juni selig in die Kamera. Mit der Geburt der Achtlinge – schon jetzt die am längsten überlebenden der Welt – sorgt die 33-jährige Kalifornierin erst für internationales Aufsehen, dann für Empörung. Denn die Alleinerziehende, die von Sozialhilfe lebt, hat bereits sechs Kinder. Alle 14 wurden im Reagenzglas gezeugt. Sie habe immer von einer großen Familie geträumt, sagt Suleman. Mit einer TV-Dokumentation über ihr Leben will sie sich ihren Kinder-Traum finanzieren lassen

GEFLÜGELTE HEERSCHAREN

Mehr als eine Million Schneegänse bewölken den Himmel über ihrem Rastplatz, dem Squaw-Creek- Wildpark im US-Bundesstaat Missouri. Es ist September, und die Vögel sind auf dem Weg von den Brutplätzen in der Arktis zu ihrem Winterquartier am Golf von Mexiko. Rund 1600 Kilometer haben die Tiere – Männchen und Weibchen sind einander übrigens lebenslänglich treu – noch vor sich. In den vergangenen 30 Jahren hat sich ihre Zahl verdreifacht, dank des reichhaltigen Saatguts entlang der Route

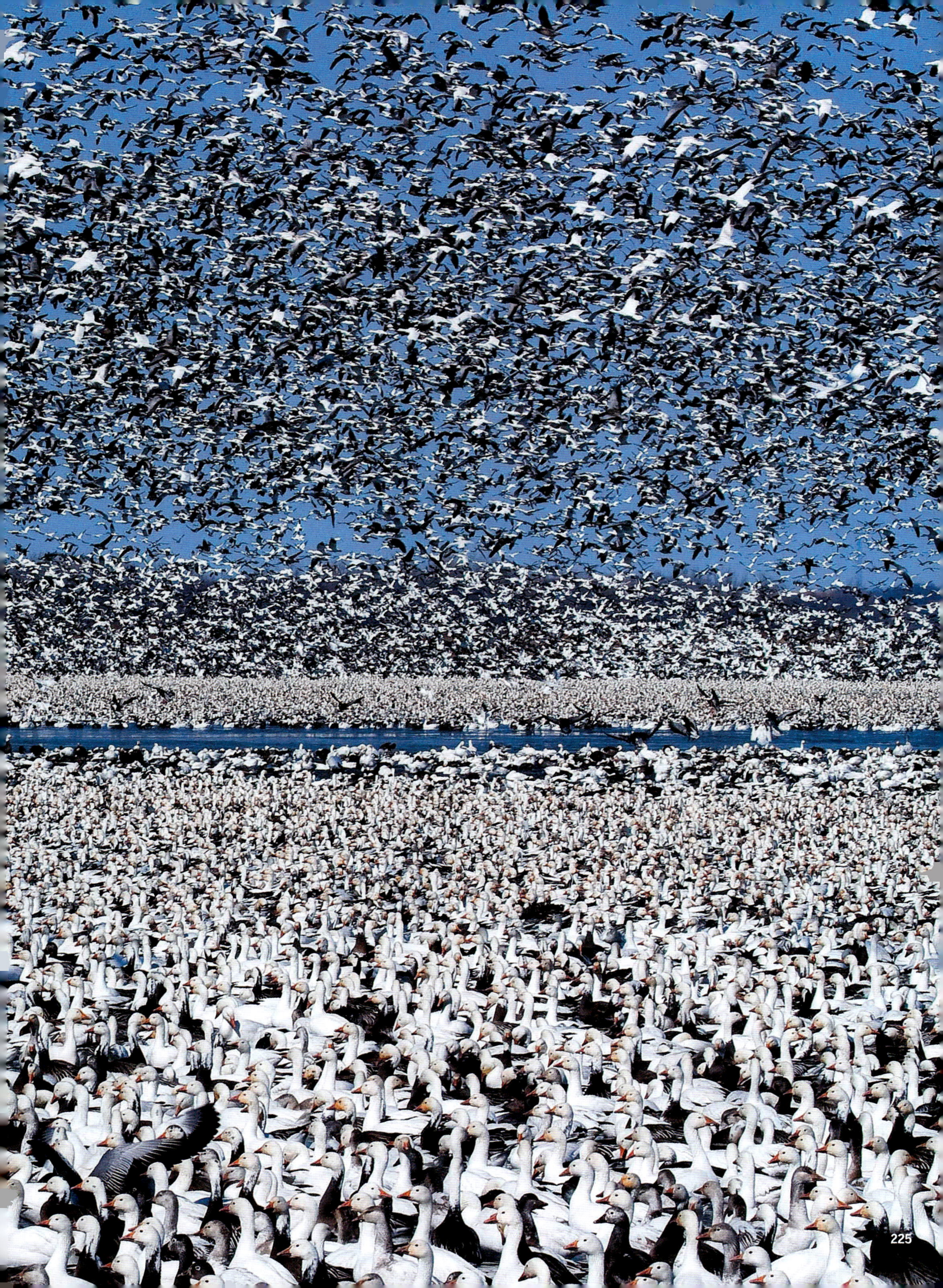

FEINSCHMECKER

Ein Wolf springt mitten in der Nacht über ein Gatter – und im gleichen Moment klickt eine Kamera, gesteuert von einem Infrarot-Bewegungsmelder. Als Fotograf José Luis Rodríguez die Aufnahme sah, wusste er, dass sich all sein Aufwand gelohnt hatte. Nur noch etwa 2000 iberische Wölfe leben in Spanien und Portugal, und in einem ihrer Reviere hatte Rodríguez mehrere Wölfe über Monate mit Fleischködern an geeignete Schauplätze zu locken versucht. Die Raubtiere sind übrigens Feinschmecker, Wild mögen sie am liebsten. Nutztiere wie etwa Schafe, Ziegen oder Rinder werden nur in der Not gefressen, wenns nichts Besseres gibt. Rodríguez leistete intensive Vorarbeit: Er zeichnete Skizzen von den erhofften Motiven, stellte Fotofallen auf und gewöhnte die scheuen Tiere an die Kamerablitze bei nächtlicher Jagd und beim Verzehr ihrer Beute. Die BBC kürte den Spanier für seinen springenden Wolf zum „Wildlife Photographer 2009"

227

KOPFLOSE FLUCHT

Als Arminius den Römern vor 2000 Jahren den Laufpass gab, blieb zum Packen nicht viel Zeit. Zurück ließen sie eine vergoldete Reiterstatue, deren Überreste, etwa ein Pferdekopf, im hessischen Waldgirmes aufgefunden wurden. Spektakulärste Präsentation war 2009 aber die „Venus vom Hohlen Fels" (o.). Die gut 35 000 Jahre alte Schnitzerei aus Mammut-Elfenbein gilt als älteste Darstellung eines Menschen. Weil sie bezeichnenderweise keinen Kopf, dafür aber ausladende Proportionen aufweist, sprachen die Medien von prähistorischer Pornografie; die Forscher mutmaßten vornehmer, es handle sich um ein Fruchtbarkeitssymbol

229

NEUE WOLKE

Unter dem Juni-Himmel über Hanmer Springs, Neuseeland, hat sich neben den vertrauten Wolkenformationen Cirrus, Stratus und Cumulus eine unbekannte Gestalt gezeigt. Obwohl in der Erscheinung eher unheilvoll, löst sie sich meist ohne Sturm auf. Die Royal Meteorological Society schlug vor, die Neue mit dem Namen Asperatus (lat. aufgeraut, aufgewühlt) in den Wolkenatlas aufzunehmen. Das wäre die erste Neuklassifizierung seit mehr als 50 Jahren

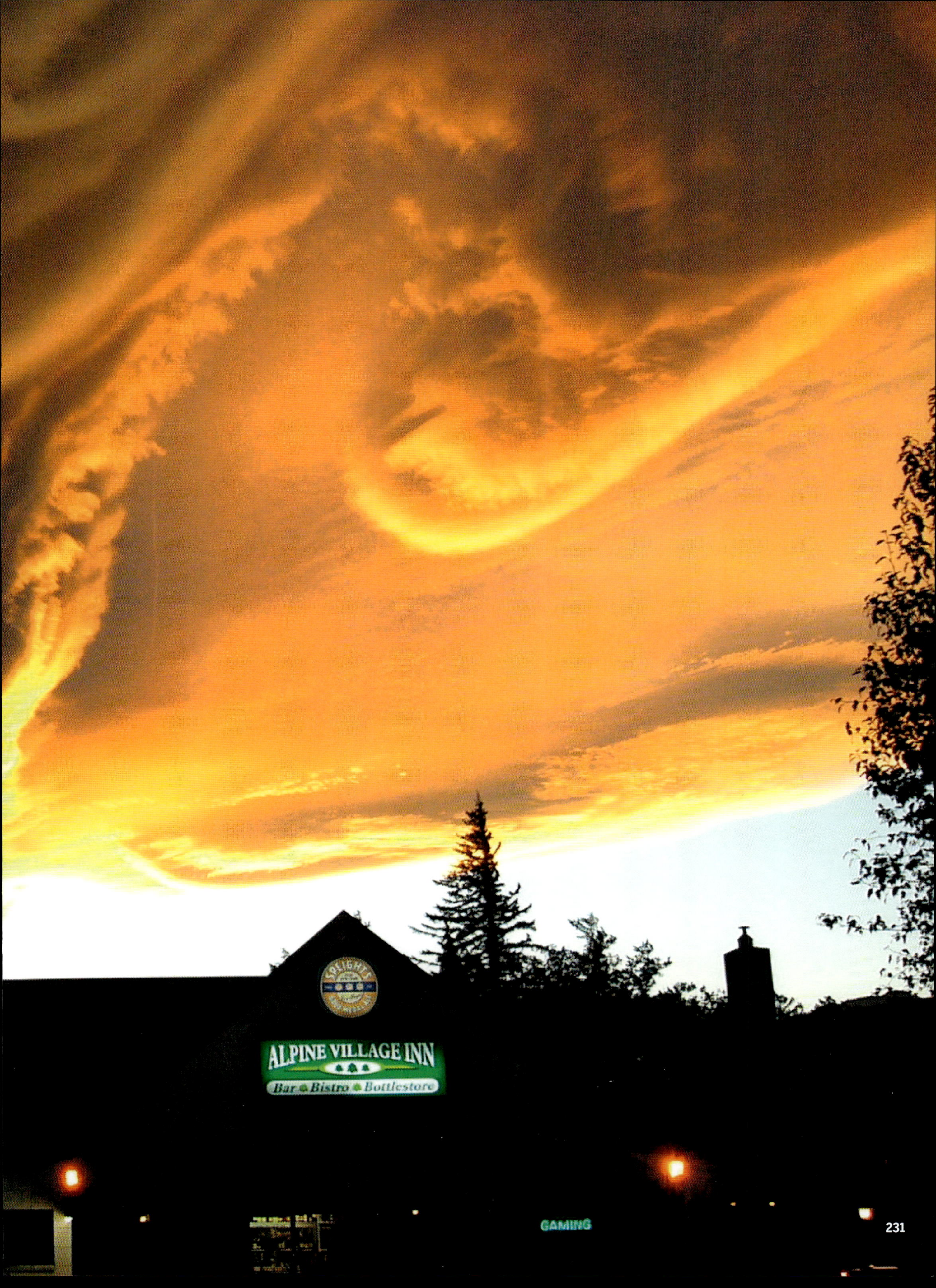
ALPINE VILLAGE INN
Bar Bistro Bottlestore
GAMING

232 WISSENSCHAFT

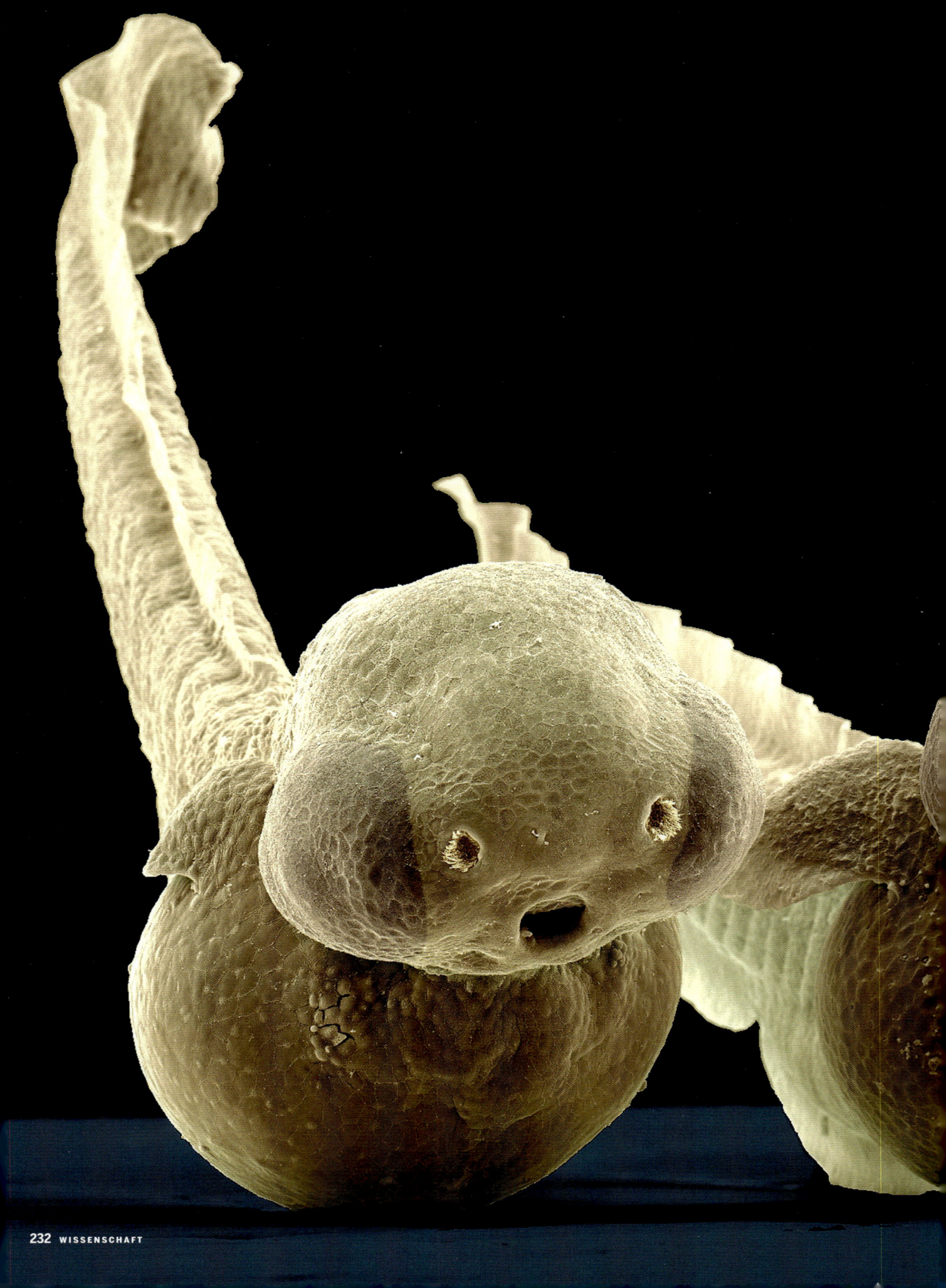

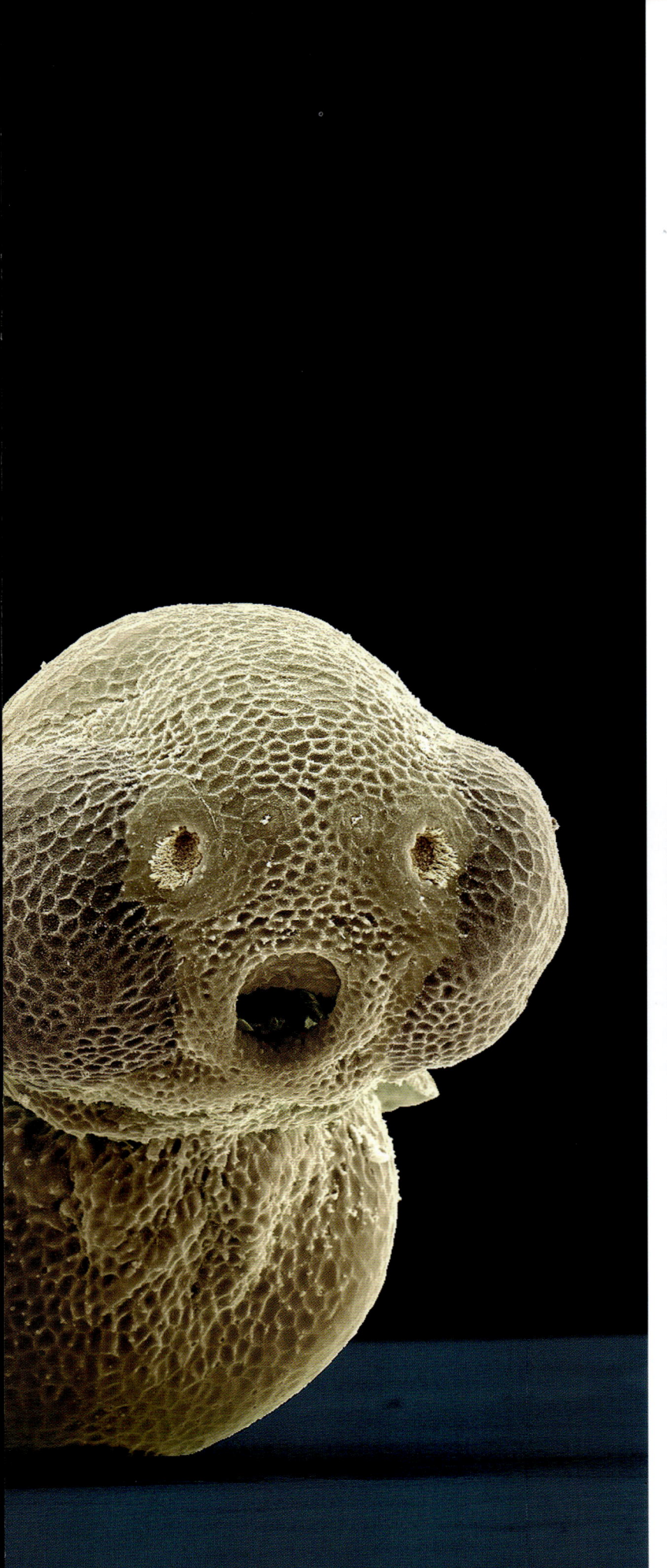

FANTASTISCHE KREATUREN

An Zahlen gemessen, wird unsere Welt von Kleinstorganismen dominiert. Doch erst das Rasterelektronenmikroskop macht uns mit ihnen vertraut. Zum Beispiel mit so merkwürdig anmutenden Wesen wie den beiden zwei Tage alten Zebrafischlarven. Die Mundöffnung ist gut erkennbar, die Augen sind keine Augen, sondern Riechorgane. Zwei Forscher vom Max-Planck-Institut für Entwicklungsbiologie gewannen mit der Aufnahme beim Wettbewerb „Bilder der Forschung 2009". Den Publikumspreis errang das Foto einer hübsch anzusehenden Gottesanbeterin, die sich angriffslustig in die Höhe reckt

ÄRZTESTREIK
MAULENDE MILLIONÄRE

VON **WALTER WÜLLENWEBER**

Der Gebrauchtwagenhändler verhökert Leuten Autos, weil er Geld verdienen will. Der Bäcker steht morgens um vier Uhr auf, weil er Geld verdienen will. Der Arzt behandelt die Kranken, weil er sich für das Wohl seiner Patienten aufopfert. Dem weißen Halbgott ist irdisches Gewinnstreben fremd. Dieses beruhigende Bild vom guten Onkel Doktor haben Ärzte über Jahrzehnte höchst erfolgreich verbreitet. Bis zum Frühjahr. Da zeigten Deutschlands Mediziner ihr wahres Gesicht. Sie demonstrierten wie früher die Stahlkocher. Einige streikten oder behandelten Kassenpatienten nur gegen Vorkasse. So herzzerreißend heulten die Heiler, dass man den Eindruck bekam, ihre karge Bezahlung wäre ein Fall für den Menschenrechtsgerichtshof. Und das alles nicht wegen dramatischer Kürzung ihrer Bezüge, sondern wegen der Erhöhung der Honorare für niedergelassene Ärzte, wegen des fettesten Zuschlags seit Ärztegedenken. Drei Milliarden Euro mehr hatten Ärztevertreter im Jahr zuvor erstritten, ein Plus von rund zehn Prozent, mitten in der Weltwirtschaftskrise. Warum dann Streik?

Weil einige Doktoren fürchteten, der Geldstrom könnte an ihnen vorbeifließen. Die Kassenärztlichen Vereinigungen, die Selbstorganisation der Ärzte, verteilen die Honorare in eigener Verantwortung. Ihr System ist so kompliziert, dass kein Sterblicher es zur Gänze nachvollziehen kann. Die Computer rechneten bis Juli, dann war die Abrechnung für das erste Quartal 2009 fertig. Und siehe da: Die Ärzte bekommen nicht nur drei, sondern fast vier Milliarden Euro mehr als zuvor. Der Streik war nicht nur illegal, er war vollkommen unangebracht. Erstmals hat eine Berufsgruppe gestreikt, die mehr hinzuverdient, als sie gefordert hat.

Das Statistische Bundesamt hat herausgefunden: Im Schnitt verdient ein niedergelassener Arzt 142 000 Euro im Jahr. Da sind praktisch alle Kosten schon abgezogen, die Praxismiete, die Ratenzahlung für medizinisches Gerät und die skandalös niedrigen Löhne, die die Ärzte ihren Arzthelferinnen zahlen. Die Statistiker haben die Zahlen vor der Honorarerhöhung erhoben. Die kommt noch dazu. Macht fast 160 000 Euro Durchschnittsverdienst, rund 13 000 im Monat. Und Ärzte haben mehr Netto vom Brutto, genießen Abschreibungsprivilegien, von denen selbst andere Unternehmer nur träumen können, von normalen Arbeitnehmern ganz zu schweigen.

Trotzdem prophezeien Ärztevertreter seit über einem Jahrzehnt ein Massensterben von Arztpraxen. Die Pleitewelle steht immer unmittelbar bevor. Tatsache ist: Bäcker oder Autowerkstätten gehen pleite. Arztpraxen nicht. Nie! Noch nie hat ein jammernder Ärzte-Lobbyist nur eine einzige Arztpraxis nennen können, die aufgegeben werden musste, weil sie ihre Kosten nicht erwirtschaftet hat. Wenn Ärzte doch mal pleitegehen, dann weil sie sich an der Börse verzockt haben oder ruinös geschieden wurden. Für Arztpraxen gilt noch immer, was vor 10, 20 oder 40 Jahren richtig war: Einkommen und Freiheiten eines Unternehmers bei gleichzeitiger Sicherheit eines deutschen Beamten.

Bundesweit im Kampf für die eigene Kohle, weil sie sozial nicht absaufen wollen: munter planschende Mediziner im Starnberger See und pfeifende Kollegen beim Demonstrieren in der Kasseler Innenstadt

LAUF, CODY, LAUF!

Wie jedes Kind wächst Cody McCasland von Jahr zu Jahr ein Stückchen und braucht größere Hemden, größere Hosen – und größere Prothesen. Der Siebenjährige aus Texas kam ohne Schienbeine und Kniegelenke auf die Welt. Mit einem Jahr wurden ihm deshalb beide Unterschenkel amputiert. Das hindert Cody jedoch nicht an seinen Hobbys: Laufen, Schwimmen, Fußball, Karate und Eishockey. Sein größter Wunsch ist es, irgendwann an den Paralympics teilzunehmen

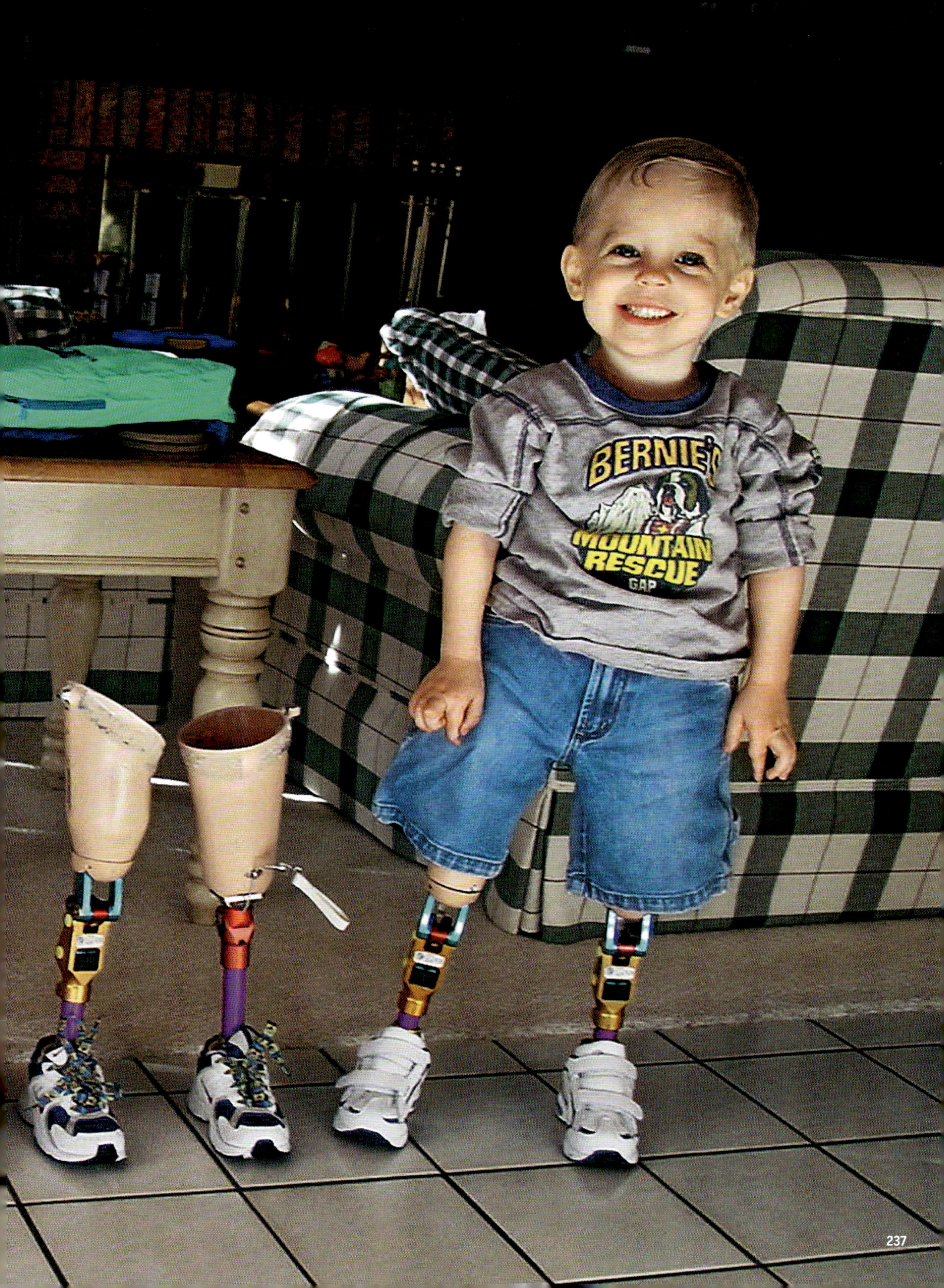
BERNIE'S
MOUNTAIN
RESCUE
GAP

KULTUR
COVER-VERSIONEN

Echt gut ist, was echt wirkt. Heike als Hilde und Hape als Horst – wahrlich nicht schlecht, was die Schauspielerin Makatsch aus der Knef gemacht hat und Kerkeling aus sich selbst. Auch der oscargekrönte „Slumdog Millionär" rührt die Herzen mit originären Slumkids aus Mumbais Masse Mensch. Dass die Kids hinterher Probleme hatten, sich nach dem Geld-Märchen und dem Medienhype selbst wiederzufinden, ist kein Wunder. Das ist Realität. Die kann man leichtnehmen wie Til Schweiger in „Zweiohrküken" mit seinen Pups- und Peniswitzen, die tief blicken lassen, nicht in ein Dekolleté, in sein Hirn. Zur Frankfurter Buchmesse bricht kurzfristig Panik aus. Hilfe, die Chinesen kommen. Es sind leider die falschen, die Kader aus dem wirklichen Leben. Wahrhafte Regimekritiker müssen draußen bleiben. Die beste Autorin wird in Stockholm gekürt: Hertha Müller ist Literaturnobelpreisträgerin. Ein echtes Wunder

SLUMDOG MILLIONÄR
DAS LEBEN IST KEIN MÄRCHEN

TEXT **CHRISTINE KRUTTSCHNITT**

Dies könnte das Märchen des Jahres sein. Da ist der arme Kerl aus den Slums, der sein Leben lang misshandelt und gedemütigt wird: Er macht mit beim indischen „Wer wird Millionär?", gewinnt den Hauptpreis und dann auch noch das schönste Mädchen von Mumbai, Taschentücher raus und Happy End. Oder:

Da ist der Film, der es fast nicht ins Kino geschafft hätte, weil die Studiobosse in Hollywood nicht an ihn glaubten: „Slumdog Millionär", welcher erwähnte herzzerreißende Loser-Geschichte erzählt, wird im Februar in Hollywood mit acht Oscars überschüttet und spielt weltweit 360 Millionen Dollar ein, Taschentücher raus und Happy End.

Und da sind schließlich die wahren „Slumdogs", ein kleiner Junge und ein kleines Mädchen aus Indiens größter Armensiedlung: Der britische Regisseur Danny Boyle engagiert sie für Nebenrollen in seinem Welterfolg, sie reisen nach Amerika und schlafen in Fünf-Sterne-Hotels und blicken in eine rosige Zukunft, Taschentücher raus und – nun, es hätte so schön werden können.

Aber Rubina, inzwischen zehn, und der elfjährige Azharuddin, die in „Slumdog Millionär" junge Versionen der Hauptdarsteller spielen, wurden durch den überwältigenden Erfolg des Films völlig aus der Bahn geworfen. Nicht, dass dies auf den ersten Blick schlimm wäre: Beide Kinder lebten in ärmlichen Hütten, vor deren Verschlägen sich Kanalisationsrohre ergossen, Ratten hüpften in den schlammigen Wegen, an Schule war nicht zu denken. Als der Film, der ihr Leben auf den Kopf stellen sollte, abgedreht war, richteten Boyle und sein Produzent aus England einen Fonds ein, der den Kindern bei Erreichen der Volljährigkeit eine großzügige Summe auszahlen wird; dito kommen die Heilsbringer aus Übersee für neue Unterkünfte und eine Ausbildung auf und zahlen den Familien monatlich 120 Dollar Unterhalt. Ein vernünftiger Plan. Doch mit Vernunft haben Märchen leider nichts zu tun.

Die Heimkehr von Rubina und Azharuddin aus dem fernen Los Angeles, wo sie Brad Pitt und Mickymaus getroffen hatten, löste in Mumbai eine Massenhysterie aus. Der Premierminister nannte die Oscar-Gewinner „Indiens Stolz". Irgendwann im Verlauf der Jubelfeier fing Azharuddin an zu weinen, die Bilder gingen um die Welt. Arme reiche Kinder.

Schwierige Heimkehr nach Mumbai: zwei kleine Slumdogs, die lieber Geld verdienen, als zur Schule zu gehen

Fortan reisten die beiden nach Paris und London, Hongkong und Madras, herumgereicht wie hübsche Trophäen; in Delhi tänzelten sie für ein Modelabel über den Laufsteg, 1000 Dollar gab es

Nach dem Filmstart zunächst ganz groß in Mode: Rubina Ali Qureishi, 10, und Azharuddin Mohammed Ismail, 11, in eigens für sie entworfenen Kleidern. Die Kinderstars hatten es nach den Dreharbeiten in den Slums von Mumbai nicht weit nach Hause. Sie sind dort aufgewachsen

dafür und die eigens für sie geschneiderten Kleider. Im April begann der Ärger: Rubinas Vater wurde von einem britischen Revolverblatt bezichtigt, seine Tochter für 400 000 Dollar zum Verkauf angeboten zu haben. Im Mai wälzte die Polizei Slumhütten platt. Azharuddin zog mit seiner Mutter in das Apartment, das die Geldgeber aus England finanziert hatten. Rubinas Vater aber nölte: Was, ein Apartment? Er wollte einen Bungalow, und zwar dort, wo die Reichen wohnen. Und einen Swimmingpool. Und ein Auto.

Rubina veröffentlichte im Juli ihre Memoiren. In „Slumgirl Dreaming" verriet die damals Neunjährige, wie eingreifend der Erfolg ihr Leben verändert habe: Sie würde nun stets öffentliche Toiletten aufsuchen, statt wie früher neben die Eisenbahnschienen zu pinkeln. Und dass sie Filmstar werden wolle; so wie ihre erwachsenen „Slumdog"-Mitspieler Dev Patel und Freida Pinto, die nun in Hollywood an ihren Karrieren basteln. Rubina hat immerhin schon mit Nicole Kidman gearbeitet: In den nur drei Drehtagen für einen „Schweppes"-Werbespot, tönte der Vater, da habe sie mehr Geld verdient als mit dem ganzen „Slumdog Millionär".

Bei so viel Abenteuern ist es nicht verwunderlich, dass Rubina und Azharuddin höchstens zweimal pro Woche den Weg zur Schule finden. Ende des Jahres hatte Danny Boyle die Nase voll und fuhr nach Mumbai. Die Kinder, schimpfte er, sollten regelmäßig am Unterricht teilnehmen – sonst werde er das für sie verwahrte Geld einem Wohltätigkeitsverein spenden, basta. Nein, die Geschichte der „Slumdogs" hat kein Happy End. Sie geht einfach weiter.

DER SCHIMMELREITER

Das Pferd steht ihm gut. Anzüglich posiert „Brüno", der Komiker Sasha Baron Cohen, auf dem Ross. Für die Filmrolle als schwuler österreichischer Modeexperte ließ sich der Brite bis auf den Schopf enthaaren. Seit seinem Debüt als Borat wissen wir, dass er in natura fast so haarig ist wie der Schimmel. Kenner des Films werden sich womöglich wundern: In „Brüno" gibt es keine Pferdeszene. Das Schimmelreiter-Posing war Teil einer gigantischen Werbeaktion für den Kinofilm

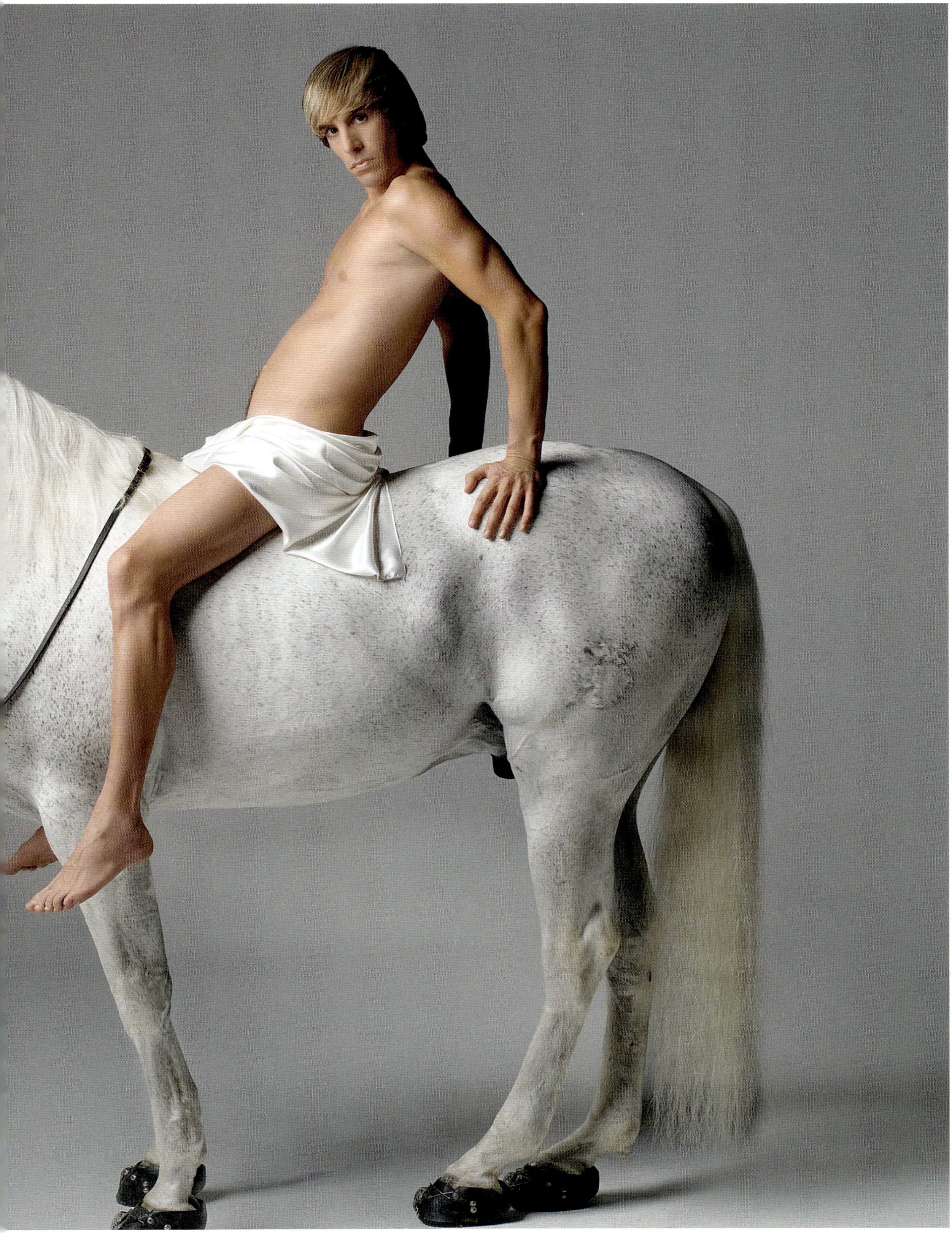

WUNDER GIBT ES IMMER WIEDER

Kinobiografien über Unterhaltungsikonen sind heikel, weil die Darsteller es selten auf Augenhöhe der Dargestellten schaffen. Heike Makatsch (l.) aber triumphiert im Februar auf der Berlinale als Hilde Knef; singt selbst, spielt wie im Rausch – und rettet Kai Wessels schwachen Film, der den späten, spannenderen Lebensabschnitt der Knef einfach ausspart

IM FERNSEHEN SCHWARZ SEHEN

Wer wird die bessere Romy, Yvonne Catterfeld oder Jessica Schwarz? Die Frage der Schauspielbranche erledigt sich schnell. Der Kinofilm mit dem einstigen „GZSZ"-Star Catterfeld wird abgeblasen. Die ARD aber zeigt mit dem bewegenden Drama „Romy", was Fernsehen kann: Mehr als fünf Millionen Menschen erleben im November eine kongeniale Jessica Schwarz (gr. Foto) als Romy Schneider (l.)

HAPE KERKELING
WIE IM RICHTIGEN LEBEN

TEXT ALEXANDER KÜHN

Wir trauern um einen Mann, der das vergangene Jahr maßgeblich mitgestaltet hat. Seine Tatkraft war enorm: Wo er auftauchte, blieb nichts in seiner angestammten Ordnung. Er war ein Großer: ein großer Trinker, Grabscher, Schnurrbart- und Herrenhandtaschenträger.

Nicht dass wir sein wollten wie er. Aber bewundert haben wir ihn schon, wie er sich mit albtraumwandlerischer Sicherheit jenseits aller guten Manieren bewegte, fern allen guten Geschmacks – unreinlich, doch mit sich selbst im Reinen. Kinder projizieren ihre Sehnsucht nach Ungehorsam auf Pumuckl oder Pippi Langstrumpf. Wir hatten ihn: Horst Schlämmer, rückenleidender stellvertretender Chefredakteur des Grevenbroicher Tagblatts.

Es war Anfang Oktober, als Hape Kerkeling ankündigte, er werde ihn sterben lassen. Steht ihm zu. Er hat ihn ja erschaffen. Nicht im Labor, so wie Faust seinen Homunculus oder Viktor Frankenstein sein Monster; nein, unter Einsatz seines eigenen Körpers verwandelte der feine, freundliche Dr. Jekyll-Kerkeling sich immer wieder neu in Schlämmer-Hyde. An manchen Tagen verharrte er sechs, sieben Stunden in Schlämmerpose, so sehr begehrte die Öffentlichkeit nach ihm. Die Haare juckten, der Bart kratzte, Tapser auf der Brille trübten den Blick. Kerkeling sagt, er habe jedes Mal sehr gelitten. Alles Verständnis für seinen letalen Beschluss!

Seine große Stunde hatte Horst Schlämmer im August. Da lud er zur Pressekonferenz in ein Berliner Hotel, um für seinen Kinofilm „Isch kandidiere!" zu trommeln, der von seinem Bemühen erzählt, Kanzler zu werden. Alles nur Spaß, klar, aber zelebriert mit heiligstem Ernst. Der Nachrichtensender n-tv übertrug live. Journalisten aus aller Herren Bundesländer spielten das Spiel mit, sie fragten den Kandidaten nach seinem Wahlprogramm, seinen Plänen für eine mögliche Koalition, nach Migration, Umweltschutz und Wirtschaftskrise.

Jede Frage parierte er mit Floskeln, ganz im Stil der echten Politiker: „Wir sind konservativ, wir sind links, wir sind liberal." Oder: „Es ist alles zu wenig, es muss mehr." Er war gewohnt schlecht

Wir sind konservativ, wir sind links, wir sind liberal

rasiert, trug denselben ollen Kittel wie immer. Bemühte sich jedoch nach Kräften um einen jovialen, fast präsidialen Ton. Außer wenn er gerade vom Podium herunter eine Journalistin annuschelte, sie solle gefälligst nicht so nuscheln. Man kann es nicht anders sagen: Schlämmer war in Bestform.

Der Film: na ja. Schlämmer, ganz Clown, besorgte einmal mehr die Umkehrung der Verhältnisse. Einst schaffte er es, dass Gün-

„Isch kandidiere!" Volksvertreter Horst Schlämmer hat sich werbewirksam vor dem Berliner Reichstag in Position gebracht

ther Jauch in seiner eigenen Sendung auf den Stuhl des Kandidaten wechselte. Nun hatte er Politiker dazu gebracht, sich für die Kamera zum Horst zu machen: Jürgen Rüttgers dozierte über die Gründung einer Partei; Claudia Roth zeigte sich in Gurkenmaske. Und sonst? Wurde im Film gesungen, über Herpes gewitzelt, am Ende schaffte es Schlämmer, man hatte es kommen sehen, doch nicht ins Kanzleramt. Das Ganze: ein cineastischer Schnellschuss, der hoffentlich bald dem Vergessen anheimfallen wird.

An den Sommer mit Horst aber, an den werden wir noch lange denken. Nicht zuletzt dank jener Leitartikler und Auguren der Macht, die sich, und das allen Ernstes, immer wieder auf Horst Schlämmer beriefen, wenn sie dem Volk die Welt erklärten. Er sei ja deshalb derart erfolgreich, konnte man lesen, weil die echte Politik die Menschen so verdrieße. Als wünschten wir uns Angela Merkel mit Schnauzbart und Schnappatmung!

Nachdem in einer Umfrage für den *stern* 18 Prozent der Befragten (wir unterstellen mal: zwinkernden Auges) angegeben hatten, sie könnten sich, also rein theoretisch, vorstellen, Horst Schlämmer zu wählen – da diagnostizierte der „Spiegel" eine „Krise der Realität". Und die Redaktion der „Zeit" stöhnte: „Bei aller Liebe zum grandiosen Kerkeling: Hier müsste der Spaß aufhören, vor allem für den politischen Betrieb in der Republik."

Nach der Wahl sieht es so aus, als habe der Spaß gerade erst begonnen. Ein hoher Repräsentant unseres Staates, so scheint es, hat sich Horst Schlämmer zum Vorbild genommen. Wie der frisch designierte Außenminister, der in diesem Wahlkampf ganz anders als in früheren Jahren aller Witzigkeit eine Absage erteilt hatte, auf seiner ersten Pressekonferenz einen Journalisten der BBC anraunzte, hier werde deutsch geredet, denn „es ist Deutschland hier!" – das war ein Moment von großer Komik und Wahrhaftigkeit. Da wurde der Vorsitzende der FDP, obwohl glatt rasiert und schick gekleidet, für einen Augenblick zur Schlämmerwelle.

Was kann ein Todgeweihter mehr erreichen, als dass sein Geist weiterlebt? Und das im Körper von Dr. Guido Westerwelle? Der Horst hat seine Schuldigkeit getan. Der Horst kann gehen.

ZEIGE DEINE WUNDEN

Die Diagnose: Lungenkrebs. Die Reaktion: Angst und Verzweiflung. Regisseur Christoph Schlingensief entscheidet sich, den Kampf gegen den todbringenden Gegner aufzunehmen und seine Gefühle zum Thema zu machen. Im April erscheint sein Buch „So schön wie hier kanns im Himmel gar nicht sein". Es berührt die Menschen ebenso wie die Stücke „Eine Kirche der Angst vor dem Fremden in mir" oder „Mea Culpa". Der 49-Jährige wendet sich mit seiner radikalen Offenheit auch „gegen die Sprachlosigkeit des Sterbens"

249

GANZ SCHÖN GAGA – DIE NEUE QUEEN OF POP

Der gestotterte Refrain vom „P-P-P-Poker Face" verhilft der US-Amerikanerin mit dem programmatischen Namen Lady Gaga zum Sprung an die Spitze der Charts. Dass sich Stefani Joanne Angelina Germanotta in Deutschland 13 Wochen dort halten kann, verdankt die Ex-Stripperin auch ihren selbst entworfenen Outfits à la Madonna. Ob Brust-Feuerwerk oder Heiligenschein mit Unschuldsgeste: Die Lady macht Mädels neidisch und Männer gaga

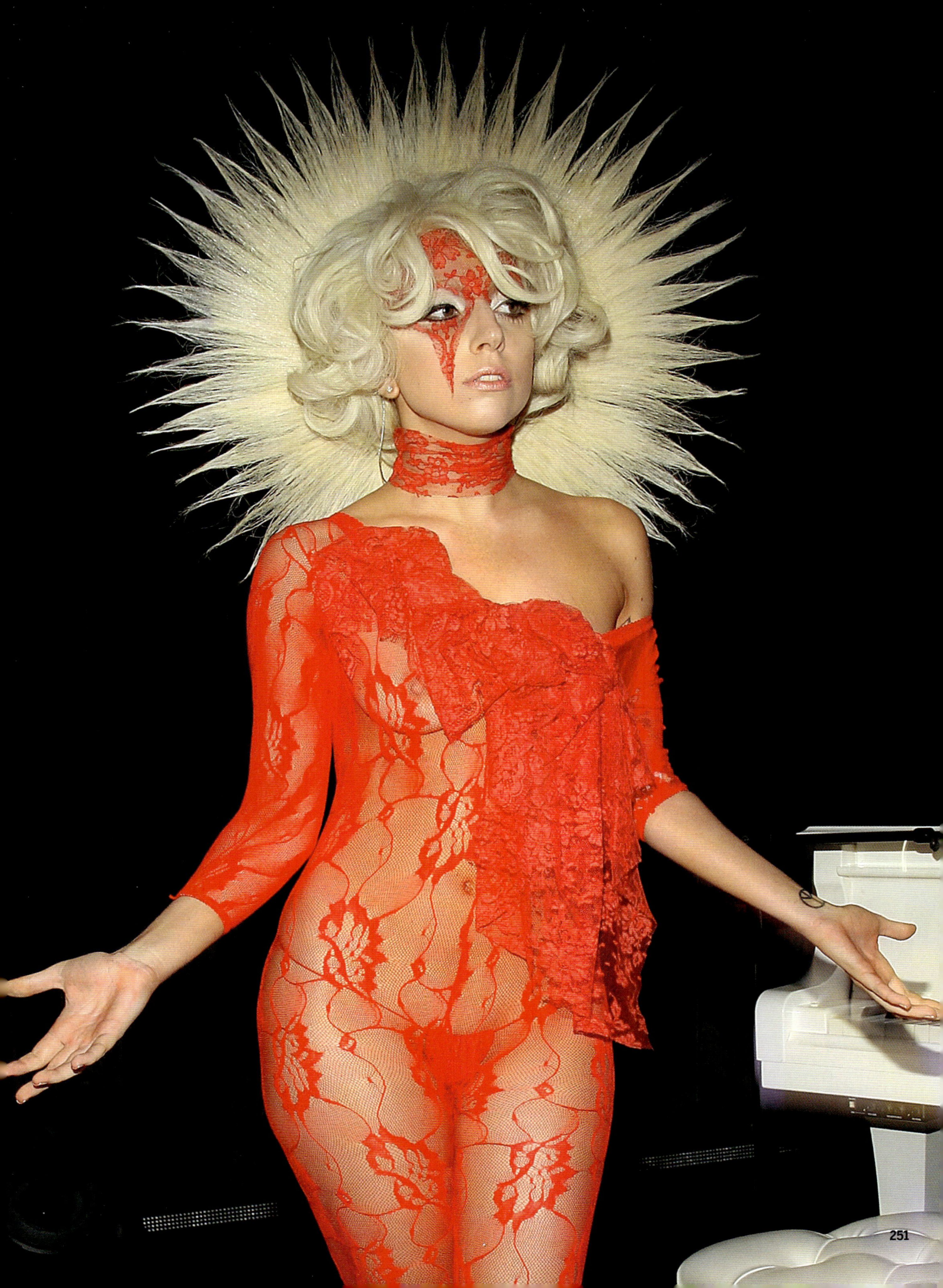

TOD IN VENEDIG

Irritiert betrachten Königin Sonja von Norwegen (l.) und ihr Kulturminister Trond Ginske die Leiche im Pool. „Death of a Collector" heißt die Installation, Tod eines Sammlers. Für die 53. Biennale im Juni in Venedig hat das dänisch-norwegische Künstlerduo Michael Elmgreen und Igar Dragset einen mysteriösen Mister B., einen Sammler, der ein promiskes Leben geführt haben soll, im Schwimmbecken vor seiner Villa enden lassen. Mit der Aktion wollen die Skandinavier die ökonomische Krise des Kunstbetriebs ins Bewusstsein rücken

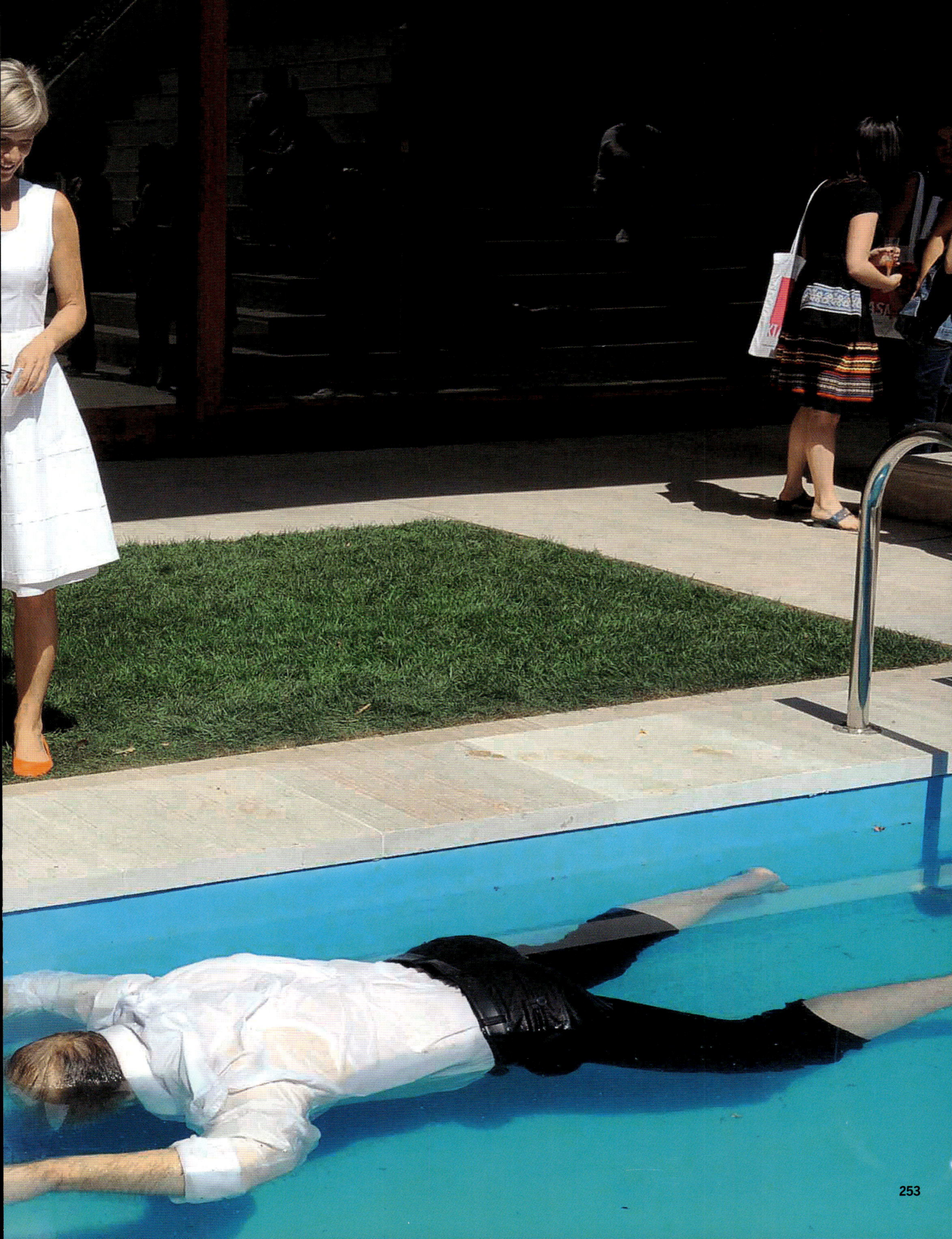

254 KULTUR

AUFGEBLÄHT

Mit einem gewaltigen Furz schießt der Stier in die Höhe und rammt einen Mann an die Wand. Der feiste Kerl mit Teufelshörnern, der da aufgespießt wird, soll den amerikanischen Finanzbetrüger Bernard Madoff darstellen. Die Skulptur des Künstlers Chen Wenling ist im Oktober in Peking zu sehen, als Teil der Materialismus-kritischen Ausstellung „Notausgang". Das Werk erklärt sich durch ein Wortspiel: Im Chinesischen bedeutet „fang pi" sowohl pupsen als auch lügen

MÄNNER SIND HOCHSTAPLER

Sechs nackte Männer ergeben ein Regal, zwei einen Fernsehtisch, und ein einzelner taugt immerhin noch zum Bügelbrett. Der spanische Fotograf David Blazquez dokumentiert, wie sich seine Freunde zu Möbelstücken verrenken. Andere Fotos, die der Künstler im April in Sevilla ausstellt, zeigen ein Sofa, eine Lampe und sogar eine Badewanne aus Männerleibern. Der Nachteil solcher Möbel: Sie haben ein kurzes Verfallsdatum. Ihr Vorteil: Der Umzug ist schnell gemacht. Das Bügeleisen ist übrigens nicht angeschlossen

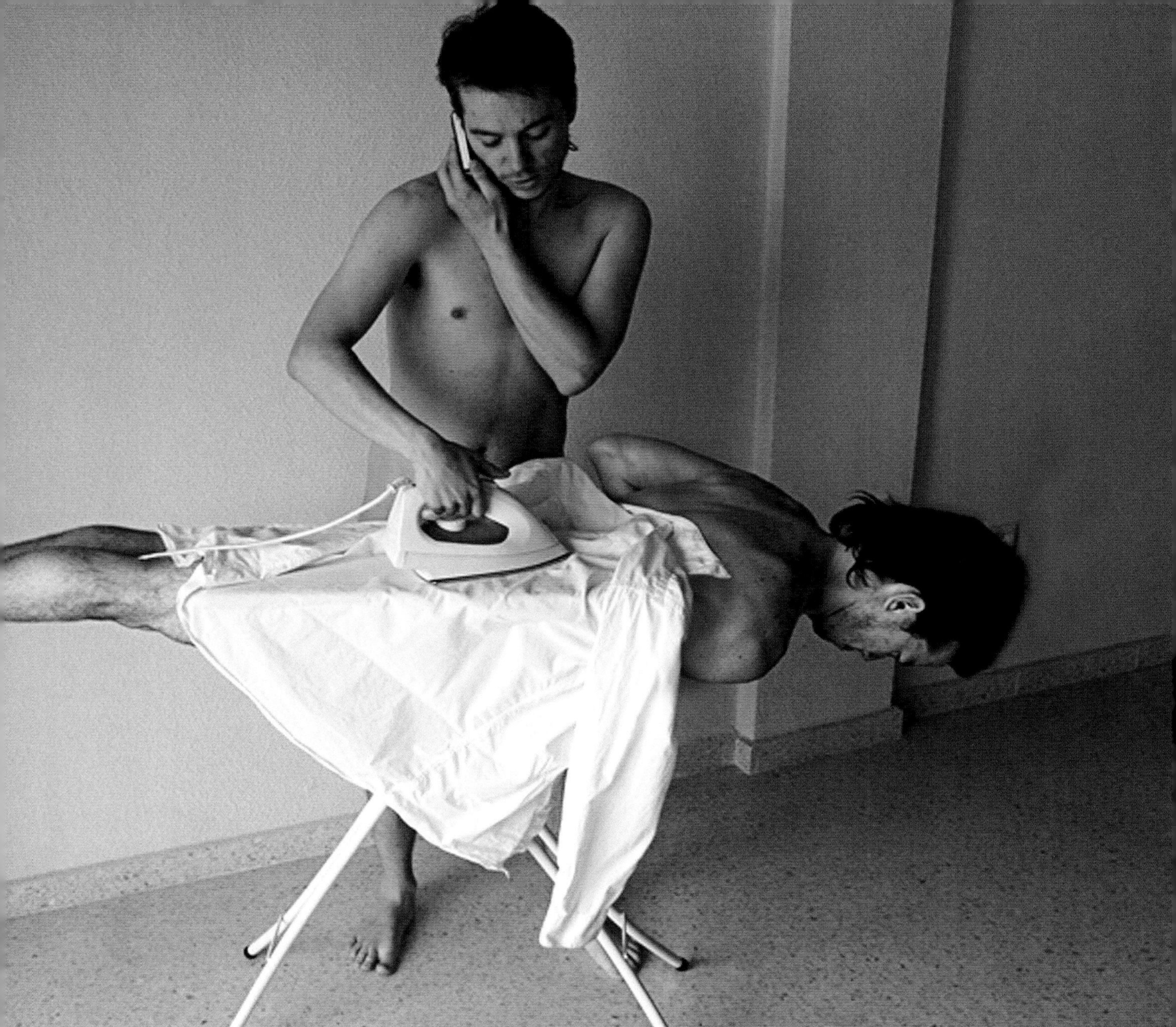

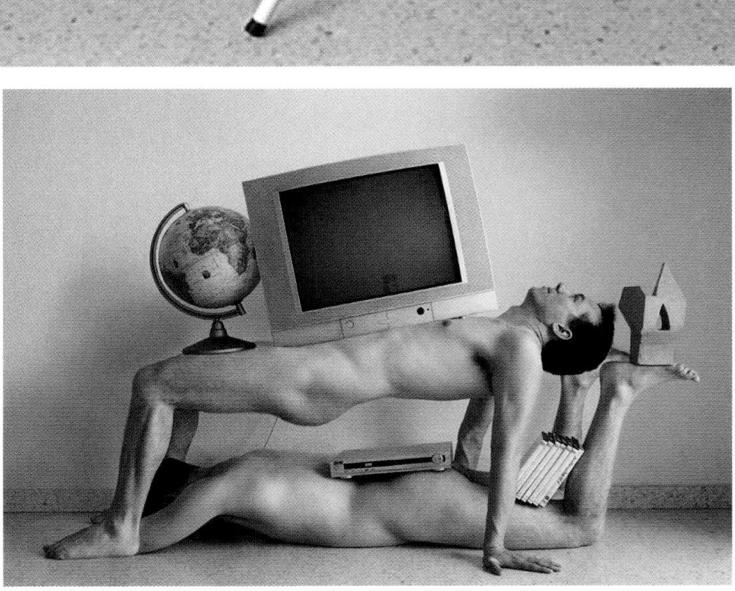

MODE
SCHWERE FLAUTE IM LUXUSGESCHÄFT

Wie reagieren wir auf die Krise? – Keine Frage stellt sich die Modewelt in diesem Jahr häufiger, und keine Antwort liefert ein Allheilmittel. Manche Luxushäuser sehen im demonstrativen Understatement ihren Wettbewerbsvorteil, andere halten sich an die Weisheit, dass außergewöhnliche Zeiten außergewöhnliche Ideen erfordern. Den Kunden ist's egal, sie stecken ihr Geld kaum in teure Mode. Mit leichten Schäden kommt dagegen die Kosmetikbranche davon. Offenbar hat der alte Werbeslogan des Hauses Revlon seine Gültigkeit nicht verloren: „On a bad day, there is always lipstick" – an einem schlechten Tag gibt's immer noch Lippenstift

DIE ACHTZIGER KOMMEN ZURÜCK
WHAT A FEELING

TEXT STEFANIE ROSENKRANZ

Wer sich an die Achtziger erinnern kann, hat sie nicht miterlebt", befand einst der selige Falco. Das ist natürlich Unsinn. Die Wahrheit ist: Wer die 80er Jahre erlebt hat, erinnert sich sehr gut an sie, nur wollte er es bis vor Kurzem nicht. Er hatte sie ganz bewusst verdrängt. Aus gutem Grund: Die Dekade, deren bleibendes Vermächtnis neben dem Zusammenbruch des Kommunismus aus der Erfindung von „Trivial Pursuit" besteht, galt lange Zeit als einziger Ästhetik-Gau. Wer das Jahrzehnt toll gefunden hatte, schämte sich dafür im Nachhinein in Grund und Boden. Ich auch. Jetzt sind die Achtziger in all ihrer Überladenheit zurückgekehrt. Ob Marc Jacobs, Stella McCartney oder Michael Kors – ungeniert schicken sie wieder Models über die Laufstege dieser Welt, angetan mit Kleidern, die aussehen wie Karosserien. Und das Erstaunliche ist, dass alle das schön finden. Bis auf diejenigen, die damals live dabei waren. Was mich betrifft, so habe ich unlängst beschlossen: Die Scham ist vorbei. Und das kam so: „Schrecklich", schrie ich, als im Fernsehen ein wirrhaariges Geschöpf mit Tüllröckchen und allerlei Glitter erschien. „Du hast keine Ahnung", sagte meine pubertierende Tochter. „Oh doch", wollte ich sagen, „denn auch ich sah einst aus wie eine Kreuzung aus Discokugel und Staubwedel." Indes, die Worte blieben mir im Hals stecken, als ich des T-Shirts ansichtig wurde, das sie über ihren Leggings trug. Es war kreischfarben und unförmig. „Woher hast du das?", fragte ich streng, als hätte ich sie mit einem Joint erwischt. „Von Zara", nuschelte sie durch ihr Bubblegum hindurch. „Cool, oder?" Die Jahre zwischen 1980 und 1990 waren alles Mögliche – wirr (Cyndi Lauper), bunt (Spandau Ballet), rokoko (Boy George), plemplem (Nancy Reagan) und im Allgemeinen so deplatziert wie eine Sahnetorte im Dekolleté. Cool hingegen waren sie ganz bestimmt nicht. Ich war 20, als die Dekade begann, und besaß bald mehrere Karottenjeans, stonewashed natürlich. Die begannen knalleng dort, wo die Reeboks aufhörten, wurden anschließend immer weiter, erreichten auf Hüfthöhe die Ausbuchtung von Andorra und hörten kurz unter den Rippen auf. Wenigstens war ich nie im Besitz einer lila gefärbten Stoffwindel, die damals besonders auf Kirchentagen zur Geltung kam.

Alles schrie in Neontönen vor sich hin. Mit bloßem Auge war das kaum auszuhalten ...

Dafür wirkten meine Haare, als hätte ich sie mit einem Staubsauger gekämmt, dank einer Dauerwelle namens Minipli. Kurz: Ich sah aus wie eine Kreuzung aus Rudi Völler und Zonen-Gabi im Glück, nur ohne Banane. Irgendwie hatten wir alle die Anmutung von Dreiecken. Untenrum lief alles spitz zu, oben rum war alles monumental. Denn dort galt die Devise: Nie ohne meine Schulterpolster. Gern gewandeten wir uns in Lederröcke, Stulpen, Latzhosen, Kleider, die aussahen wie Gardinen, Overalls sowie gigantische Pullover. Häufig trugen wir alles auf einmal – Leder- oder Tüllröckchen über Leggings, dazu Stulpen, darunter Schuhe mit Pfennigabsätzen, obendrüber das Pulli-Monster, irgendwo einen Stretchgürtel und als Accessoire eine politisch korrekte Einkaufstüte aus Jute. Als Zugabe führten beide Geschlechter Ohrringe sowie kiloweise Kajal spazieren. Zu viel des Guten ist längst nicht genug, das war die modische Devise der Achtziger. Alles schrie in Neontönen vor sich hin. Mit bloßem Auge war das kaum auszuhalten, drum hatten wir fast immer Sonnenbrillen auf, besonders nachts. Wenn man in den Achtzigern nicht gerade versuchte, auszusehen wie Jennifer Beals („Flashdance"), war man damit beschäftigt, auf dem Boden herumzukeuchen, angetan mit einem Schweißband, um der Wonnen von Jane Fondas Workout auf Video teilhaftig zu werden. In der wenigen Zeit, die einem blieb, war man nicht cool, sondern sorgte sich unablässig – um den Nato-Doppelbeschluss, Atomkraft oder Hunger in Afrika. Das alles machte uns echt irre betroffen, und wir fühlten uns sehr erhaben, wenn wir indianischen Unterdrückten lauschten, die in ethnische Flöten pusteten, oder „We are the woooorld" sangen. Doch eigentlich mussten wir vor nichts Angst haben – außer vorm Aidstest. Die Welt war aufgeteilt in Ost und West, in gut und böse, in U wie Unterhaltung und E wie Ernst. In meiner WG waren wir natürlich alle ernst. Streng blickte Rosa Luxemburg von einem Poster an der Wand auf unseren Fernseher hinunter, auf dem wir „Dallas" oder „Denver Clan" guckten. Dabei versicherten wir uns gegenseitig, eigentlich lieber einen Film von Alexander Kluge betrachten zu wollen. Doch irgendwann mutierten wir, wussten bald mehr über Calvin Klein als über AKW, und „Miami Vice" beglotzten wir ungeniert. Gerade als wir begannen, ein klitzekleines bisschen cool zu werden, fiel die Mauer. Und damit begannen die Achtziger erneut, denn im Osten hatten sie noch gar nicht richtig angefangen. Somit waren sie gefühlt das längste Jahrzehnt – und man überließ sie kampflos gesellschaftlichen oder geografischen Randgruppen wie etwa Physikstudenten und Vokuhilas aus Rumänien. Zu Unrecht. Eigentlich waren die Achtziger klasse, schaurig, aber auch schön. Was danach kam, war schwarz und nihilistisch. Fad wie ein Billy-Regal im Vergleich zum Rokoko. Warum, so dachte ich, soll ich mich zweimal wegen des gleichen Jahrzehnts genieren? Das erste Mal, weil ich es mitgemacht habe, und das zweite Mal, weil ich es nicht mitmachen will? Kürzlich kaufte sich meine Tochter einen Stretchgürtel und eine DVD von „Flashdance". Den Gürtel klaute ich ihr, die DVD guckten wir gemeinsam. Seither singen wir „What A Feeling" im Duett.

VPL585

ISOLATOR SWITCH
INSIDE CAB

ABLENKUNGSMANÖVER

Mit zackigem Schritt stolzieren Models durch London. Ihre Mission, alle Blicke auf die Unterwäsche zu lenken, klappt bestens, auch beim Busfahrer. „Love Force" heißt das Modell aus der Herbstkollektion des britischen Dessouslabels „Agent Provocateur". Die Marke trägt die Anstößigkeit im Titel, ihrem Gründer Joseph Corré liegt sie im Blut: Seine Mutter ist die Modeschöpferin Vivienne Westwood, sein Vater ist Malcolm McLaren, der Erfinder des Punk

264 MODE

GÜRTEL-SCHNALLE

Wie Schlangen winden sich Gürtel über den nackten Oberkörper von Topmodel Carmen Kass. Starfotograf Mario Testino wollte die gebürtige Estin als laszive Blondine in Latex. Dabei kann die Kass viel mehr als sich rekeln. 2004 kandidierte sie für einen Sitz im Europäischen Parlament. Die Wähler entschieden sich gegen die freizügige Politikerin. Das ambitionierte Model ergatterte stattdessen ein anderes ehrenwertes Amt: Die Tochter eines Schachlehrers ist Präsidentin des estnischen Schachverbandes

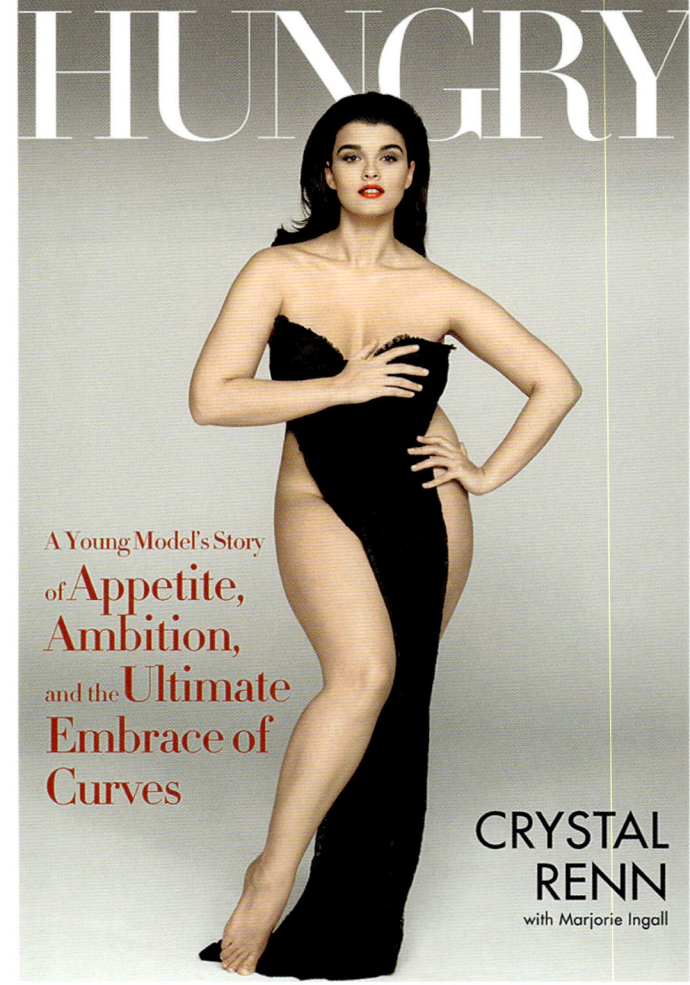

RUND UND SCHÖN

Mit zuckerfreien Kaugummis und Diät-Cola hungert sie sich auf ein Gewicht von 49 Kilo herunter. Aber selbst das ist ihrer Model-Agentur noch zu viel. Erst als Crystal Renn zusammenbricht, pfeift sie auf den Magerwahn – und hat Erfolg. Die 23-Jährige wird auch mit Kleidergröße 42 gebucht und veröffentlicht ihre Biografie „Hungry". Der deutsche Untertitel: „Ich wollte essen. Aber ich wollte auch in der Vogue sein". Auch das gelingt ihr

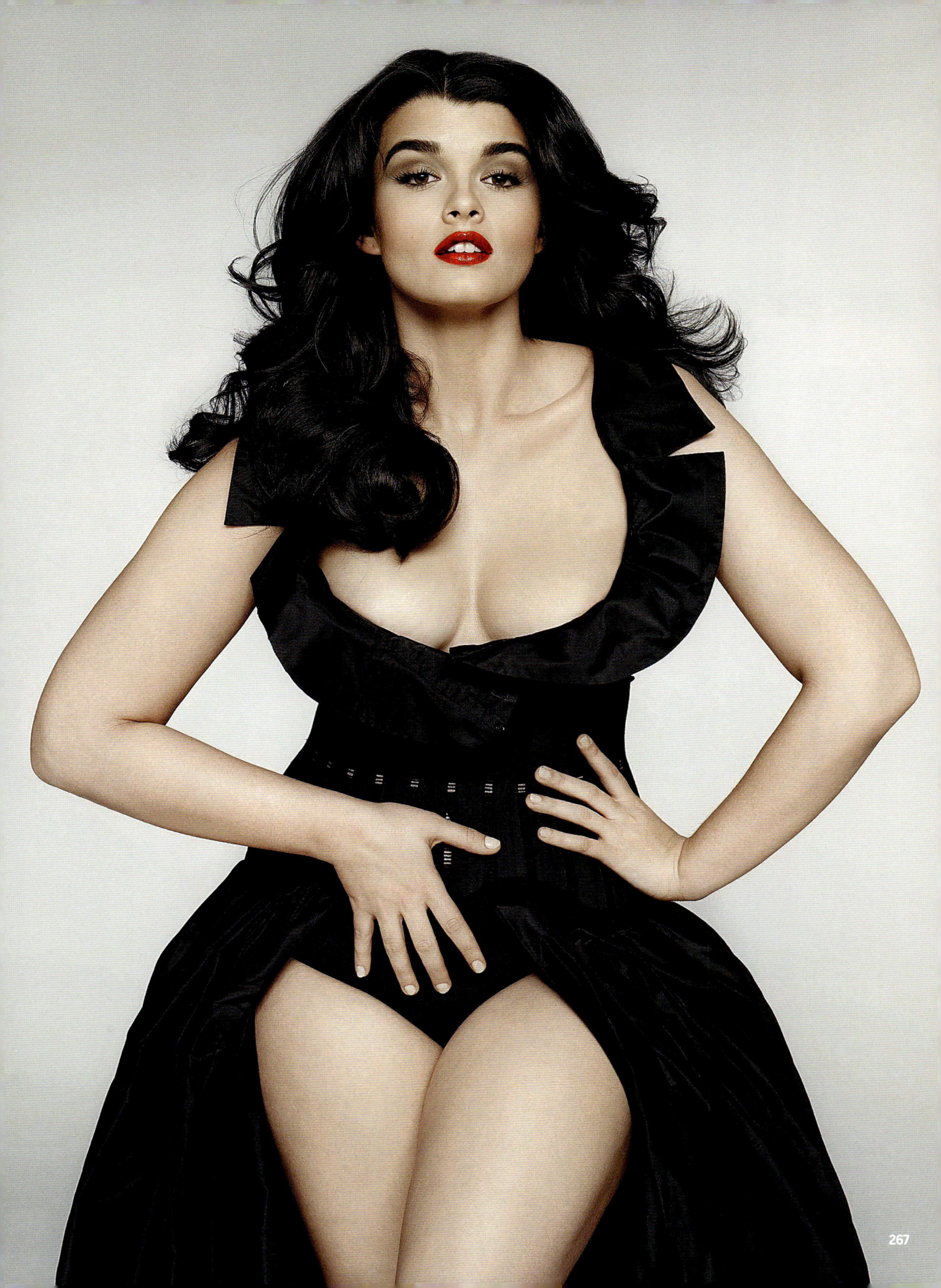

IN PREKÄRER LAGE

Jetzt nur nicht wackeln. Claudia Schiffer posiert zwischen zwei Sesseln für den Wiener Fotografen und Konzeptkünstler Erwin Wurm. „One Minute Sculptures" nennt Wurm seine menschlichen Collagen. Es sind Kontextverschiebungen: Er konfrontiert seine Modelle auf skurrile Art mit den Dingen des Alltags. Bei Wurms Shooting für die Modezeitschrift „Vogue" trägt Claudia Schiffer einen Trenchcoat des Pariser Modeschöpfers Jean Touitou. Von dem stammt der schöne Satz: „Ein Künstler riskiert sein Leben für sein Werk, ein Designer macht nur ein Kleid." Oder eben einen Trench

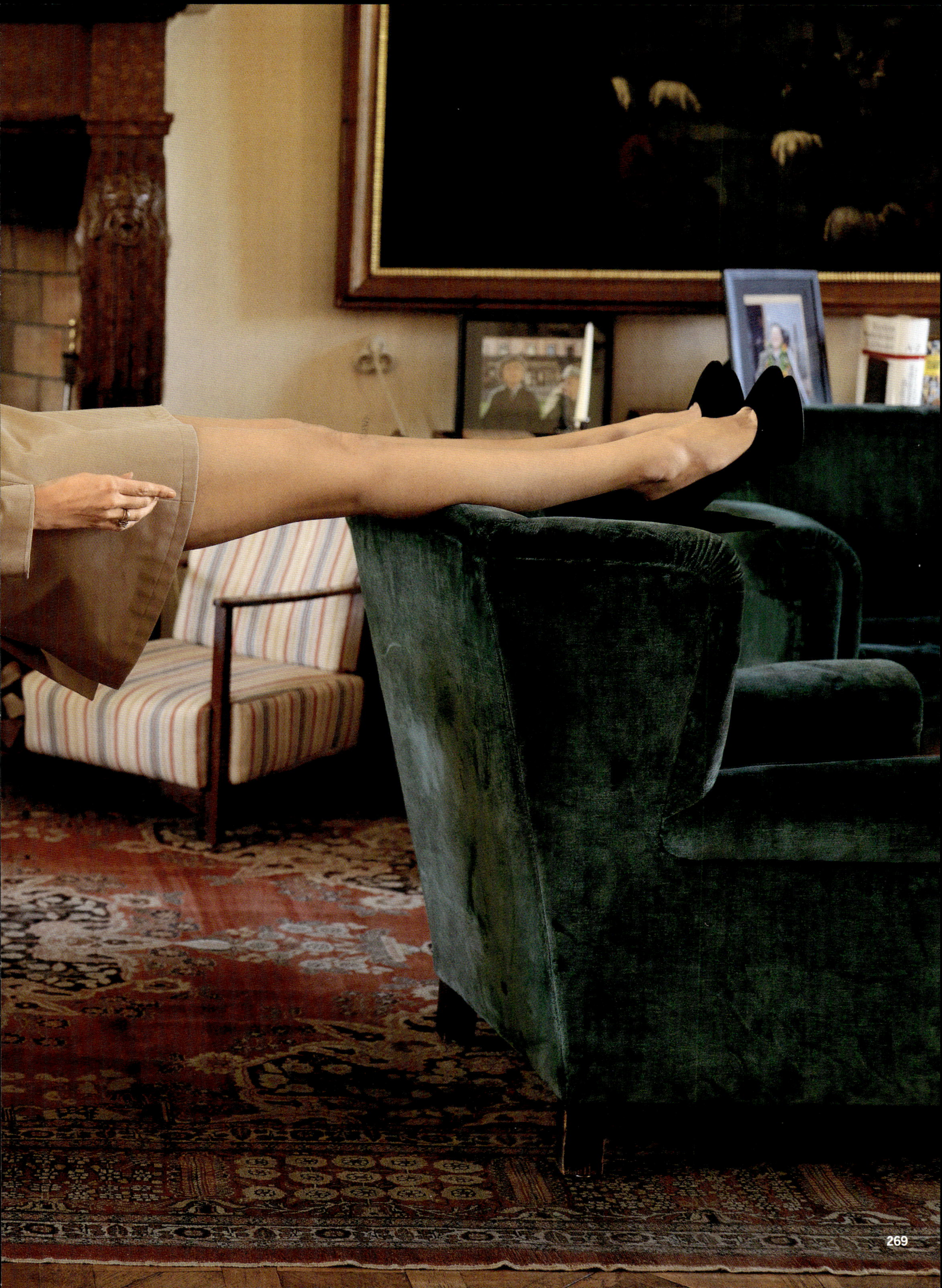

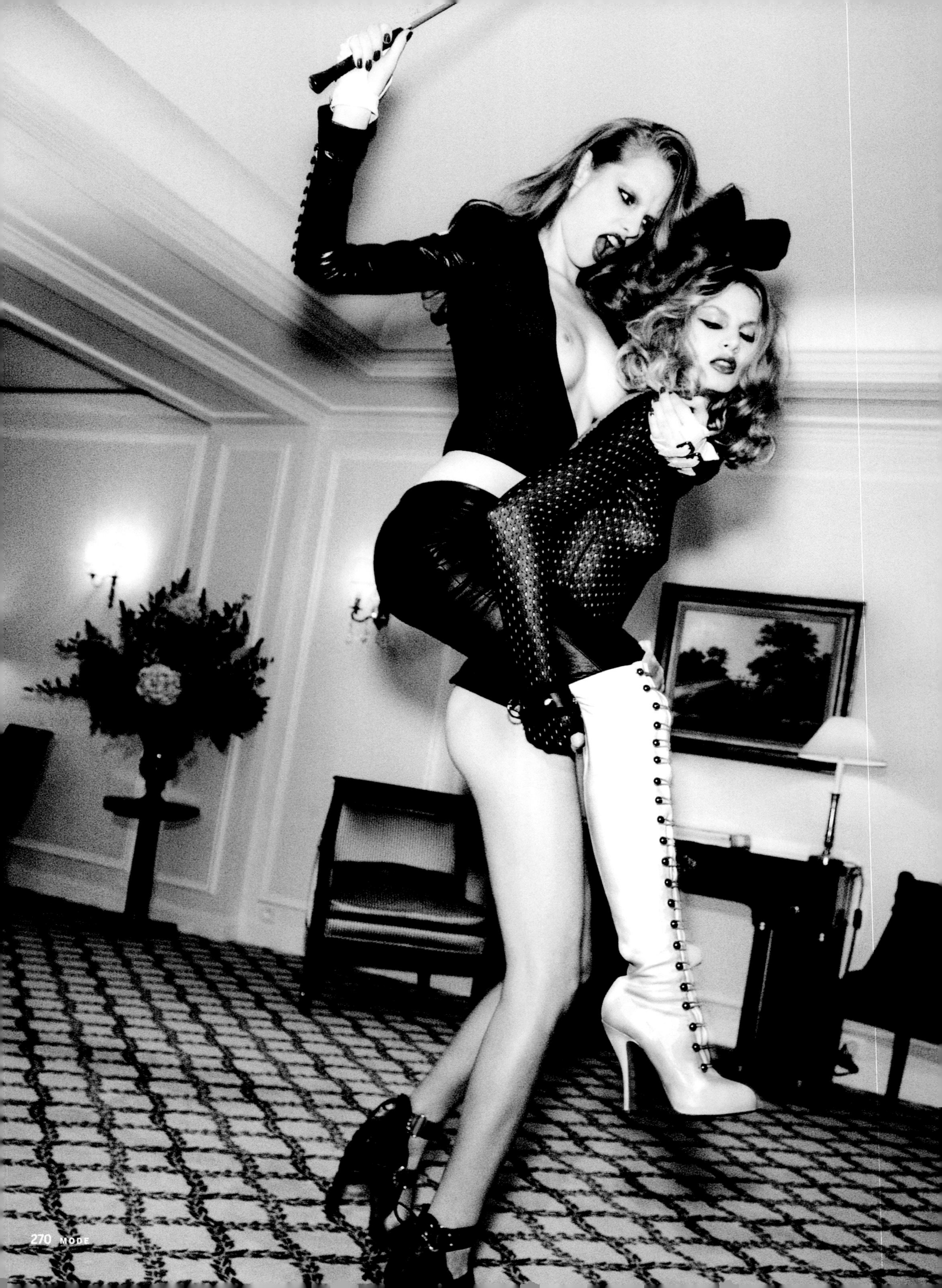

HÖHER, HEISSER, SCHRILLER

Es sind weder Kleider noch Taschen, die der Mode in diesem Jahr ihren Stempel aufdrücken, es sind die Schuhe. Sie machen Umsatz, sie sind die Heilsbringer einer kränkelnden Branche, und sie sind extrem wie nie zuvor. Grund genug für den *stern,* die deutsche Starfotografin Ellen von Unwerth die auffälligsten Modelle der Herbstmode in Szene setzen zu lassen. Das erledigt die Wahl-Pariserin in ihrer gewohnt provozierenden Art

MODEBRANCHE IN DER KRISE
UND PLÖTZLICH GLÄNZT DA NICHTS MEHR

TEXT DIRK VAN VERSENDAAL

Das Jahr begann mit einer Schockstarre: Bleierne Zurückhaltung über den Kollektionen der Männermodenschauen von Mailand und Paris, auf den Laufstegen Langeweile und Farblosigkeit. Prada, Jil Sander, Dior, Burberry – alle reduzierten ihre Farbpalette auf tristes Schwarzgrau und ihre Ideen auf belanglose Businessanzüge. Bloß nicht auffallen, schien auch das Motto auf der Berlin Fashion Week zu sein. Die Marke Joop präsentierte Schwarz in all seinen trüben Nuancen, Strenesse setzte auf Undercover-Beige, und bei Boss trugen die Models Kleider aus der Defensivabteilung – eine bessere Antwort auf die Umsatzeinbrüche war den Modehäusern nicht eingefallen. Auf den jähen Konsumstopp der Kunden reagierte der Einzelhandel bisweilen panisch. In New York verramschten Luxuskaufhäuser ihre Waren im Stile eines Notverkaufs; Boutiquen der Pariser Prachtmeile Rue du Faubourg-Saint-Honoré gewährten spektakuläre Preisnachlässe, in Mailand pflasterte man Schaufenster mit „Ausverkauf"-Schildern. Half aber alles nicht wirklich.

Im Februar meldete Ittiere, italienischer Großproduzent unter anderem für Versace, Roberto Cavalli und Gianfranco Ferré, Insolvenz an. Ende Mai erklärte sich in Paris der Couturier Christian Lacroix für zahlungsunfähig, zeitgleich geriet die Münchner Escada AG, einst weltweit größter Schneider edler Damenmode, ins Torkeln, im August folgte die Insolvenz. Einen Monat später legte der Ingolstädter Modehersteller Bäumler nach, im Oktober tat Yohji Yamamoto den gleichen Schritt, rutschte das römische Couturehaus Valentino tief in die roten Zahlen, und Prada führte Kurzarbeit ein.

Besonders verheerend schlug der Konsumverzicht der sonst so reiselustigen Russen und Ukrainer in Mailand ins Kontor: Die Umsätze in der Via della Spiga und Via Montenapoleone brachen um ein Viertel ein. Verändertes Einkaufsverhalten auch in New York: Dort ließen Luxuskunden verstohlen ihre Besorgungen neutral verpacken. „No logo" mal anders. In Italien machte man weniger Umstände: Dort stieg die Zahl der Bekleidungsladendiebstähle um mehr als 18 Prozent.

Richtig am Boden liegend dämmerte der Modebranche, dass nachhaltige Entwürfe mit rationalem Design das Geschäft nicht wieder zum Glänzen bringen. Spektakulär, bunt und kaum bezahlbar wurden jetzt die Entwürfe, jede Menge Handarbeit, teures Leder und unanständig viel Pelz wurden aufgeboten. Von karnevalesken Dolce & Gabbana-Kollektionen bis zu raffinierten Chiffonkonstruktionen bei Gianfranco Ferré – im Design wurde auf die Kreativtube gedrückt. Leicht bekleidet lief überall – und Lingerie wurde zum Stilelement –, Sex sells, besonders in harten Zeiten. Trotz sexy Wäsche – die französische Regierung sieht sich genötigt, über die Gründung einer „Mode-Bank" nachzudenken. Vielleicht eine Hilfe, denn eine Erholung des internationalen Luxusmarktes – also eine Rückkehr auf das Umsatzniveau von 2007 – erwarten Wirtschaftsexperten frühestens für 2012.

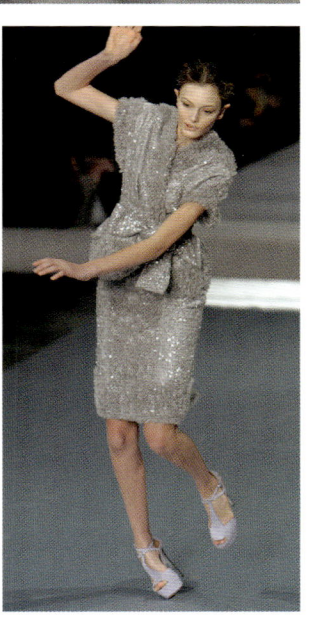

Als rund um den Globus die Aktienkurse fallen, kommt auch die Modebranche ins Trudeln. Die Reichen müssen sparen, und die Schönen stöckeln in die Catwalk-Krise. Wer da wieder raus will, hält sich an alte Model-Tugenden: Zähne zusammenbeißen, aufrappeln und lächeln, immer lächeln

GESTORBEN
DIE TOTEN DES JAHRES

MICHAEL JACKSON

Ein Bild von einem Mann, auf dem Höhepunkt seiner Karriere, aufgenommen 1989. Es ist das Jahr, in dem Liz Taylor ihn in einer Laudatio als den wahren „King of Pop, Rock and Soul" rühmt. Ein Alleskönner: Sänger, Komponist und Traumtänzer. Weltweit geliebt, bewundert und idealisiert. Und hinter der Fassade Verstörung: ein Junge mit tief verletzter Seele. Windelweich geprügelt von seinem Vater. Michael Jackson stirbt am 25. Juni mit 50 Jahren in Los Angeles

MICHAEL JACKSON
DIE WIEDERAUFERSTEHUNG DES KING OF POP

TEXT JOCHEN SIEMENS

Ganz am Ende stand ein Wort mit drei O. Propofol. Mindestens zweimal habe der Arzt Conrad Murray seinem Patienten am 25. Juni Beruhigungsmittel gegeben, einmal nachts und dann am Morgen um 10.40 Uhr das Narkotikum Propofol, ergaben die Ermittlungen. Dann sei der Patient endlich eingeschlafen. Es war die letzte Nacht im Leben Michael Jacksons. Der Autopsiebericht nannte die starke Dosis Propofol als Todesursache. Ansonsten sei Jackson gesund gewesen, Herz und Gewicht in Ordnung. Er war sogar gut im Training. Denn es war die Zeit, in der er im Staples Center in Los Angeles fast täglich für etwas probte, für das im fernen London schon Zehntausende Geld bezahlt hatten: das Comeback, der Triumph, das ganz große Ausrufezeichen seiner Karriere. Mit „This is it" hatte Jackson die geplante Konzertreihe überschrieben. 50 Auftritte sollten es werden. 50-mal noch mal den Moonwalk, „Thriller", „Billie Jean" und „Beat it". Und weil der 50-Jährige wusste, dass die Welt jeden seiner Tanzschritte mit der Lupe beobachten würde, probte er wie ein Besessener. Er war nervös, das Lampenfieber ließ ihn nicht schlafen. Immer wieder habe Michael ihn angefleht, erzählte sein Arzt, ihn in den Schlaf zu spritzen. Als die Polizei dann Jacksons Haus durchsuchte, wurden Schränke voll mit Beruhigungsmitteln und allerlei anderen Pharmaka gefunden. Vielleicht ist ihm auch sein katastrophaler Glaube, alles am und im Körper lasse sich manipulieren, zum Verhängnis geworden. Hieß doch sein unheimliches Credo: „Die größte Freude, die ich je hatte, ist das Wissen, mein Gesicht auswählen zu können." Bei einer tödlichen Tragödie wollten es einige nicht belassen, besonders Michaels Vater orakelte von Verschwörungen. Papa Jackson, ausgerechnet. Auf der weltweit im Fernsehen übertragenen Trauerfeier am 7. Juli konnte man eine zerfallene Familie sehen: die acht Brüder und Schwestern auf der einen Seite, Mutter Katherine Jackson dazwischen mit Michaels Kindern Paris, Prince und Blanket – und abseits, längst von der Familie getrennt lebend, Joseph Jackson. Er, der Erfinder und Dirigent der Kinderband Jackson Five, der seine Söhne und besonders den jüngsten, Michael, mehr mit Schlägen als mit Takt dirigiert hatte. Die Jackson Five waren in den 70er Jahren nicht zuletzt dank Michaels glockenheller Stimme die erfolgreichste schwarze Popband der Welt. Eine Boygroup, deren Spezialität es war, als Buben über erwachsene Liebe zu singen. Eine hormonelle Popshow mit Kindern – das war das gewinnbringende Kalkül von Vater Joseph und den Managern des schwarzen Labels Tamla Motown. Michael, der schon als Fünfjähriger dabei war, hat später in seiner Biografie „Moonwalk" bitter über den Verlust seiner Kindheit geklagt. Da hatte der Erfolgszwang, diese „Ich muss gut singen, sonst prügelt er mich"-Angst, aus ihm längst einen Ausnahmekünstler gemacht. Die Flucht vor dem Vater trieb ihn zu manischer Perfektion – und 1982 mit der bis heute 65 Millionen Mal verkauften Platte „Thriller" zum bestverkauften Popalbum der Welt. Trieb ihn aber auch ins bizarre Zuckerwatte-Reich „Neverland" – und in den

„This is it", der Zusammenschnitt der Proben zu Michael Jacksons geplantem Comeback, wird eilig in die Kinos gebracht. Zur Trauerfeier versammelt sich die Jackson-Family (v. l. Marlon, Tito, Jermaine, Randy, Paris Katherine, Rebbie, Janet, La Toya und Prince Michael) in Los Angeles. Das Gerangel um das Erbe des Pop-Königs ist derweil hinter den Kulissen schon in vollem Gange

Größenwahn, der „King of Pop" zu sein, der nach eigenen Gesetzen lebt und der eben auch seinen Körper so bauen und färben kann, wie er will. Die eigenen Gesetze, oder genauer, die Gesetzlosigkeit in Jacksons Reich führte zu mehreren Skandalen: 1993 berichtete der zwölfjährige Jordan Chandler, Jackson habe ihn zu sexuellen Spielen überredet. Später kamen weitere Berichte, dass der Popstar sich Jungs für Sex gehalten habe, auf. Jackson wurde 2005 mangels Beweisen freigesprochen, aber der Ruch, ein Kinderfummler zu sein, blieb haften. Hinzu kam seine weltweit sichtbare Metamorphose vom schwarzen Jungen zum Freak mit Stummelnäschen. Die Bewunderung für ihn schlug in Abscheu oder bei manchem in Mitleid um. Auch seine Familienkonstruktion – zwei Kinder von einer eigens dafür geheirateten Frau gebären und das dritte per Leihmutter austragen zu lassen – fand nicht jeder vorbildlich. Insgesamt hat der King seit 1992 eine lange Talfahrt hinter sich gebracht, die er kurz vor seinem Tod so unbedingt hat wenden wollen. Seinen letzten Erfolg hatte er 1991 mit dem Album „Dangerous", das, 32 Millionen Mal verkauft, allerdings schon hinter früheren Triumphen lag. Erst mit seinem Tod begann die Wiederbelebung seines Werks: Nie zuvor wurden schwarze und weiße Musikstile so kongenial miteinander verwoben, wie Jackson es mit „Billie Jean" oder „Thriller" schaffte und damit den Pop über Grenzen von Generation oder Hautfarbe hinweg zur Weltkultur machte. Doch über all den Hits lag ein Schatten, der ihnen die Unschuld nahm. Ein Schatten, der erst verschwand, als Jackson tot war. Das ist die eigentliche Tragödie – Michael Jackson musste erst sterben, um sich und seine Kunst wieder zur Nummer eins zu machen.

Liebeserklärungen, Treueschwüre und Trauerbekundungen – ein von unzähligen Fans aus aller Welt vollgekritzeltes Poster dient als „Kondolenzbuch" am Staples Center in Los Angeles. In der Multifunktionsarena probte Michael Jackson bis zu seinem Tod am 25. Juni für sein erhofftes großes Comeback

Angelica I love you
Hey Mikay
YOU WILL LIVE FOREVER IN EVERYONES SOUL - TANIA
RIP MJ
"YOU ROCK MY WORLD"
RIP Michael
Garcia Fam
JESSE BERGANTINOS
LAPD
MJ THE KING
DEBBIE TREVINO
I LOVE YOU
THANKS MJ
EL SALVADOR LOVE'S YOU MICHAEL
THRILLER!!!
We U
Daniel
Family
I LOVE YOU

CORAZON AQUINO
Die Volksheldin der Philippinen: Nach der Flucht des Diktators Marcos 1986 wurde die Regimekritikerin zur Präsidentin gewählt. Am 1. August verliert die 76-Jährige den Kampf gegen den Krebs.

SUSAN ATKINS
Die 61-Jährige gehörte zur Sekte von Charles Manson, die 1969 in den USA fünf Menschen brutal ermordete. Am 24. September stirbt sie, zur Christin bekehrt, nach 38 Jahren Haft in Los Angeles.

PINA BAUSCH
Sie tanzte nicht nur, sie erfand eine neue Kunstform: das Tanztheater. Die weltweit bewunderte Choreografin stirbt, fünf Tage nach Krebsdiagnose, am 30. Juni im Alter von 68 Jahren in Wuppertal.

ERNST BENDA
Als Innenminister und Bundesverfassungsgerichtspräsident schrieb er Rechtsgeschichte mit Entscheidungen zu Notstandsgesetzen, § 218 und Datenschutz. Der 84-Jährige stirbt am 2. März.

ERICH BÖHME
Der „Spiegel"-Chef und TV-Talker, der kurz vor dem Mauerfall „Ich will nicht wiedervereinigt werden" textete, war in vierter Ehe mit der Ost-Nachrichtensprecherin Unterlauf verheiratet. Er stirbt 79-jährig.

TRAUGOTT BUHRE
Die ersten Texte lernte er auf einem Traktor, später grollte und schimpfte der Vater von sieben Kindern auf den großen Bühnen der Republik. Der 80-jährige einfühlsame Schauspieler stirbt am 26. Juli.

DAVID CARRADINE
Als kämpfender Mönch in der TV-Serie „Kung Fu" kam er zu Ruhm. Tarantinos „Kill Bill" bereitete ihm ein Comeback. Der 72-Jährige stirbt, nachdem er sich ungewollt strangulierte, im Juni in Bangkok.

ILONA CHRISTEN
Sie moderierte den ZDF-„Fernsehgarten" und bei RTL ihre eigene Talkshow. Später schämte sie sich für manche Szene. 58-jährig stirbt sie nach einem Sturz am 31. Juli in Ennetbürgen in der Schweiz.

RALF DAHRENDORF
Der Vordenker des Liberalismus war der schlaueste Kopf der FDP. Die Queen machte den Soziologieprofessor und Freiheitsvorkämpfer zum Lord. Er stirbt 80-jährig am 17. Juni in Köln.

HANNE DARBOVEN
Auf der Documenta 1972 zeigte sie Zahlenkolonnen, Diagramme, serielle Zeichnungen – die Kaufmannstochter hatte ihr eigenes Konzept von der Kunst. 67-jährig stirbt sie am 9. März in Hamburg.

RUTH DREXEL
In den Fünfzigern spielte sie in Brechts Berliner Ensemble, später leitete sie das Münchner Volkstheater. Die grantelnde TV-Mutter des „Bullen von Tölz" stirbt 78-jährig am 26. Februar in München.

FARRAH FAWCETT
Als Vorzeigeblondine in der TV-Serie „Drei Engel für Charlie" erlangte sie Weltruhm und wurde zum Idol der 70er Jahre. Farrah Fawcett stirbt 62-jährig am 25. Juni in Santa Monica an Krebs.

JÜRGEN GOSCH
Der Regie-Großmeister der psychologischen Menschenerkundung spaltete mit seinen nonkonformen, ins Mark gehenden Arbeiten das Publikum. 65-jährig stirbt er am 11. Juni an Krebs in Berlin.

JEANNE-CLAUDE DE GUILLEBON
Die in Casablanca geborene Künstlerin und Frau des Verhüllungskünstlers Christo, der wie sie am 13. 6. 1935 geboren wurde, stirbt am 18. November mit 74 Jahren in New York.

HANNE HIOB
Bert Brechts Tochter aus erster Ehe wuchs bei der Mutter auf. Doch die ungetrübte Liebe der engagierten Schauspielerin gehörte dem übermächtigen Vater. 86-jährig stirbt sie, beigesetzt im Grab des Vaters.

MONICA BLEIBTREU

Ob auf der Theaterbühne oder vor der Kamera, Monica Bleibtreu ging in ihren Rollen auf, und spielte jede, als hätte sie nie etwas anderes gespielt. Eine Charakterdarstellerin, eigenwillig, intensiv, aufgewachsen in einer Wiener Schauspielerfamilie. Berühmt wurde sie als Familienoberhaupt in Heinrich Breloers TV-Dreiteiler „Die Manns". Dafür gewann sie den Grimme-Preis, ein weiterer und andere Auszeichnungen wie der Deutsche Fernsehpreis für „Marias letzte Reise" folgten. Mehrfach spielte sie in Filmen mit ihrem Sohn Moritz, etwa in „Lola rennt" oder in Fatih Akins „Soul Kitchen", ihrem letzten Kinoauftritt. Die Grande Dame des deutschen Films stirbt im Alter von 65 Jahren am 14. Mai in Hamburg an Lungenkrebs.

PETER ZADEK

Er stellte das bürgerliche Bildungstheater auf den Kopf und damit Zuschauer und auch Kollegen auf die Probe. Über den legendären Regisseur, 1926 in eine bürgerliche jüdische Familie in Berlin geboren und in England aufgewachsen, kann man zu Recht sagen: Theater war sein Leben. Mit so wunderbaren Darstellern wie Uli Wildgruber oder Eva Mattes bescherte er uns die härtesten und zartesten Theaterabende. Das Spiel des Theatermaniacs ist aus. 83-jährig stirbt er am 30. Juli in Hamburg.

ALFRED HRDLICKA
Roh wie der unbehauene Stein und spirituell wie die fertige Skulptur – der Wiener Bildhauer war wie seine Kunst. Unbestechlich. Ehrungen nahm der 81-Jährige prinzipiell nicht an. Er stirbt am 5. Dezember.

JOHN HUGHES
Die Filmwelt verdankt dem Autor, Regisseur und Produzenten Dauerbrenner wie „Kevin – Allein zu Haus" und „101 Dalmatiner". Im August stirbt er 59-jährig durch einen Infarkt beim Spaziergang.

EDWARD M. KENNEDY
„Ted", der jüngste Bruder des ermordeten Präsidenten John F. Kennedy, war prägend für die US-Demokraten. Der langjährige, einflussreiche Senator stirbt mit 77 Jahren am 25. August in Massachusetts.

KIM DAE-JUNG
Für sein Land hatte der südkoreanische Staatschef die „Sonnenscheinpolitik" eingeleitet. 2000 erhielt er den Friedensnobelpreis für seine Versöhnungspolitik mit Nordkorea. 83-jährig stirbt er in Seoul.

JOHANNA KÖNIG
Als „Klementine" wurde die Schauspielerin, Komikerin und Tänzerin zur Werbeikone. 16 Jahre lang wusch sie für Ariel – „nicht nur sauber, sondern rein". Am 3. März stirbt sie mit 87 Jahren in Berlin.

WERNER KRUSCHE
Der Wegbereiter der Friedensbewegung „Schwerter zu Pflugscharen" und Bischof in Sachsen war mit seinen Predigten der DDR-Führung ein Dorn im Auge. Der 91-Jährige stirbt am 24. Juli in Magdeburg.

OTTO GRAF LAMBSDORFF
Trotz Flick-Affäre und Vorstrafe wurde der FDP-Ehrenvorsitzende und leidenschaftliche Liberale parteiübergreifend respektiert. Der Markt-Graf stirbt mit 82 Jahren in Bonn.

CLAUDE LEVI-STRAUSS
Der Anthropologe unterschied „heiße" und „kalte" Gesellschaften, doch „primitive" Völker gab es für ihn nicht. Der welterfahrene Professor stirbt Ende Oktober, kurz vor seinem 101. Geburtstag, in Paris.

KARL MALDEN
1951 war er unter Elia Kazans Regie von „Endstation Sehnsucht" der Mitch, in der Verfilmung bekam er später den Oscar. Der Star von „Die Straßen von San Francisco" stirbt 97-jährig in Los Angeles.

CHARLIE MARIANO
„Tears Of Sound" hat er uns hören lassen. Mit seinem lyrischen Spiel konnte der Jazzsaxofonist aus Boston bloße Musik zu kleinen Dramen gestalten. Der 85-Jährige stirbt am 16. Juni in seiner Wahlheimat Köln.

AL MARTINO
Alfred Cini, der Sohn italienischer Einwanderer, begann als Maurer und Boxer, dann sang er sich mit Schmusesongs wie „Spanish Eyes" zu globalem Ruhm. Der 82-Jährige stirbt am 13. Oktober.

FRANK MCCOURT
Seine bitterarme Kindheit in Irland machte ihn später reich. Mit 65 Jahren schrieb er den ersten Roman „Die Asche meiner Mutter", der Millionen rührte. Der Pulitzer-Preisträger stirbt am 19. Juli 78-jährig in New York.

ROBERT MCNAMARA
Vom Saulus zum Paulus: Einst Kalter Krieger und Architekt des Vietnamkriegs, wurde der Ex-US-Verteidigungsminister zum Kritiker der atomaren Aufrüstung. 93-jährig stirbt er im Juli in Washington.

ADOLF MERCKLE
Weil er sein Imperium rund um den Pharmakonzern Ratiopharm verzockt hat, wirft sich der 74-jährige schwäbische Unternehmer am 5. Januar bei Blaubeuren vor einen fahrenden Zug.

REINHARD MOHN
Als geschickter Unternehmer machte er aus dem kleinen Familienbetrieb Bertelsmann einen globalen Medienkonzern. Der 88-Jährige verstirbt am 3. Oktober auf seinem Hof bei Gütersloh.

DOMENICA NIEHOFF
Ihre Oberweite entzückte die Freier, ihr Herz aber schlug für die Schattengestalten von St. Pauli. Deutschlands bekannteste Ex-Hure und Sozialarbeiterin stirbt hoch geachtet mit 63 Jahren in Hamburg.

LES PAUL
In den 40er Jahren stand der Gitarrenvirtuose mit Bing Crosby und Frank Sinatra auf der Bühne. Mit seiner Frau Mary landete er Hits wie „Vaya Con Dios". 94-jährig stirbt er im August in White Plains, NY.

IRVING PENN
Er fotografierte Igor Strawinsky, Marlene Dietrich, Hitchcock, Picasso und setzte Mode großartig in Szene. Der 1917 geborene Meisterfotograf des 20. Jahrhunderts starb am 7. Oktober in New York.

NATASHA RICHARDSON
Als Vierjährige stand sie mit Mama Vanessa Redgrave vor der Kamera, Papa Tony Richardson inszenierte. Sie wird Schauspielerin und Liam Neeson ihr Mann. 45-jährig stirbt sie nach einem Skiunfall.

ROLF RÜSSMANN
Erst kickte er erfolgreich für Schalke 04, später wurde er Manager des Vereins und anderer Erstligisten. Der kopfballstarke, beliebte Vorstopper stirbt mit nur 58 Jahren an Krebs in Neuss.

TONI SAILER
Österreichs Ski-As, der „Schwarze Blitz aus Kitz", fuhr dreimal Olympiagold und sieben WM-Siege ein. 23-jährig wechselte er ins Schauspielfach. Mit 73 stirbt er am 24. August in Innsbruck.

JOHANNES MARIO SIMMEL
Selbst wer sonst nichts las, las Simmel. Sein Roman „Es muss nicht immer Kaviar sein" machte ihn weltberühmt. Der politisch sensible Autor stirbt 84-jährig am Neujahrstag.

MERCEDES SOSA
„La Negra", die Schwarze, war ihr Kosename. Als die Sängerin, weltweit verehrt für ihre Lieder und ihr politisches Engagement, am 4. Oktober in Buenos Aires stirbt, ordnet die Regierung Staatstrauer an.

PATRICK SWAYZE
Als verführerischer Tänzer brillierte er im Film „Dirty Dancing", der Titelsong „She's Like The Wind" brachte ihn in die Hitparaden. Am 14. September stirbt der US-Schauspieler mit 57 Jahren an Krebs.

MARY TRAVERS
Die weibliche Stimme des 60er-Jahre-Trios „Peter, Paul und Mary" sang mit „If I Had A Hammer" die Hymne der US-Bürgerrechtsbewegung. Die 72-jährige Folkmusikerin stirbt am 16. September.

JOHN UPDIKE
Der Autor von „Die Hexen von Eastwick" galt als spitzer Chronist des US-Lebensstils und Daueranwärter auf den Nobelpreis. Das Armeleutekind stirbt 76-jährig reich und berühmt in Danvers.

DANA VAVROVA
In Prag war sie ein Kinderstar. Der deutsche TV-Film „Ein Stück Himmel" beschert ihr die Goldene Kamera und den Ehemann, Regisseur Joseph Vilsmaier. 41-jährig stirbt sie im Februar an Krebs.

ISA VERMEHREN
Sie war Kabarettistin und Schauspielerin, überlebte Aufenthalte in drei KZs, wurde Nonne und Schuldirektorin und predigte von 1983 bis 1995 das „Wort zum Sonntag". 91-jährig stirbt sie am 15. Juli.

KARL-MICHAEL VOGLER
In der alten BRD kam das Fernsehen ohne ihn kaum aus. Er war „Kara Ben Nemsi Effendi" der ZDF-Serie und Protagonist in fast 300 TV-Filmen. Der 80-Jährige stirbt am 9. Juni in Seehausen am Staffelsee.

EDUARD ZIMMERMANN
Einst selbst ein Dieb, machte er die Deutschen als Moderator der ZDF-Sendung „Aktenzeichen XY...ungelöst" zu Verbrecherjägern. „Ganoven-Ede" stirbt am 19. September mit 80 Jahren.

BARBARA RUDNIK

Ihr Etikett: die kühle Blonde. Ihr Anspruch: „Den Menschen etwas von sich selbst zu zeigen, von seiner Seele." Ihre Bilanz: „Das ist mir in einigen Momenten geglückt, aber nicht im Ganzen." Rudnik, Tochter eines Drehers und einer Näherin, begann ihre Filmkarriere in den 80er Jahren, etablierte sich schnell im Fernsehen, gewann Grimme-Preis und Goldene Kamera. Mehrere Jahre kämpfte sie gegen den Krebs, auch öffentlich, um andere zu ermutigen. Sie hielt an ihrer Lebenslust fest, drehte bis zuletzt Filme wie „Keinohrhasen" oder „Commissario Laurenti". Am 23. Mai stirbt sie, 50 Jahre alt, in Münsing.

ANGST ESSEN SEELE AUF

Deutschland trauert wie um keinen Sportler zuvor. 40 000 Menschen versammeln sich am 15. November im Stadion von Hannover, um Abschied zu nehmen von Robert Enke. Fünf Tage vorher hatte sich der 32-jährige von einem Zug überrollen lassen. Seine Frau Teresa macht publik, was Enke sein kurzes Leben lang geheimhielt: Er litt an Depressionen und Versagensängsten

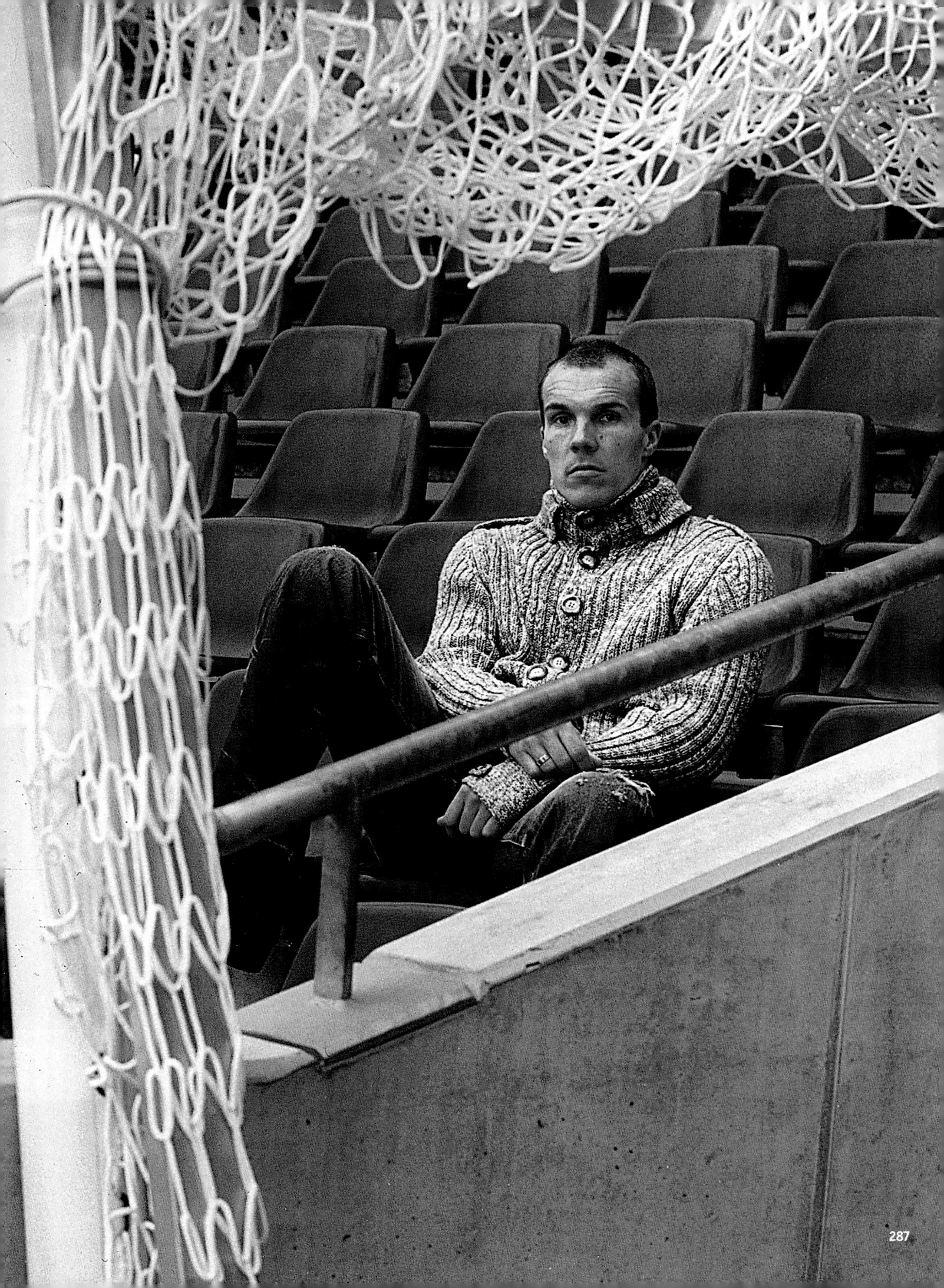

DAS WAR 2009

EINE ★ CHRONIK DER WICHTIGSTEN EREIGNISSE DES JAHRES

JANUAR

6. Januar: Der österreichische Skispringer Wolfgang Loitzl gewinnt souverän die Internationale Vierschanzentournee in Bischofshofen

1. JANUAR

Thüringens Ministerpräsident Dieter Althaus (CDU) stößt beim Wintersport in Österreich mit einer anderen Skiläuferin zusammen. Die 41 Jahre alte Slowakin stirbt noch auf dem Weg ins Krankenhaus. Althaus erleidet ein schweres Schädel-Hirn-Trauma und wird für mehrere Tage in ein künstliches Koma versetzt.

Zum Jahreswechsel übernimmt Tschechien die EU-Ratspräsidentschaft für das erste Halbjahr. Die litauische Metropole Vilnius und das oberösterreichische Linz feiern sich in diesem Jahr als Kulturhauptstädte Europas.

2. JANUAR

Regierungstruppen nehmen in Sri Lanka die Rebellenhochburg Kilinochchi ein. Die Stadt wurde mehr als zehn Jahre von den sogenannten Befreiungstigern von Tamil Eelam (LTTE) kontrolliert. Seit 1983 kämpft die LTTE für einen unabhängigen Staat der tamilischen Minderheit im Norden des Landes. Am 24. Februar wird auch die letzte größere Siedlung im Gebiet der Separatisten erobert.

6. JANUAR

Der österreichische Skispringer Wolfgang Loitzl gewinnt die Vierschanzentournee in Bischofshofen. Mit 142,5 und 141,5 Metern verbucht er seinen dritten Tagessieg. Auf Platz zwei und drei folgen die Schweizer Simon Ammann und Gregor Schlierenzauer. Der Deutsche Martin Schmitt wird Gesamtvierter.

In Gaza gehen die Kämpfe unvermindert weiter. Bei einem Raketenangriff israelischer Truppen auf eine UN-Schule gibt es mindestens 40 Tote und etwa 100 Verletzte. Nach Militärangaben haben Hamas-Milizionäre zuvor Mörsergranaten von dem Schulgelände aus abgefeuert. Tags darauf muss Israel diese Angaben revidieren und lokalisiert den Palästinenserangriff außerhalb der Schule.

7. JANUAR

Die Bundesagentur für Arbeit vermeldet, dass sich die Zahl der Erwerbslosen viel stärker als im Schnitt der vergangenen drei Jahre auf 3,1 Millionen zum Jahresende erhöht habe. Außerdem nahm die Kurzarbeit drastisch zu.

8. JANUAR

Der Bund steigt bei der angeschlagenen Commerzbank ein und beteiligt sich damit erstmals direkt an einem großen privaten Geldinstitut. Der staatliche Rettungsfonds Soffin stellt der Bank 18 Milliarden Euro zur Verfügung, um die geplante Übernahme der Dresdner Bank zu gewährleisten. Im Gegenzug hält der Staat künftig 25 Prozent plus eine Aktie an der Commerzbank.

9. JANUAR

In den USA gingen nach Angaben des Arbeitsministeriums in den vergangenen zwölf Monaten fast 2,6 Millionen Arbeitsplätze verloren – so viel wie in keinem Jahr zuvor seit 1945. Die Erwerbslosen-Quote stieg von 6,8 Prozent im November auf 7,2 Prozent im Dezember.

12. JANUAR

In Berlin verständigt sich die Koalition aus Union und SPD auf das größte Konjunkturprogramm der Nachkriegsgeschichte im Umfang von rund 50 Milliarden Euro. Als zentrale Maßnahmen zur Bekämpfung der Wirtschaftskrise werden Steuer- und Abgabensenkungen genannt. Staatliche Kredite und Bürgschaften sollen Unternehmen in Finanznot stützen. Außerdem wird die Abwrackprämie für Altautos in Höhe von 2500 Euro festgelegt.

14. JANUAR

Deutschland hat im Jahr 2008 zum ersten Mal seit der Einheit einen nahezu ausgeglichenen Staatshaushalt erzielt. Das Defizit betrug rund 1,59 Milliarden Euro, das entspricht 0,1 Prozent des Bruttoinlandsprodukts.

15. JANUAR

Mit einer Notwasserung landet ein Airbus drei Minuten nach dem Start auf dem Hudson River in New York. Beide Triebwerke der voll besetzten Maschine waren kurz zuvor nach einer Kollision mit einem Vogelschwarm ausgefallen. Wie durch ein Wunder überleben alle 155 Menschen an Bord das Manöver.

17. JANUAR

Israel kündigt eine einseitige Waffenruhe im Gazastreifen an, der am nächsten Tag auch militante Palästinenserorganisationen wie die Hamas zustimmen. Nach Abzug der israelischen Truppen meldet das unabhängige palästinensische Menschenrechtszentrum am 22. Januar, dass die dreiwöchige Offensive mindestens 1285 Personen das Leben gekostet habe.

18. JANUAR

Aus den Landtagswahlen in Hessen gehen CDU und FDP als Sieger hervor und kündigen eine Koalition unter dem bisherigen Ministerpräsidenten Roland Koch an. Die FDP verbessert sich von 9,4 Prozent im Jahr 2008 auf 16,2 Prozent, die CDU erreicht 37,2 Prozent (2008: 36,8). Die SPD verzeichnet ihr schlechtestes Nachkriegsergebnis in Hessen und erhält nur 23,7 Prozent. Dagegen steigern die Grünen

19. Januar: Demonstranten erinnern an die auf offener Straße erschossene Reporterin Anastasja Baburowa und den Anwalt Stanislaw Markelow

ihren Anteil deutlich von 7,5 auf 13,7 Prozent. Die Linke bleibt mit 5,4 Prozent im Landtag.

19. JANUAR

In Moskau werden die Journalistin Anastasja Baburowa und der Menschenrechtsanwalt Stanislaw Markelow auf offener Straße erschossen. Baburowa hatte über rechtsextremistische Gewalt berichtet und Markelow sich für die Aufarbeitung von Verbrechen an der Zivilbevölkerung in Tschetschenien eingesetzt. Beide galten als Kreml-Kritiker.

Russland beendet seinen Gasstreit mit der Ukraine und gibt die wichtigste Gas-Transitstrecke in die EU wieder frei. Zuvor hatte das Land seine Lieferungen zwei Wochen gestoppt und in einigen europäischen Staaten Energieknappheit ausgelöst.

20. JANUAR

In Washington wird Barack Obama als 44. Präsident der USA vereidigt. Das erste schwarze Staatsoberhaupt in der Geschichte des Landes kündigt nach achtjähriger Amtszeit des Republikaners George W. Bush eine Ära der Verantwortung und des Friedens an. Wegen einer Panne bei der offiziellen Zeremonie wiederholt er den Eid am 21. Januar für das Protokoll.

In Bayern wird das Rauchverbot gelockert: Die CSU/FDP-Regierung kündigt an, dass ab 1. August in Bier- und Weinzelten, in Nebenräumen von Gaststätten und Diskotheken sowie Einzimmerkneipen mit bis zu 75 Quadratmeter Fläche wieder geraucht werden darf.

21. JANUAR

Die Deutsche Bahn hat mehr als 1000 leitende Angestellte wegen Korruptionsverdachts überprüft. Ohne konkrete Anhaltspunkte wurden die Daten der Mitarbeiter mit jenen von rund 80 000 Firmen abgeglichen, mit denen der Konzern Geschäftsbeziehungen pflegte. Ende Januar wird die Bespitzelung von 173 000 weiteren Bahn-Mitarbeitern bekannt, die Vorwürfe des Datenmissbrauchs sollen von der Staatsanwaltschaft untersucht werden.

22. JANUAR

Vor dem Landgericht Bochum beginnt der Prozess gegen Ex-Postchef Klaus Zumwinkel wegen Steuerhinterziehung. Er beschließt, „reinen Tisch zu machen", und gesteht, knapp eine Million Euro am Fiskus vorbeigeschmuggelt zu haben. Am 26. Januar wird Zumwinkel zu zwei Jahren Haft auf Bewährung und zur Zahlung einer Geldstrafe verurteilt.

US-Präsident Barack Obama ordnet die Schließung des Gefangenenlagers Guantánamo auf Kuba in spätestens einem Jahr an. Per Verfügung verbietet er auch die Folter bei Verhören von Terrorverdächtigen und setzt alle Prozesse vor Sondergerichten von Militärkommissionen vorübergehend aus.

24. JANUAR

Papst Benedikt XVI. hebt die Exkommunikation von vier Bischöfen der traditionalistischen Pius-Priesterbruderschaft auf, zu denen auch der Brite Richard Williamson gehört, der den Holocaust in Abrede gestellt hat. Der Papst-Beschluss löst heftige Kritik aus. Der Zentralrat der Juden in Deutschland setzt den Dialog mit der katholischen Kirche vorübergehend aus, die Deutsche Bischofskonferenz distanziert sich von Williamson.

26. JANUAR

In Südkalifornien wird eine 33-jährige Frau nach einer In-vitro-Fertilisation von Achtlingen entbunden. Den Babys, sechs Jungen und zwei Mädchen, geht es gut. Die Mutter Nadya Suleman hat bereits sechs Kinder im Alter von zwei bis sieben Jahren.

Islands Regierung zerbricht an den Folgen der internationalen Finanzkrise. Die Inselrepublik ist seit dem Kollaps der drei größten Banken im November 2008 besonders hart von den Folgen der Krise betroffen. Der Staatspräsident beauftragt die Sozialdemokratin Jóhanna Sigurdardóttir mit der Bildung einer Übergangsregierung. Sie ist die erste Frau an der Regierungsspitze in der Geschichte Islands.

27. JANUAR

Eine Kürzung der Hartz-IV-Gelder für Kinder auf 60 Prozent des Regelsatzes verstößt nach Ansicht des Bundessozialgerichts gegen das Grundgesetz. Die Regelung wird nun dem Bundesverfassungsgericht in Karlsruhe zur Klärung vorgelegt.

28. JANUAR

Entgegen früheren Aussagen will Russland nach dem Amtsantritt des US-Präsidenten Barack Obama vorerst keine Kurzstreckenraketen in der Exklave Kaliningrad stationieren, da die neue Regierung in Washington die Installation eines US-Raketenabwehrsystems in Mitteleuropa nicht forciere.

29. JANUAR

Somalische Piraten entführen im Golf von Aden den deutschen Flüssiggastanker „Longchamp", obwohl er in einem international geschützten Verband fährt. Die Somalier fordern ein Lösegeld in Höhe von knapp fünf Millionen Euro. Erst zwei Monate später kommt das Schiff frei. Alle 13 Besatzungsmitglieder, zwölf Philippinen und ein Indonesier, sind unverletzt.

31. JANUAR

Ein Arbeitsloser aus Niedersachsen und ein Tipper aus München knacken den mit rund 35 Millionen Euro bis dahin dritthöchsten

24. Januar: Holocaust-Leugner und Pius-Bruder Richard Williamson profitiert von Papst Benedikts Aufhebung der Exkommunikation

Lotto-Jackpot in Deutschland. Zuvor gab es einen Ansturm auf die Annahmestellen. Rund 18 Millionen Lottoscheine wurden abgegeben.

Im Irak finden die friedlichsten Wahlen seit dem Sturz des Diktators Saddam Hussein im Jahr 2003 statt. Die Abstimmung über die Provinzräte verläuft ohne Anschläge und wird als positives Signal für die Ende des Jahres anstehende Parlamentswahl gewertet. Die Wahlbeteiligung liegt je nach Region zwischen 30 und 60 Prozent. Die Partei von Ministerpräsident Nuri al-Maliki liegt in der Hauptstadt Bagdad deutlich vor dem schiitischen Bündnis seines Konkurrenten Abdel Asis al-Hakim.

FEBRUAR

4. Februar: Der traditionsreiche Modelleisenbahnhersteller Märklin steuert geradewegs in die Insolvenz

4. FEBRUAR
Der Göppinger Modelleisenbahnhersteller Märklin ist insolvent. Trotzdem arbeitet der Betrieb mit insgesamt 1300 Beschäftigten weiter und hofft auf die Übernahme durch einen Investor nach der Sanierung.

US-Präsident Barack Obama führt eine staatliche Krankenversicherung für arme Kinder ein, die rund vier Millionen Betroffenen zugutekommt.

5. FEBRUAR
Schweden hebt das seit 1980 geltende Bauverbot für neue Kernreaktoren auf.

Roland Koch wird als Ministerpräsident von Hessen im Amt bestätigt. Allerdings stimmen nur 62 der 66 Abgeordneten der CDU-FDP-Koalition für ihn.

7. FEBRUAR
Bundeswirtschaftsminister Michael Glos (CSU) bietet seinen Rücktritt an. Er begründet den Schritt mit seinem Alter und der nötigen Erneuerung der CSU. Am 12. Februar löst ihn der CSU-Generalsekretär Karl-Theodor zu Guttenberg ab.

9. FEBRUAR
Nach rund 17 Jahren im Wachkoma stirbt die 38-jährige Italienerin Eluana Englaro. Ihr Vater hatte jahrelang vor Gericht dafür gekämpft, die künstliche Ernährung der nach einem Unfall in die Bewusstlosigkeit gefallenen Tochter einzustellen. Vor allem der Vatikan hatte sich dagegen ausgesprochen.

10. FEBRUAR
Bei den Wahlen in Israel setzen sich die konservativen Parteien durch und gewinnen zusammen 65 der 120 Sitze. Die Fraktion der bisherigen Außenministerin Tzipi Livni wird zwar stärkste Kraft, findet aber keinen Regierungspartner. Am 31. März wird der vorherige Oppositionsführer Benjamin Netanjahu als neuer Regierungschef vereidigt.

Das Atommülllager im niedersächsischen Asse ist deutlich stärker mit radioaktiver Lauge belastet als bislang angenommen. Das Bundesamt für Strahlenschutz teilt mit, dass schon vor 2005 kontaminierte Lösungen abgepumpt worden seien.

11. FEBRUAR
In Simbabwe wird nach 22-jähriger Alleinherrschaft des Diktators Robert Mugabe dessen Widersacher Morgan Tsvangirai zum Ministerpräsidenten vereidigt. Mugabe bleibt jedoch Präsident des Landes. Zusammen bilden sie eine Regierung der Nationalen Einheit, um das von Armut und Cholera zerrüttete Land aus der Krise zu führen.

12. FEBRUAR
Kathrin Hölzl aus Bischofswiesen wird Skiweltmeisterin im Riesenslalom. Es ist der erste deutsche Titel in dieser Disziplin seit dem Gold von Maria Epple 1978.

13. FEBRUAR
Das Hamburger Landgericht verurteilt den Bruder der erstochenen Deutsch-Afghanin Morsal O. wegen heimtückischen Mordes zu lebenslanger Haft. Der 24-Jährige hatte seine 16-jährige Schwester aus Zorn über ihren westlichen Lebensstil im Mai 2008 auf einen Parkplatz gelockt und mit 23 Messerstichen getötet. Auch Vater und Schwester hatten die junge Frau gequält.

In den USA geben Repräsentantenhaus und Senat grünes Licht für das größte Konjunkturpaket in der Geschichte des Landes: Mit knapp 790 Milliarden Dollar will Präsident Barack Obama die angeschlagene Wirtschaft stärken.

14. FEBRUAR
Bei den 59. Internationalen Filmfestspielen in Berlin wird der peruanische Film „La Teta Asustada" („Die Milch des Leids") der Regisseurin Claudia Llosa mit dem Goldenen Bären ausgezeichnet.

17. FEBRUAR
Der Umweltausschuss des Europaparlaments gibt den Weg für ein Verbot der Glühbirne frei. Um Energie zu sparen und den CO_2-Ausstoß zu reduzieren, sollen die stärksten Leuchten mit 100 Watt schon 2009 nicht mehr verkauft werden. Anfang 2010 sollen Birnen mit mehr als 40 Watt und 2012 die restlichen Sorten folgen.

Der angeschlagene US-Autokonzern General Motors kündigt an, 47 000 Stellen zu streichen. Weltweit beschäftigt der Hersteller 245 000 Menschen. Was mit der deutschen Tochter Opel und ihren 25 000 Mitarbeitern passieren wird, bleibt offen.

18. FEBRUAR
Als erstes Schweizer Geldinstitut gibt die Großbank UBS ohne rechtliche Vorprüfung vertrauliche Kundendaten an die Steuerbehörden der USA weiter und weicht so das streng gehütete Bankgeheimnis des Landes auf. Zwei Tage später verbietet das Schweizer Bundesverwaltungsgericht die Herausgabe von Bankunterlagen an die US-Behörden.

19. FEBRUAR
Bundesverteidigungsminister Franz Josef Jung kündigt bei einem Nato-Treffen an, die rund 3500 deutschen Soldaten in

9. Februar: Beppino Englaro erstreitet für seine über 17 Jahre im Wachkoma liegende Tochter Eluana das Recht, endlich sterben zu dürfen

22. Februar: Kate Winslet, hier neben „Vorleser" David Kross, erhält als beste Hauptdarstellerin den Oscar

MÄRZ

Afghanistan um 600 Mann dauerhaft aufzustocken. Sie sollen unter anderem die Präsidentenwahl im August absichern helfen und die deutsche Schnelle Eingreiftruppe im Norden des Landes verstärken.

20. FEBRUAR

Der zum US-Autokonzern General Motors (GM) gehörende schwedische Hersteller Saab beantragt Insolvenz. Die Firmenleitung kündigt einen Neuanfang ohne GM an.

21. FEBRUAR

Der große Gewinner bei der diesjährigen Echo-Gala ist Peter Fox. Der 37-jährige Sänger aus Berlin erhält gleich drei Trophäen. Rock-Urgestein Udo Lindenberg wird als bester nationaler Künstler, Sängerin Stefanie Heinzmann als beste nationale Künstlerin geehrt. Der Publikumspreis geht an die Alt-Punkband, die Toten Hosen.

22. FEBRUAR

Das in Indien gedrehte Sozialdrama „Slumdog Millionär" des britischen Regisseurs Danny Boyle wird mit acht Oscars – unter anderem als bester Film und für die beste Regie – ausgezeichnet. Die Preise als beste Hauptdarsteller erhalten die Britin Kate Winslet für ihre Rolle in „Der Vorleser" und Sean Penn für seine Leistung in dem Drama „Milk". Der Deutsche Jochen Alexander Freydank gewinnt für „Spielzeugland" den Oscar für den besten Kurzfilm.

23. FEBRUAR

Wegen der Absatzkrise wird in mehreren VW-Werken erstmals seit 25 Jahren Kurzarbeit angeordnet. Europas größter Autobauer hält für fünf Tage die Bänder an. Die Maßnahme betrifft rund zwei Drittel der 92 000 Beschäftigten in Deutschland. Weltweit sollen 16 500 Leiharbeiterstellen gestrichen werden.

Die Versteigerung der privaten Kunstsammlung von Modeschöpfer Yves Saint Laurent bricht alle Rekorde. Das britische Auktionshaus Christie's nimmt bei der Auktion rund 375 Millionen Euro ein. Der Designer starb im Juni 2008.

24. FEBRUAR

Eine Berliner Supermarkt-Kassiererin verliert nach mehr als 30 Jahren Betriebszugehörigkeit ihren Arbeitsplatz, weil sie angeblich zwei Pfandbons mit einem Gesamtwert von 1,30 Euro unterschlagen hat. Im Prozess um ihre fristlose Kündigung unterliegt sie in zwei Instanzen. Der Anwalt der Frau zieht nun vor das Bundesverfassungsgericht.

25. FEBRUAR

Der Holocaust-Leugner Richard Williamson trifft in Großbritannien ein, nachdem er von der erzkonservativen Pius-Bruderschaft seines Amtes enthoben und aus Argentinien ausgewiesen wurde. Tags darauf veröffentlicht die katholische Nachrichtenagentur eine Entschuldigung für seine umstrittenen Aussagen zur Judenvernichtung, die vom Vatikan als vage und unzureichend abgelehnt wird.

26. FEBRUAR

Das UN-Kriegsverbrechertribunal in Den Haag spricht den früheren serbischen Präsidenten Milan Milutinovic wegen nicht hinreichender Beweise von der Verantwortung für die Gräueltaten bei der Vertreibung Hunderttausender Kosovo-Albaner durch serbische Truppen 1998/99 frei.

1. MÄRZ

Die Partei des im Oktober 2008 tödlich verunglückten Rechtspopulisten Jörg Haider gewinnt die Landtagswahl in Kärnten mit großer Mehrheit. Das Bündnis Zukunft Österreich (BZÖ) erhält 44,9 Prozent der Stimmen, die Sozialdemokraten kommen mit zehn Prozentpunkten Verlust gegenüber 2004 nur auf 28,7 Prozent.

2. MÄRZ

Der US-Aktienindex Dow Jones fällt auf 6763 Punkte, den tiefsten Schlussstand seit März 1997. Das sind rund 7400 Punkte weniger als beim Rekordhöchststand im Oktober 2007.

Die amerikanische Versicherungsgesellschaft AIG meldet für 2008 einen Verlust von knapp 100 Milliarden Dollar – so viel wie keine andere Firma des Landes jemals zuvor. Als Konsequenz stockt die US-Regierung ihre Unterstützung für den Konzern, der sich mit hochriskanten Papieren verspekuliert hat, um 30 Milliarden auf 180 Milliarden Dollar auf.

3. MÄRZ

In Köln brechen das Historische Stadtarchiv sowie zwei Nachbarhäuser zusammen. Ein 17 und ein 24 Jahre alter Mann kommen dabei ums Leben; Archivalien von unschätzbarem kulturellem Wert, darunter die Nachlässe von Heinrich Böll und Konrad Adenauer, werden unter den Trümmern verschüttet.

4. MÄRZ

Der Internationale Strafgerichtshof in Den Haag erlässt einen Haftbefehl gegen den sudanesischen Präsidenten Omar al-Baschir wegen zahlreicher Morde und Vertreibungen sowie Folter und Vergewaltigungen in der Krisenregion Dafur. Es ist der erste Haftbefehl gegen einen amtierenden Staatschef in der Geschichte des Gerichts.

7. März: Ski-Ass Maria Riesch macht den ersten deutschen Gesamtsieg beim Slalom-Weltcup seit Rosi Mittermaiers Erfolg 1976 perfekt

Der Bundesverband der Vertriebenen verzichtet darauf, seine umstrittene Präsidentin Erika Steinbach für den Stiftungsrat des geplanten Zentrums gegen Vertreibungen zu nominieren. Kritiker aus Polen, aber auch aus allen Bundestagsparteien außer der CDU werfen Steinbach vor, die Schuld Deutschlands am Zweiten Weltkrieg relativieren zu wollen.

5. MÄRZ

70 Jahre nach seiner Schließung wird das in Berlin wiederaufgebaute Neue Museum offiziell übergeben. Vom 16. Oktober an sollen in dem vom Star-Architekten David Chipperfield renovierten

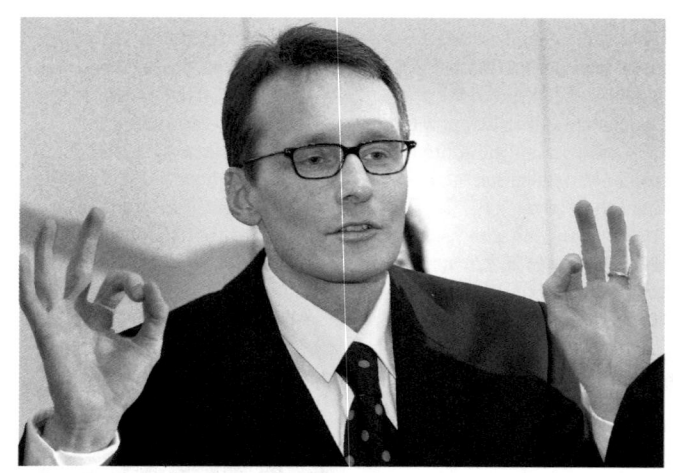

9. März: Der Erpresser der Quandt-Erbin Susanne Klatten, Helg Sgarbi, wird vom Münchner Landgericht zu sechs Jahren Haft verurteilt

Bau auf der Museumsinsel unter anderem wieder die ägyptischen Sammlungen mit der Büste der Königin Nofretete gezeigt werden.

6. MÄRZ

Wegen Kinderpornografieverdachts tritt der SPD-Bundestagsabgeordnete Jörg Tauss von seinen Ämtern in der Fraktion zurück. Die Staatsanwaltschaft Karlsruhe hatte in der Berliner Dienstwohnung des Politikers einschlägige Bilder gefunden. Tauss beteuert seine Unschuld und verweist auf seine Arbeit als Medienpolitiker.

7. MÄRZ

Bei einem blutigen Anschlag auf eine Kaserne in Nordirland kommen zwei britische Soldaten ums Leben, vier weitere Menschen werden schwer verletzt. Zwei Tage darauf wird ein Polizist mit einem Kopfschuss getötet. Zu den Attentaten bekennen sich zwei IRA-Splittergruppen, die das 1998 zwischen Katholiken und Protestanten ausgehandelte Friedensabkommen sabotieren wollen.

Skifahrerin Maria Riesch aus Garmisch-Partenkirchen sichert sich vorzeitig den Slalom-Weltcup. Rosi Mittermaier hatte als letzte Deutsche den Wettbewerb 1976 gewonnen.

9. MÄRZ

Das Münchner Landgericht verurteilt den Erpresser der Quandt-Erbin Susanne Klatten zu sechs Jahren Haft. Der Schweizer Helg Sgarbi hatte die mutmaßlich reichste Frau Deutschlands sowie drei weitere Frauen verführt und von ihnen zunächst 9,3 Millionen Euro erhalten. Anschließend versuchte er, Klatten und eine weitere Betroffene mit intimen Videos von den gemeinsamen Treffen zu erpressen.

Eine Betrugsaffäre erschüttert den deutschen Handballmeister THW Kiel: Die Staatsanwaltschaft ermittelt gegen den Geschäftsführer Uwe Schwenker und den ehemaligen Trainer Zvonimir Serdarusic wegen Untreue. Sie sollen bei mindestens zehn Champions-League-Spielen die Schiedsrichter bestochen haben.

Einer Studie der Asiatischen Entwicklungsbank zufolge hat die Finanzkrise weltweit Vermögenswerte von 50 Billionen Dollar vernichtet.

11. MÄRZ

Bei einem Amoklauf in seiner ehemaligen Realschule im schwäbischen Winnenden erschießt ein 17-Jähriger 15 Menschen und schließlich sich selbst. Unter den Opfern sind neun Schüler und drei Lehrerinnen.

Das Landgericht Potsdam verurteilt den Rechtsextremisten Horst Mahler zu fünf Jahren und zwei Monaten Haft. Der ehemalige RAF-Anwalt hatte volksverhetzende Texte per E-Mail an Behörden, Medien und Politiker verschickt.

12. MÄRZ

Auf der vom US-Wirtschaftsmagazin Forbes erstellten Rangliste der reichsten Menschen der Welt belegt Microsoft-Gründer Bill Gates mit einem Vermögen von 40 Milliarden Dollar Platz eins. Die Aldi-Besitzer Karl und Theo Albrecht belegen Rang sechs und neun. Im Zuge der Wirtschaftskrise ging die Zahl der Milliardäre weltweit um ein Drittel auf 793 zurück.

15. MÄRZ

Die Handball-Schiedsrichter Frank Lemme und Bernd Ullrich werden wegen Bestechungsvorwürfen suspendiert. Sie dürfen bis auf Weiteres keine Spiele mehr in Europa pfeifen.

16. MÄRZ

Zum 1. Juli werden die Renten erstmals seit mehr als zehn Jahren wieder spürbar angehoben. Im Westen steigen die Bezüge um 2,41 und im Osten sogar um 3,38 Prozent.

17. MÄRZ

In Frankreich stimmt die Nationalversammlung für den neuerlichen Beitritt des Landes in die Nato. Der Staat hatte sich 1966 aus dem militärischen Bündnis zurückgezogen, um eine atomare Streitmacht unabhängig von den Vereinigten Staaten aufzubauen.

Papst Benedikt XVI. stattet Afrika einen ersten Besuch ab, er macht in Kamerun und Angola Station. Bei seiner sechstägigen Reise sorgt das Kirchenoberhaupt mit Äußerungen zu Aids für Schlagzeilen. Das Problem lasse sich laut Benedikt mit Kondomen nicht lösen, deren Benutzung verschlimmere die Situation nur.

18. MÄRZ

Nach einem Urteil des Bundesgerichtshofs zum neuen Unterhaltsrecht müssen Alleinerziehende künftig früher einen Vollzeitjob annehmen. So müsse nicht mehr generell bis zum achten Lebensjahr für die Betreuung eines gemeinsamen Kindes gezahlt werden, sofern ausreichend Betreuungsmöglichkeiten bestünden. Im Einzelfall sei aber zu prüfen, ob Teil- oder Vollzeitarbeit zumutbar sei, wenn das Kind mehr als drei Jahre alt ist.

Im Kampf gegen die Finanzkrise legt die US-Notenbank nach. Mit einer zusätzlichen Billion Dollar will sie den amerikanischen Finanz- und Immobiliensektor

17. März: 500 Jahre nachdem die ersten Angolaner missioniert wurden, besucht Papst Benedikt XVI. auf seiner Afrikareise Katholiken in Luanda

APRIL

stützen. Für 750 Milliarden Dollar sollen hypothekenbesicherte Wertpapiere und für 300 Milliarden Staatsanleihen aufgekauft werden.

19. MÄRZ

Der Inzesttäter aus Amstetten, Josef Fritzl, wird zu lebenslanger Haft verurteilt. Der 73-Jährige hatte seine Tochter 24 Jahre lang in einem Keller gefangen gehalten, sie fortlaufend vergewaltigt und mit ihr sieben Kinder gezeugt, von denen sechs überlebten. Fritzl wird des Mordes, der Sklaverei, der Vergewaltigung, der schweren Nötigung, der Freiheitsberaubung und der Blutschande für schuldig befunden und in eine Anstalt für geistig abnorme Straftäter eingewiesen.

Nachdem bekannt geworden ist, dass der US-Versicherungsriese AIG seinen Managern trotz verheerender Bilanz millionenschwere Boni gezahlt hat, beschließt das amerikanische Abgeordnetenhaus, diese massiv zu besteuern. 90 Prozent der jeweiligen Summe sollen an den Fiskus gehen. AIG erhielt 180 Milliarden Dollar aus dem staatlichen Rettungsfonds für den Finanzsektor, leistete aber dennoch Bonuszahlungen von 218 Millionen Dollar an seine Führungsriege.

20. MÄRZ

Anlässlich des persischen Neujahrsfests geht US-Präsident Obama auf den Iran zu und bietet dem Land in einer Video-Ansprache an, die seit 30 Jahren angespannten Beziehungen zwischen beiden Staaten neu zu gestalten. Die Führung in Teheran reagiert verhalten.

25. MÄRZ

Die Eiskunstläufer Aljona Sawtschenko und Robin Szolkowy aus Chemnitz verteidigen in Los Angeles den WM-Titel im Paarlauf.

26. MÄRZ

In Turin wird der Inzestfall einer Frau bekannt, die 25 Jahre lang von ihrem Vater und ihrem Bruder sexuell missbraucht worden sein soll. Bereits als Neunjährige sei sie erstmals vergewaltigt worden. Ein Fluchtversuch war 1994 gescheitert. Der Vater bestreitet die Vorwürfe.

27. MÄRZ

Das Internationale Olympische Komitee schafft den weltweiten Fackellauf vor den Olympischen Spielen aufgrund der Ausschreitungen vor den Wettkämpfen in Peking 2008 ab. In Zukunft wird das olympische Feuer nur noch durch das jeweilige Gastgeberland getragen.

Das „Phantom von Heilbronn", eine vermeintliche Serienverbrecherin, die seit Jahren von der Polizei wegen zahlreicher Morde und Einbrüche gesucht wurde, existiert nicht. Die DNS-Spuren, die Ermittler unter anderem im April 2007 nach der Tötung einer Polizistin in Heilbronn und an weiteren Tatorten sicherstellten, stammen nicht von einer Kriminellen, sondern von der Arbeiterin eines bayerischen Betriebes. Diese hatte die Wattestäbchen für die DNS-Beweissicherung ohne Handschuhe berührt und darauf ihre Genspur hinterlassen.

28. MÄRZ

Der Immobilienfinanzierer Hypo Real Estate gibt bekannt, dass der Bund 8,7 Prozent der Anteile an der Bank übernimmt. Langfristig will der Staat das Geldinstitut vollständig übernehmen, um es zu stabilisieren. Zu diesem Zweck hat der Bundestag bereits am 20. März ein bis Juni befristetes Banken-Enteignungsgesetz verabschiedet, das der Regierung erstmals seit dem Zweiten Weltkrieg einen solchen Schritt erlaubt.

29. MÄRZ

Computerexperten der Universität Toronto decken ein international operierendes Spionagenetz auf, das fast 1300 Rechner in mehr als 100 Ländern angegriffen und dort zahllose Dokumente gestohlen haben soll. Bis zu 30 Prozent der Computer seien „hochrangige Ziele" in Regierungsstellen, Botschaften und Medien. Die Attacken würden fast ausnahmslos von Rechnern in China gesteuert.

Werner Marnette, der Wirtschaftsminister Schleswig-Holsteins, tritt aus Protest gegen die Politik der eigenen Landesregierung zur Rettung der angeschlagenen HSH-Nordbank zurück. Der CDU-Politiker kritisiert, dass seine Handlungsempfehlungen nicht berücksichtigt worden seien. Sein Nachfolger wird am folgenden Tag der parteilose Jörn Biel.

30. MÄRZ

Infolge der Datenaffäre bei der Deutschen Bahn tritt deren Chef Hartmut Mehdorn zurück. Zuletzt hatten SPD, FDP, Grüne, Linke und Gewerkschaften seine Demission gefordert.

31. MÄRZ

Die letzten britischen Soldaten verlassen den Irak, sechs Jahre nach dem Sturz des Diktators Saddam Hussein. Das britische Militärkommando übergibt die Kontrolle der Südprovinz an die USA. Bis Ende Juli soll der Abzug der Truppen abgeschlossen sein.

1. APRIL

Bei Protesten gegen das G-20-Gipfeltreffen in London wird ein 47-jähriger Demonstrant von einem Polizisten mit einem Stock zu Boden geschlagen und bricht wenig später tot zusammen.

Albanien und Kroatien treten der Nato bei. Damit steigt die Mitgliederzahl des Militärbündnisses auf 28. Beide Länder stellen bereits Soldaten für den Einsatz unter Nato-Führung in Afghanistan.

1. April: Bei Protesten gegen den G-20-Gipfel wird ein 47-Jähriger von einem Polizisten zu Boden gestoßen und stirbt danach an Herzversagen

2. APRIL

Wegen eines fehlerhaften Rechenschaftsberichts muss die rechtsextreme NPD 2,5 Millionen Euro Strafe an die Bundestagsverwaltung zahlen. Die Partei legt Einspruch gegen die Entscheidung des Bundestags ein.

3. APRIL

Die schwer kriselnde HSH-Nordbank erhält auf Beschluss des schleswig-holsteinischen Landtags drei Milliarden Euro Kapital und Garantien über zehn Milliarden Euro. Drei Tage zuvor hatte schon die Hamburger Bürgerschaft das Rettungspaket abgesegnet. Das Unternehmen hatte das Geschäftsjahr 2008 mit einem gravierenden Verlust von 2,7 Milliarden Euro abgeschlossen.

3. April: Unter körperlichem Einsatz demonstrieren junge Leute in Straßburg ihren Unmut gegen die Nato-Gipfelkonferenz

Rund 16 000 Menschen demonstrieren gegen die Nato-Gipfelkonferenz in Straßburg, Baden-Baden und Kehl. Dabei richten mehrere Hundert Randalierer in Straßburg schwere Verwüstungen an.

4. APRIL

Vor der Küste Somalias wird der deutsche Frachter „Hansa Stavanger" von Piraten gekapert. Ein Befreiungsversuch durch die Polizei-Eliteeinheit GSG 9 wird wegen der Gefahr für die Entführten und die Einsatzkräfte am 29. April von der Bundesregierung gestoppt. Erst am 3. August werden die 24 Besatzungsmitglieder, unter ihnen fünf Deutsche, nach einem vier Monate währenden Martyrium von den Entführern gegen ein Lösegeld von rund zwei Millionen Euro freigelassen.

Als erster Deutscher gewinnt Fabian Hambüchen in der 54-jährigen Geschichte der Turn-Europameisterschaften in Mailand den Titel im Mehrkampf.

5. APRIL

Nordkorea startet trotz internationaler Warnungen eine Rakete. Entgegen offiziellen Angaben aus Pjöngjang gelingt es dem kommunistischen Regime anscheinend nicht, einen Satelliten in die Erdumlaufbahn zu bringen. Die USA, Japan und Südkorea gehen allerdings davon aus, dass sich hinter dem Test die Erprobung einer militärischen Langstreckenrakete verbirgt.

6. APRIL

Wegen einer erneuten Datenschutzaffäre entlässt die Lebensmittelkette Lidl ihren Deutschlandchef Frank-Michael Mros. Zuvor waren im Ruhrgebiet zufällig firmeninterne Unterlagen in einer Mülltonne entdeckt worden, in denen systematisch Krankheiten von Mitarbeitern festgehalten worden waren. Darin war Medienberichten zufolge auch vermerkt worden, ob Beschäftigte psychische Probleme hatten oder sich wegen eines unerfüllten Kinderwunsches behandeln ließen.

Bei einem Erdbeben in Mittelitalien sterben mindestens 296 Menschen. In der Region Abruzzen, die von der Katastrophe besonders betroffen ist, werden Tausende Häuser zerstört oder stark beschädigt. Rund 50 000 Menschen werden obdachlos und kommen zunächst in Zelten unter. Regierungschef Silvio Berlusconi empfiehlt ihnen bei einem Besuch zwei Tage später, es „wie ein Campingwochenende zu nehmen".

7. APRIL

Im Landshuter Landgericht erschießt ein Mann am Rande eines Erbschaftsstreits seine Schwägerin und anschließend sich selbst. Außerdem werden eine weitere Schwägerin des Täters und ein Rechtsanwalt durch Schüsse verletzt. In einem Abschiedsbrief erklärte der Mann, die Verwandten hätten ihn jahrzehntelang terrorisiert.

Der frühere peruanische Präsident Alberto Fujimoro wird zu 25 Jahren Haft verurteilt. Das oberste Gericht in Lima befindet ihn für schuldig, an Verbrechen gegen die Menschlichkeit beteiligt gewesen zu sein. In dem Verfahren wurden mehrere Entführungsfälle und die Ermordung von 25 Menschen durch die Todesschwadronen der Streitkräfte während Fujimoros Amtszeit verhandelt.

10. APRIL

Im baden-württembergischen Eislingen meldet ein 18-Jähriger der Polizei, dass er seine Eltern und seine beiden erwachsenen Schwestern in der Wohnung der Familie erschossen aufgefunden habe. Kurz darauf wird er zusammen mit einem Freund verhaftet, weil Indizien darauf hindeuten, dass beide die vier Personen getötet haben. Am 17. April teilt die Staatsanwaltschaft mit, dass der Freund die Tat gestanden habe.

11. APRIL

Die Sängerin der deutschen Popgruppe No Angels, Nadja Benaissa, wird in einer Frankfurter Diskothek wegen gefährlicher Körperverletzung verhaftet. Sie soll in den Jahren 2004 und 2006 trotz ihrer HIV-Infektion ungeschützt mit drei Männern geschlafen haben. Einer der drei sei vermutlich infolge des Verkehrs mit ihr ebenfalls HIV-positiv. Zehn Tage nach der Festnahme wird sie unter Auflagen aus dem Gefängnis entlassen.

13. APRIL

Der frühere Beatles-Produzent Phil Spector wird wegen Mordes an der Schauspielerin Lana Clarkson schuldig gesprochen. Die Geschworenen sind überzeugt, dass er die Frau im Februar 2003 in seiner Villa in Los Angeles erschossen hat. Am 29. Mai wird Spector zu 19 Jahren Haft verurteilt.

15. APRIL

In Bad Buchau erschlägt ein 15-Jähriger seine Nachbarin, nachdem sie ihn beim Einbruch in ihre Wohnung ertappt hat. Trotz Maskierung hatte die junge Mutter ihn offenbar erkannt. Zwei Tage darauf wird Haftbefehl gegen den Jungen und einen 16-jährigen mutmaßlichen Komplizen erlassen. Am 23. April wird bekannt gegeben, dass die Polizei noch gegen sechs weitere Jugendliche ermittelt.

4. April: Stolz präsentiert der deutsche Mehrkämpfer Fabian Hambüchen seine Goldmedaille bei der Turn-Europameisterschaft in Mailand

16. APRIL

Nach neunmonatiger Beobachtung sprengen Ermittler des Landeskriminalamts in Stuttgart eine internationale Internettauschbörse für kinderpornografische Filme. In Deutschland war über rund 1000 Anschlüsse Material verbreitet worden. Weltweit müssen mehr als 9000 Beteiligte mit Anzeigen rechnen.

17. APRIL

Ein Gericht in Stockholm verurteilt die vier Betreiber der Internettauschbörse The Pirate Bay zu je einem Jahr Gefängnis und rund 2,7 Millionen Euro Schadenersatz. Über diesen Server hatten Nutzer bis dahin Raubkopien von Musik, Filmen und Software kostenlos herunterladen können. Es war die weltweit größte Tauschbörse dieser Art.

18. APRIL

Wegen Spionage für die USA wird die amerikanisch-iranische Reporterin Roxana Saberi im Iran zu acht Jahren Haft verurteilt. Die Journalistin, die für den US-Radiosender National Public Radio arbeitet, war im Dezember 2008 festgenommen worden. Damals hatte man ihr vorgeworfen, sie habe versucht, widerrechtlich Alkohol zu kaufen. Am 11. Mai wird das Urteil in eine zweijährige Bewährungsstrafe umgewandelt, und Saberi darf ausreisen.

20. APRIL

In einer Rede bei der Anti-Rassismus-Konferenz der Vereinten Nationen in Genf bezeichnet Irans Präsident Mahmud Ahmadinedschad Israel in Bezug auf die Palästinenser als barbarisches und rassistisches Regime und löst damit einen Eklat aus. Vertreter der EU verlassen empört den Saal. Deutschland und andere Länder waren der Konferenz ferngeblieben, weil sie solche Ausfälle gegen Israel befürchtet hatten.

22. APRIL

Vor dem Oberlandesgericht in Düsseldorf beginnt der Prozess gegen vier mutmaßliche Terroristen der sogenannten Sauerland-Gruppe. Ihnen wird vorgeworfen, 2007 in Deutschland eine Zelle der Islamischen Dschihad Union gebildet zu haben, mit dem Ziel, mehrere Autobomben-Anschläge auf US-Bürger und Einrichtungen der USA in der Bundesrepublik zu verüben.

23. APRIL

Im Irak sterben durch mehrere Sprengstoffanschläge mindestens 87 Menschen. Eine Bombe tötet vor allem iranische Pilger, die mit Bussen auf dem Weg zu heiligen Stätten der Schiiten in Kerbela und Nadschaf waren; eine zweite explodiert in einer Menschenmenge in Bagdad, an die Polizisten Hilfsgüter verteilten; das dritte Attentat trifft schiitische Gläubige in Bagdad, die einen heiligen Schrein besuchen wollten.

24. APRIL

In Berlin wird das historische Kriegsstück „John Rabe" von Florian Gallenberger bei der Verleihung des Deutschen Filmpreises als bester Spielfilm mit der Goldenen Lola ausgezeichnet. Silber bekommt das Familiendrama „Im Winter ein Jahr" von Caroline Link und Bronze „Wolke 9" von Andreas Dresen.

Aus Mexiko wird der Ausbruch eines neuen Influenza-Subtyps, der sogenannten Schweinegrippe, gemeldet. Zunächst sprechen die Behörden von 20 Toten, später wird die Zahl auf sieben korrigiert. Fast 1000 Menschen werden in Krankenhäuser gebracht. Die WHO befürchtet eine Pandemie. Die Krankheit erreicht am 27. April Europa, zwei Tage später werden die ersten Fälle in Deutschland bekannt.

25. APRIL

Im Indischen Ozean nahe den Seychellen wird ein italienisches Kreuzfahrtschiff mit rund 1500 Passagieren, unter ihnen 38 Deutsche, von Piraten angegriffen. Durch bewaffnete Sicherheitskräfte kann die Entführung des Schiffes verhindert werden.

27. APRIL

Der Tiefflug einer Air Force One über der Stadt New York löst bei der Bevölkerung Beunruhigung bis hin zu Panik aus. In Erinnerung an die Anschläge vom 11. September 2001 suchen viele Passanten erschrocken Deckung. Der Flug wurde vom Pentagon für Fotoaufnahmen angeordnet. Der US-Präsident reagiert äußerst verärgert. Der Leiter der militärischen Abteilung im Weißen Haus, Louis Caldera, muss kurz darauf seinen Hut nehmen.

Der FC Bayern, der in der Champions League und im DFB-Pokal jeweils im Viertelfinale gescheitert ist, trennt sich nach nur zehn Monaten von seinem Trainer Jürgen Klinsmann. Bis zum Saisonende springt Ex-Coach Jupp Heynckes ein.

28. APRIL

Die Deutsche Bank kehrt mit einem unerwarteten Milliardengewinn in die schwarzen Zahlen zurück. Nach dem Rekordverlust im Krisenjahr 2008 meldet das Unternehmen einen Gewinn von rund 1,2 Milliarden Euro im ersten Quartal. Das ist auf eine deutliche Erholung des Investmentbankings zurückzuführen. Tags zuvor war bekannt geworden, dass der Aufsichtsrat den Vertrag mit Bank-Chef Josef Ackermann um drei Jahre verlängert hatte.

29. APRIL

Der italienische Ministerpräsident Silvio Berlusconi bekommt Ärger mit seiner Frau. Sie beschwert sich in der Tageszeitung „La Repubblica" über die Kandidatinnen ihres Mannes für die im Juni anstehenden Europa-

18. April: Mitglieder von „Reporter ohne Grenzen" demonstrieren für ihre Kollegin, die zu acht Jahren Haft verurteilte US-Iranerin Roxana Saberi

wahlen und titulierte diese als „schamlose Luder im Dienst der Macht". Tatsächlich hatte Berlusconi drei junge attraktive Frauen, eine TV-Ansagerin, eine Schauspielerin und eine Sängerin, vorgeschlagen. Einen Tag später zieht er zwei der Nominierungen zurück.

30. APRIL

Bei einem Anschlag auf Königin Beatrix der Niederlande werden am Nationalfeiertag sieben Menschen getötet, unter ihnen auch der Attentäter. Er durchbricht mit dem Auto während der Parade in der Stadt Apeldoorn mehrere Absperrungen, hält auf den offenen Bus der königlichen Familie zu und kommt schließlich durch die Kollision mit einem Denkmal zum Stehen.

MAI

21. Mai: Der ehemalige West-Berliner Polizeibeamte Karl-Heinz Kurras, der 1967 den Studenten Benno Ohnesorg erschoss, wird als Stasi-Agent enttarnt

1. MAI

In Berlin-Kreuzberg kommt es bei den traditionellen Krawallen zum 1. Mai zu schweren Ausschreitungen. Rund 2500 eher linke Randalierer liefern sich über Stunden Straßenschlachten mit der Polizei. Fast 500 Beamte werden verletzt. Es ergehen 44 Haftbefehle; vier Männern wird versuchter Mord vorgeworfen.

3. MAI

Japan legt einen milliardenschweren Nothilfefonds für asiatische Länder auf, die in den Sog der globalen Finanzkrise geraten. Seine Regierung wolle rund 60 Milliarden Dollar zur Verfügung stellen, so Finanzminister Kauro Yosano auf der Jahrestagung der Asiatischen Entwicklungsbank auf Bali. Zudem planen Japan, China und Südkorea einen Pool in Höhe von 120 Milliarden Dollar, mit dem regionale Währungen gestützt werden sollen.

4. MAI

In der afghanischen Provinz Farah sterben bei Bombenangriffen der US-Armee mehr als 100 Zivilisten. Das amerikanische Militär räumt ein, dass „eine Anzahl Zivilisten" getötet wurde, und wirft den Taliban vor, Bewohner als menschliche Schutzschilde missbraucht zu haben.

Bei einem Angriff auf eine Hochzeitsgesellschaft in der Türkei sterben 44 Menschen, unter ihnen das Brautpaar. In dem Dorf Bilge stürmen vier Maskierte den Festsaal und gehen mit Schusswaffen und Handgranaten vor allem gegen Frauen und Kinder vor. Hintergrund ist eine Familienfehde. Ein Verwandter der Täter sei von der Braut abgewiesen worden.

5. MAI

Bundesfinanzminister Peer Steinbrück (SPD) setzt im Streit um Steueroasen Luxemburg, Österreich, die Schweiz und Liechtenstein mit Ouagadougou, der Hauptstadt von Burkina Faso, gleich und löst damit den Protest der attackierten europäischen Staaten aus. Am 7. Mai legt er nach: Es gebe Staaten wie die Schweiz und Liechtenstein, die deutsche Steuerzahler „vorsätzlich dazu einladen", ihr Geld dorthin zu transferieren.

6. MAI

Kanadische Wissenschaftler entziffern das komplette Erbgut der Schweinegrippe. Anhand des genetischen Aufbaus lässt sich unter anderem analysieren, welche Virenstämme zum neuen H1N1-Virus beigetragen haben.

Mit überraschend deutlicher Mehrheit stimmt der tschechische Senat dem Vertrag von Lissabon zu. Der EU-kritische Präsident Vaclav Klaus will das Ratifizierungsgesetz zunächst noch nicht unterschreiben, er macht seine Signatur von einem neuerlichen Referendum in Irland abhängig.

Aufgrund von Warnstreiks bleiben zahlreiche Kindergärten, Jugendämter und Sozialdienste in ganz Deutschland geschlossen. Die Gewerkschaften fordern für die rund 220 000 bei Kommunen angestellten Erzieher und Sozialarbeiter einen tarifvertraglich geregelten Gesundheitsschutz und rufen zur Arbeitsniederlegung auf. Am 15. Mai beginnt bundesweit ein unbefristeter Streik.

8. MAI

Auf einer einwöchigen Reise durch Jordanien, Israel und die palästinensischen Gebiete ruft Papst Benedikt XVI. zum Dialog und zur Aussöhnung vor allem von Christen und Muslimen auf. Weil er am 11. Mai in einer Rede an der Holocaust-Gedenkstätte Yad Vashem weder die Zahl der sechs Millionen ermordeten Juden nennt noch auf die Rolle des Vatikans in der NS-Zeit eingeht, wird er in Israel stark kritisiert.

10. MAI

Der durch Bestechungsverdacht belastete amtierende Deutsche Handballmeister THW Kiel gewinnt den DHB-Pokal. Es ist der sechste Erfolg in dem Wettbewerb – so oft hat kein anderer Verein den Preis gewonnen.

13. MAI

In Tübingen präsentieren Wissenschaftler die älteste Menschenfigur der Welt. Die mindestens 35 000 Jahre alte Venus ist sechs Zentimeter groß, wurde aus Mammut-Elfenbein geschnitzt und im September 2008 bei Ausgrabungen in einer Höhle bei Schelklingen gefunden.

14. MAI

Weil ein US-Bürger die unter Hausarrest stehende birmanische Friedensnobelpreis-Trägerin Aung San Suu Kyi besucht hat, wird sie in ein Gefängnis verlegt und von der Militärjunta angeklagt. Der Mann war laut Suu Kyi gegen ihren Willen durch einen See zu ihrem abgeriegelten Haus geschwommen und hatte sich dort mehrere Tage aufgehalten. Am 12. August wird die Gefangene zu weiteren 18 Monaten Hausarrest verurteilt.

15. MAI

Der deutschen Wirtschaft wird die tiefste Rezession der Nachkriegsgeschichte attestiert. Das Bruttoinlandsprodukt ist im ersten Quartal des Jahres um 3,8 Prozent eingebrochen. Es ist der vierte Rückgang in Folge im Vergleich zum jeweiligen Vorquartal und der größte Absturz seit Beginn der Erhebungen im Jahr 1970.

17. MAI

Nach rund 26 Jahren Bürgerkrieg erklären die tamilischen Rebellen in Sri Lanka das Ende ihres bewaffneten Kampfes. Staatspräsident Mahinda Rajapakse hatte bereits einen Tag zuvor den militä-

26. Mai: Die 66-jährige Britin Elizabeth Adeney wird dank In-vitro-Fertilisation die älteste Gebärende des Königreichs

rischen Sieg über die „Befreiungstiger von Tamil Eelam" verkündet. Nach Regierungsangaben habe der Krieg seit 1983 fast 24 000 Militärs und Polizisten das Leben gekostet. Aus UN-Quellen geht hervor, dass durch die Gefechte allein in den vergangenen Wochen mehr als 20 000 tamilische Zivilisten starben.

19. MAI
Erstmals seit 1695 tritt der Parlamentspräsident im Londoner Unterhaus zurück. Der Labour-Politiker und „Speaker of the House of Commons" Michael Martin zieht die Konsequenzen aus dem Spesenmissbrauch der Abgeordneten, der in den Tagen zuvor öffentlich geworden war. Der Skandal um betrügerische Abrechnungen zieht sich durch alle Parteien und stürzt die Demokratie Großbritanniens in die schwerste Krise seit Jahrzehnten.

20. MAI
Die Gläubigerversammlung der Warenhauskette Hertie in Essen entscheidet sich für die Schließung seiner 54 Filialen in diesem Sommer. Rund 2600 Mitarbeiter sind betroffen.

Bei seinem Vorstoß zur raschen Schließung des Gefangenenlagers Guantánamo auf Kuba erleidet Barack Obama einen Rückschlag. Mit klarer Mehrheit verweigert der US-Senat die 80 Millionen Dollar, die der Präsident für die Auflösung des Gefängnisses beantragt hatte. Am selben Tag wird erstmals der Fall eines Guantánamo-Insassen und mutmaßlichen Al-Qaida-Mitglieds vor einem amerikanischen Zivilgericht verhandelt.

21. MAI
Nach Erkenntnissen der für die Bearbeitung der Stasi-Unterlagen zuständigen Birthler-Behörde ist der Student Benno Ohnesorg 1967 von einem Mitarbeiter der DDR-Staatssicherheit erschossen worden. Der West-Berliner Polizeibeamte Karl-Heinz Kurras, der den 26-Jährigen unter bis heute nicht vollständig geklärten Umständen tötete, sei Stasi-Spion und Mitglied der SED gewesen.

22. MAI
Bundespräsident Horst Köhler hält die Festansprache zum 60-jährigen Bestehen der Bundesrepublik und würdigt die Verkündung des Grundgesetzes im Mai 1949 als „Leuchtfeuer der Freiheit". Tags darauf wird er bei der Bundespräsidentenwahl, bei der er gegen die SPD-Kandidatin Gesine Schwan antritt, als Staatsoberhaupt bestätigt.

23. MAI
Der VfL Wolfsburg wird neuer Deutscher Fußballmeister. Die Mannschaft von Manager und Trainer Felix Magath besiegt Werder Bremen mit 5:1 und gewinnt den Titel mit einem Vorsprung von zwei Punkten. Den zweiten Platz sichert sich Bayern München mit 2:1 gegen den VfB Stuttgart, den Tabellendritten.

24. MAI
Beim Filmfestival in Cannes gewinnt der Österreicher Michael Haneke die Goldene Palme für das Drama „Das weiße Band". Als bester Darsteller wird Christoph Waltz für seine Leistung in Quentin Tarantinos „Inglourious Basterds" ausgezeichnet. Zur besten Schauspielerin wird Charlotte Gainsbourg für ihre Rolle in „Antichrist" des dänischen Regisseurs Lars von Trier gekürt.

26. MAI
Im Alter von 66 Jahren bringt Elizabeth Adeney ihr erstes Kind zur Welt. Sie ist damit die älteste Gebärende in Großbritannien. Die geschiedene Geschäftsfrau hatte sich in der Ukraine künstlich befruchten lassen. Mutter und Kind sind wohlauf.

Der mit 40 000 Euro dotierte Georg-Büchner-Preis geht an den österreichischen Schriftsteller Walter Kappacher. Der 70-jährige Autor („Selina") erhält die wichtige literarische Auszeichnung für sein Lebenswerk.

27. MAI
Der FC Barcelona gewinnt die Champions League durch ein 2:0 gegen Vorjahressieger Manchester United. Es ist der dritte Erfolg des Vereins nach 1992 und 2006.

Der vor der Insolvenz stehende US-Autokonzern General Motors überschreibt die europäischen Werke und Patente auf seine deutsche Marke Opel und macht so den Weg für eine Übernahme durch einen Investor frei.

Erstmals seit 1987 liegt die Inflation in Deutschland bei null Prozent: Im Vergleich zum Mai 2008 sind die Preise stabil geblieben. Hauptgrund sind gefallene Preise für Heizöl und Benzin.

28. MAI
Der Bundestag beschließt, den Einsatz der Bundeswehr im Kosovo um ein Jahr zu verlängern. Gleichzeitig wird die Obergrenze von 8500 auf 3500 Soldaten herabgesetzt, da sich die Lage im Land stabilisiert habe.

In einer historisch einmaligen Aktion löst die Deutsche Reiterliche Vereinigung die Nationalmannschaftskader der Spring-, Dressur- und Vielseitigkeitsreiter auf. Sie reagiert damit auf den Dopingfall Christian Ahlmann und das Geständnis des viermaligen Olympiasiegers Ludger Beerbaum, Medikamente nach der Devise „Erlaubt ist, was nicht gefunden wird" eingesetzt zu haben.

Der Gewaltverbrecher Thomas Wolf wird auf der Hamburger Reeperbahn festgenommen. Er war im Jahr 2000 nach einem Hafturlaub nicht ins Gefängnis

28. Mai: Der lang gesuchte Schwerverbrecher Thomas Wolf wird von Zielfahndern auf der Hamburger Reeperbahn festgenommen

zurückgekehrt. Wolf wird unter anderem vorgeworfen, Ende März die Ehefrau eines Bankiers entführt und 1,8 Millionen Euro Lösegeld erpresst zu haben.

29. MAI
Mit den Stimmen der großen Koalition beschließt der Bundestag, Bund und Länder zu einer Schuldenbegrenzung zu verpflichten. Von 2016 an darf der Bund nur Schulden in Höhe von 0,35 Prozent des Bruttoinlandsprodukts machen; die Länder sollen ab 2020 keine neuen Schulden mehr aufnehmen dürfen.

JUNI

20. Juni: Wladimir Klitschko verteidigt seinen Weltmeistertitel im Schwergewicht gegen den Usbeken Ruslan Chagaev

1. JUNI

Beim Absturz eines Airbus A330-200 in den Atlantik kommen 228 Menschen, unter ihnen 28 Deutsche, ums Leben. Die Maschine der Air France war in Rio gestartet und auf dem Weg nach Paris rund 650 Kilometer von der Küste Brasiliens entfernt vom Radarschirm verschwunden.

In den USA geht General Motors in Insolvenz. 60 Prozent des Betriebes übernimmt der Staat, rund 18 Prozent gehen an die Automobilarbeitergewerkschaft UAW. Die Sanierung kostet die US-Steuerzahler 50 Milliarden Dollar.

2. JUNI

In der Münchner Synagoge werden erstmals seit rund 70 Jahren wieder Rabbiner ordiniert. Die beiden aus Ungarn und der Ukraine stammenden Geistlichen sind die ersten Absolventen des 2005 wiedergegründeten Rabbinerseminars zu Berlin, das die Nationalsozialisten 1938 geschlossen hatten.

3. JUNI

US-Präsident Barack Obama reist zu seinem ersten Staatsbesuch in die arabische Welt und beschwört am 4. Juni in Kairo in einer Grundsatzrede an die islamische Welt den Willen zur Versöhnung. Anschließend bricht er zu seiner zweiten Europareise auf und spricht am 5. Juni mit Bundeskanzlerin Merkel über das weitere Vorgehen im Nahost-Friedensprozess. Nach dem Besuch der Dresdner Frauenkirche gedenkt er im ehemaligen Konzentrationslager Buchenwald der NS-Opfer.

5. JUNI

Nach einer Rücktrittswelle von sechs Ministern in vier Tagen steht der britische Premierminister Gordon Brown vor dem politischen Aus. Grund für den Rückzug der Labour-Politiker ist die Spesenaffäre, in der sich Abgeordnete aller Parteien über Jahre auf Staatskosten bereichert hatten. Brown bleibt trotz der Krise im Amt.

7. JUNI

Die konservativen und christdemokratischen Parteien gewinnen die Europawahl: Sie stellen mit 36,3 Prozent Stimmenanteil die größte Fraktion im Parlament vor den Sozialisten (21,6 Prozent). In Deutschland verliert die CDU/CSU 6,6 Prozent, bleibt aber mit 37,9 Prozent vorn. Die SPD kommt auf 20,8 Prozent – ihr schlechtestes Ergebnis bei einer bundesweiten Wahl. Die FDP legt von 6,1 auf 11 Prozent zu, die Grünen erreichen 12,1 Prozent, die Linke 7,5.

Bei den Kommunalwahlen in sieben Bundesländern setzt sich die CDU durch, muss aber überall Verluste einstecken. Die SPD landet in Mecklenburg-Vorpommern, Sachsen und Thüringen nur auf dem dritten Platz. Die Grünen werden im Stuttgarter Gemeinderat stärkste Kraft; die FDP feiert starke Gewinne und liegt zwischen 9 Prozent in Rheinland-Pfalz und 7,2 Prozent im Saarland. Die Linkspartei wird im Saarland mit 12,9 Prozent auf Anhieb drittstärkste Kraft.

9. JUNI

Die Arcandor AG, zu der auch Karstadt und Quelle gehören, meldet Insolvenz an. Rund 43 000 Beschäftigte fürchten um ihren Arbeitsplatz. Am 29. Juni bewilligen der Bund sowie die Länder Bayern und Sachsen Quelle einen Kredit von 50 Millionen Euro.

Im pakistanischen Peschawar sterben 18 Menschen, unter ihnen zwei Mitarbeiter der Vereinten Nationen, bei einem Selbstmordanschlag auf ein Luxushotel. Die Behörden machen für das Attentat die radikal-islamischen Taliban verantwortlich.

10. JUNI

Ein neues Element wird 13 Jahre nach seiner Entdeckung von Wissenschaftlern in Darmstadt mit der Ordnungszahl 112 offiziell ins chemische Periodensystem aufgenommen. Das Element trägt den vorläufigen Namen Ununbium und ist das schwerste in der Aufstellung.

Ein 88-jähriger Antisemit erschießt im Washingtoner Holocaust-Museum einen Sicherheitsbeamten und wird von einem anderen Wachmann schwer verletzt. Der Täter hatte bereits in den 80er Jahren wegen versuchter Geiselnahme in der US-Zentralbank eine mehrjährige Haftstrafe verbüßt.

11. JUNI

Die Weltgesundheitsorganisation WHO stuft die Schweinegrippe als Pandemie ein und ruft die höchste Alarmstufe sechs aus. Weltweit sind rund 30 000 Fälle in 74 Ländern registriert worden.

12. JUNI

Bei der Präsidentenwahl im Iran gewinnt Amtsinhaber Mahmud Ahmadinedschad mit 62 Prozent der Stimmen. Der reformorientierte Herausforderer Mir Hussein Mussawi, der nur 33,7 Prozent erhält, zweifelt das Ergebnis an und fordert Neuwahlen. In den folgenden Tagen kommt es zu Demonstrationen, bei denen mindestens 25 Menschen ums Leben kommen. Am 29. Juni bestätigt der Wächterrat des Landes das Wahlergebnis.

Im Jemen werden sieben Deutsche, ein Brite und eine Südkoreanerin entführt. Bei den Deutschen handelt es sich um ein Ehepaar und seine drei Kinder

24. Juni: Gerade noch hoch zu Ross, wird Dressur-Olympiasiegerin Isabell Werth wenig später wegen ihres gedopten Pferdes suspendiert

sowie zwei Pflegehelferinnen. Die Verschleppten hatten im Auftrag der Hilfsorganisation World Wide Services in einem Krankenhaus gearbeitet. Drei Tage nach der Entführung werden die Leichen der Pflegehelferinnen und der Koreanerin in einem Tal nahe des Ortes Akwan entdeckt. Von den anderen Geiseln fehlt jede Spur.

14. JUNI

Ariane Friedrich springt beim Internationalen Stadionfest in Berlin 2,06 Meter hoch und verbessert damit den deutschen Rekord von Heike Henkel aus dem Jahr 1991 um einen Zentimeter.

15. JUNI

Zum zweiten Mal in seiner Geschichte wird die einst erfolgreichste deutsche Comicreihe „Fix und Foxi" eingestellt. In den siebziger Jahren hatte sie Auflagen von bis zu 400 000 Exemplare pro Woche erreicht, war jedoch 1994 zum ersten Mal eingestellt worden.

Erstmals seit 1999 ist die Zahl der Gewalttaten in Deutschland gesunken. In der von Bundesinnenminister Wolfgang Schäuble vorgelegten Kriminalstatistik 2008 verzeichnete die Polizei 3,2 Prozent weniger Gewaltdelikte als im Vorjahr (rund 211 000 Fälle). Allerdings wurden 9,1 Prozent mehr schwere Körperverletzungen auf Straßen, Wegen und Plätzen (73 000) registriert.

17. JUNI

Zehn US-Großbanken zahlen rund 68 Milliarden Dollar an den Staat zurück, die sie im Herbst 2008 auf dem Höhepunkt der Finanzkrise als Unterstützung erhalten hatten. Auf diese Weise wollen sie den Einfluss der Regierung beenden. Im Zuge der Krise hatten 600 Banken rund 200 Milliarden Dollar vom Staat erhalten.

18. JUNI

Der Bundestag verschärft die Regeln bei der Managervergütung. Vom Sommer an tritt ein Gesetz in Kraft, das Exzessen bei Managergehältern vorbeugen soll, indem sich die Entlohnung stärker an einer langfristigen Unternehmensentwicklung ausrichtet. Zudem soll die umstrittene Praxis eines direkten Wechsels vom Vorstand in den Aufsichtsrat durch eine zweijährige Wartezeit erschwert werden.

19. JUNI

Mit dem Bürgerentlastungsgesetz verabschiedet der Bundestag eine Regelung, die den Arbeitnehmern jährlich eine Steuererleichterung von zusammen fast zehn Milliarden Euro bringen soll. So können ab 2010 die Beiträge zur Kranken- und Pflegeversicherung in größerem Umfang als bisher von der Steuer abgesetzt werden.

20. JUNI

Der Irak wird von einer neuen Terrorwelle erfasst: Bei einem Anschlag sterben mehr als 70 Menschen in der Nähe der Erdölstadt Kirkuk, als ein mit Sprengstoff beladener Lastwagen neben einer schiitischen Moschee explodiert. Nach Berichten der britischen BBC deuten Hinweise auf das Terrornetzwerk Al-Qaida als Urheber. Am 24. Juni fordert ein Bombenanschlag in Bagdad 74 Tote und zahlreiche Verletzte.

Die spanische Fußballnationalmannschaft gewinnt mit einem 2 : 0 im Konföderationenpokal-Finale gegen Südafrika das 15. Länderspiel in Folge und bricht damit den Weltrekord.

Der Boxer Wladimir Klitschko bleibt Weltmeister im Schwergewicht. In Gelsenkirchen bezwingt der 33-jährige Ukrainer den Usbeken Ruslan Chagaev (30) durch technischen K.o.

21. JUNI

Bei der ersten Leichtathletik-Mannschaftseuropameisterschaft im portugiesischen Leiria gewinnen die Deutschen den Titel vor Russland und Großbritannien.

22. JUNI

Das Internationale Tribunal für den Völkermord in Ruanda verurteilt den ehemaligen ruandischen Vize-Innenminister Callixte Kalimanzira zu 30 Jahren Haft. Er wird für schuldig befunden, im Jahr 1994 für den Tod mehrerer Tausend Menschen der Tutsi-Minderheit im Süden Ruandas verantwortlich zu sein. Während des Genozids in Ruanda wurden in nur 100 Tagen rund 800 000 Tutsi und gemäßigte Hutu von Hutu-Milizen ermordet.

24. JUNI

Die fünfmalige Dressur-Olympiasiegerin Isabell Werth wird von allen Turnieren suspendiert, weil ihr Pferd positiv auf Doping getestet wurde.

25. JUNI

Das Unesco-Welterbekomitee entzieht Dresden wegen des Baus der Waldschlösschenbrücke den Titel „Weltkulturerbe", da es die Zerstörung der Elb-Flussauen befürchtet. Es ist das erste Mal, dass eine Kulturstätte das Gütesiegel verliert. Am 26. Juni wird dagegen das Wattenmeer als Naturlandschaft auf die Welterbeliste gesetzt.

27. JUNI

Bei den deutschen Schwimm-Meisterschaften in Berlin stellt Doppel-Olympiasiegerin Britta Steffen, ausgestattet mit einem neu entwickelten Hightech-Schwimmanzug, mit 52,56 Sekunden einen neuen Weltrekord über 100 Meter Freistil auf.

29. JUNI

Der Milliardenbetrüger Bernard Madoff wird in New York zur Höchststrafe von 150 Jahren Gefängnis verurteilt. Der 71-jährige Broker hatte mit einem Schneeballsystem über Jahre Tausende Anleger weltweit geprellt – mit einem Rekordschaden von rund 65 Milliarden Dollar.

Wegen 651-fachen Kindesmissbrauchs wird ein Familienvater aus Datteln zu einer zehnjährigen Haftstrafe verurteilt. Der Mann hatte über 20 Jahre die eigenen Kinder, seine Enkeltochter sowie einen Jungen und ein Mädchen aus der Nachbarschaft, teilweise noch im Säuglingsalter, missbraucht.

30. JUNI

Im Landeanflug auf die Komoren stürzt ein Airbus der jemenitischen Fluglinie Yemenia mit 153 Personen an Bord in den Indischen Ozean. Wie durch ein Wunder kann ein zwölfjähriges Mädchen nahezu unverletzt als einzige Überlebende aus dem Meer geborgen werden.

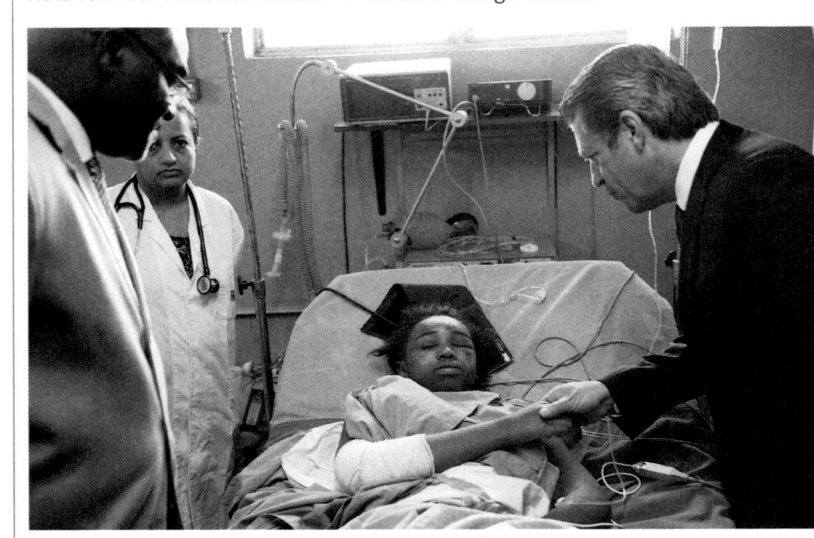

30. Juni: Die zwölfjährige Bahia Bakari ist die einzige Überlebende eines Airbus-Absturzes vor den Komoren

JULI

5. Juli: Roger Federer, Serienheld des Tennissports, freut sich über den sechsten Pokal, den er beim Grand-Slam-Turnier in Wimbledon gewinnt

1. JULI

Am Dresdner Landgericht ersticht ein wegen Beleidigung Angeklagter eine 31-jährige Ägypterin während der Verhandlung. Der Russlanddeutsche soll die Apothekerin einige Monate zuvor als „Terroristin", „Islamistin" und „Schlampe" bezeichnet haben. Vor den Augen aller Anwesenden tötet er die Frau mit 16 Messerstichen. Im Handgemenge wird auch ihr Ehemann mit dem Messer und durch einen versehentlich abgegebenen Schuss der Polizei lebensgefährlich verletzt. Die Frau war im dritten Monat schwanger und Mutter eines dreijährigen Sohnes, der auch bei der Tat dabei war.

Schweden übernimmt nach Tschechien die EU-Ratspräsidentschaft für das kommende Halbjahr. Für den schwedischen Ministerpräsidenten Fredrik Reinfeldt steht die Bekämpfung der Wirtschaftskrise und die Vorbereitung auf den Kopenhagener Klimagipfel im Dezember ganz oben auf der Agenda.

2. JULI

Als Konsequenz aus der Bankenkrise stärkt der Bundestag die Rechte der Bundesanstalt für Finanzdienstleistungsaufsicht (Bafin). So darf die Behörde künftig bei Kreditinstituten mit erkennbaren Risiken höhere Eigenmittel oder eine höhere Liquiditätsausstattung verlangen. Außerdem sollen Kredit- oder Gewinnausschüttungsverbote möglich sein.

3. JULI

Eisschnelllauf-Star Claudia Pechstein wird nach auffälligen Blutwerten wegen Dopingverdachts zunächst gesperrt. Es ist das erste Mal, dass ein Sportler ohne positiven Befund suspendiert wird.

4. JULI

Das Kernkraftwerk Krümmel bei Hamburg wird nach einem Transformator-Kurzschluss abgeschaltet. Betreiber Vattenfall räumt ein, dass der Einbau einer Messeinrichtung des Transformators vergessen worden sei. Der Pannen-Reaktor war im Monat zuvor nach zweijähriger Stilllegung wieder ans Netz gegangen.

5. JULI

In der Provinz Xinjiang, im Nordwesten Chinas, kommt es zu Unruhen zwischen Uiguren, den Angehörigen einer muslimischen Minderheit, und Han-Chinesen. Dabei sterben etwa 160 Menschen. In den Tagen darauf eskalieren die Proteste wiederholt. Das uigurische Turkvolk wirft den Chinesen vor, sie politisch, wirtschaftlich und kulturell zu unterdrücken. Für China ist die Region wegen ihrer Erdöl- und Erdgasvorräte von Bedeutung.

Tennis-Ass Roger Federer gewinnt das Grand-Slam-Turnier in Wimbledon zum sechsten Mal. Im Finale siegt der Schweizer gegen den Amerikaner Andy Roddick in fünf Sätzen. Es ist Federers 15. Grand-Slam-Triumph, der ihn wieder an die Spitze der Weltrangliste katapultiert.

6. JULI

Die USA und Russland versuchen einen Neuanfang ihrer Beziehungen. In Moskau verständigen sich Präsident Barack Obama und Amtskollege Dmitrij Medwedew darauf, ihre aus dem Kalten Krieg stammenden Waffenarsenale um rund ein Drittel zu reduzieren.

7. JULI

Ein gigantisches Trauerspektakel wird zu Ehren des im Juni verstorbenen Michael Jackson im Staples Center in Los Angeles inszeniert. Neben der Familie und prominenten Kollegen erweisen 17 500 Fans dem Popstar die letzte Ehre. Mehrere Hundert Millionen Zuschauer verfolgen die Gedenkfeier am Bildschirm.

13. JULI

NS-Kriegsverbrecher John Demjanjuk wird von der Münchner Staatsanwaltschaft wegen Beihilfe zum Mord in mindestens 27 900 Fällen angeklagt. Der ehemalige KZ-Wächter soll während des Zweiten Weltkriegs im Vernichtungslager Sobibor im besetzten Polen Tausende Juden in die Gaskammern getrieben haben. Seit seiner Abschiebung aus den USA im Mai sitzt der 89-Jährige in Untersuchungshaft.

15. JULI

In Schleswig-Holstein zerbricht nach langen Querelen die Große Koalition. CDU-Ministerpräsident Peter Harry Carstensen macht den SPD-Landes- und Fraktionsvorsitzenden Ralf Stegner für das Scheitern der Koalition verantwortlich. Zuletzt gab es Streit um die Millionen-Sonderzahlung an den HSH-Nordbank-Vorstandschef Dirk Jens Nonnenmacher.

Die Menschenrechtsaktivistin Natalja Estemirowa wird in der russischen Konfliktregion Nordkaukasus von Unbekannten erschossen. Die Mitarbeiterin der Organisation Memorial, die über die vielen mit staatlicher Duldung verübten Verbrechen an Zivilisten während des Tschetschenienkriegs aufklärt, war vor ihrem Haus in der tschetschenischen Stadt Grosnyj entführt worden.

Ein Flugzeugabsturz im Iran fordert 168 Menschenleben. Die russische Tupolew 154 der Caspian Airlines stürzt kurz nach dem Start nordwestlich von Teheran ab.

26. Juli: Ministerin Ulla Schmidt in ihrem Dienstwagen, welcher ihr während ihres Spanienurlaubs, der auch ein bisschen Dienstreise war, abhanden kommt

16. JULI

Die Quandt-Erbin Susanne Klatten wird erneut erpresst und wendet sich umgehend an die Polizei. Drei Verdächtige, die für angebliche Videos mit der Milliardärin und ihrem ehemaligen Liebhaber und späteren Erpresser Helg Sgarbi 800 000 Euro gefordert haben sollen, werden gefasst.

18. JULI

In einem ehemaligen Braunkohle-Abbaugebiet in Nachterstedt, Sachsen-Anhalt, versinkt ein Doppelhaus mit drei Bewohnern in einem Bergbausee. Der verheerende Erdrutsch reißt außerdem die Hälfte eines Mehrfamilienhauses, eine Fläche mit dem Umfang mehrerer Fußballfelder und eine Straße mit in das geflutete Tagebau-Restloch. 41 Anwohner aus benachbarten Häusern werden gerettet, die drei Verschütteten bleiben vermisst.

19. JULI

Im Raum Kundus in Nordafghanistan startet die Bundeswehr ihre bisher größte Militäroffensive gegen die radikalislamischen Taliban und setzt dabei erstmals Panzer und schwere Waffen ein. Das Verteidigungsministerium verweist auf die Zuspitzung der Lage in der Region durch vermehrte Rebellenangriffe. Am 28. Juli wird die Aktion vorerst beendet.

23. JULI

Die Übernahme von Porsche durch VW ist beschlossene Sache: Europas größter Autohersteller wird nach Entscheidung der Aufsichtsräte beider Firmen den Sportwagenbauer bis 2011 eingliedern. Porsche-Chef Wendelin Wiedeking, der vergebens versucht hatte, VW zu schlucken, muss gehen – mit einer Abfindung von 50 Millionen Euro.

26. JULI

Bundesgesundheitsministerin Ulla Schmidt (SPD) gerät in die Kritik, nachdem ihr der Dienstwagen in ihrem spanischen Urlaubsort Alicante gestohlen wurde. Das Bundesgesundheitsministerium teilt mit, dass Schmidt der Wagen für dienstliche und private Fahrten zur Verfügung stehe. Am 29. Juli erklärt die Behörde, dass das Auto in der Nähe von Valencia sichergestellt worden sei.

Der Radprofi Alberto Contador aus Spanien gewinnt die Tour de France vor dem Luxemburger Andy Schleck und dem siebenmaligen Tour-Sieger Lance Armstrong aus den USA.

27. JULI

Gewerkschaften und kommunale Arbeitgeber einigen sich nach monatelangem Streit über die Tarifgehälter für 220 000 Erzieher und Sozialarbeiter in städtischen Kindergärten und Sozialeinrichtungen. Zum 1. November sollen die Gehälter nach Angaben der Arbeitgeberverbände durchschnittlich um 120 Euro brutto pro Monat steigen.

29. JULI

BMW kündigt den Ausstieg aus der Formel 1 zum Ende der Saison an. Am selben Tag gibt der deutsche Rekordweltmeister Michael Schumacher bekannt, nach dem Karriereende vor rund drei Jahren kurzfristig für den verunglückten Ferrari-Fahrer Felipe Massa wieder in die laufende Weltmeisterschaft einsteigen zu wollen. Rund zwei Wochen später widerruft Schumacher seine Comeback-Pläne wegen der Spätfolgen einer Halsverletzung.

Erstmals seit 1987 sind im Juli die Verbraucherpreise in Deutschland gesunken: Die Jahresteuerungsrate lag bei minus 0,5 Prozent. Der Rückgang beruht vor allem auf dem deutlichen Verfall der Öl- und Kraftstoffpreise seit Sommer 2008.

30. JULI

Auf Mallorca kommen zwei Polizisten ums Leben, nachdem nahe einer Polizeikaserne im Badeort Palmanova eine Autobombe detonierte. Ermittler vermuten, dass die baskische Terrororganisation Eta für den Anschlag verantwortlich ist. Bereits einen Tag zuvor hatte sie in der nordspanischen Stadt Burgos vor einer Polizeikaserne eine Bombe gezündet und 65 Menschen verletzt.

31. JULI

Die Berliner Schwimmerin Britta Steffen wird in Rom Weltmeisterin über 100 Meter Freistil und stellt mit 52,07 Sekunden einen neuen Weltrekord auf. Zwei Tage später gewinnt sie auch das Rennen über 50 Meter Freistil souverän – in neuer Weltbestzeit von 23,73 Sekunden.

Nach zehn Jahre langem Gerichtsstreit wird der deutsche Waffenlobbyist Karlheinz Schreiber nun doch aus Kanada nach Deutschland ausgewiesen. Der 75-jährige Geschäftsmann, hatte in der Ende der 90er Jahre aufgedeckten CDU-Spendenaffäre um Helmut Kohl, Wolfgang Schäuble und anderen eine maßgebliche Rolle gespielt. Dem gelernten Textilverkäufer werden millionenschwere Steuerhinterziehung, Betrug und Bestechung vorgeworfen.

AUGUST

4. AUGUST

Der nordkoreanische Diktator Kim Jong Il begnadigt nach einem überraschenden Besuch des ehemaligen US-Präsidenten Bill Clinton zwei seit März inhaftierte amerikanische Journalistinnen. Laura Ling und Euna Lee arbeiteten an einem TV-Bericht über nordkoreanische Flüchtlinge, als sie im Grenzgebiet zu China festgenommen und zu je zwölf Jahren Arbeitslager verurteilt wurden.

30. Juli: Touristen beobachten Rauchwolken eines Bombenanschlags der baskischen Terrororganisation Eta. Zwei Polizisten wurden getötet

6. AUGUST

Im Londoner Stadtteil Mayfair erbeuten Räuber bei einem Überfall auf einen Juwelier Schmuck im Wert von 47 Millionen Euro – der bislang größte Juwelenraub Großbritanniens. Drei Verdächtige werden noch im August verhaftet.

Die Türkei einigt sich mit Russland auf den Bau einer russischen Gaspipeline durch das Schwarze Meer. Die geplante „South-Stream-Leitung" von Russland nach Bulgarien wird türkische Hoheitsgewässer kreuzen und das konfliktfreudige Transitland Ukraine umgehen.

7. AUGUST

Der legendäre britische Postzug-Räuber Ronald Biggs wird wegen seines schlechten

7. August: Postzug-Räuber Biggs, aus Gesundheitsgründen aus der Haft entlassen, wohnt nun im Pflegeheim. Sohn Michael ist ihm eine Freude

Gesundheitszustands aus der Haft entlassen und begnadigt. Biggs gilt als einer der Drahtzieher des Überfalls auf den Nachtzug von Glasgow nach London im Jahr 1963, bei dem 2,6 Millionen Pfund geraubt wurden; das wären heute dem Geldwert entsprechend rund 47 Millionen Euro.

9. AUGUST

Die Organisation für Sicherheit und Zusammenarbeit in Europa (OSZE) wird erstmals Wahlbeobachter nach Deutschland entsenden, die den korrekten Ablauf der Bundestagswahl im September dokumentieren sollen. Dabei wird besonders die Entscheidung des Bundeswahlausschusses, Kleinparteien, darunter die Grauen und die Freie Union von Gabriele Pauli, nicht zuzulassen, von der OSZE untersucht.

Auf der Ferieninsel Mallorca verübt die baskische Terrororganisation Eta erneut Bombenanschläge. Vier Sprengsätze explodieren in der Hauptstadt Palma. Es wird niemand verletzt.

10. AUGUST

Eine Dreijährige aus dem bayerischen Thalmässing stirbt an Unterernährung. Gegen die Eltern ergeht Haftbefehl wegen gemeinschaftlichen Totschlags durch Unterlassung. Außerdem ermitteln die Behörden gegen das Jugendamt, das die Familie zwei Jahre betreut hatte, beim letzten Besuch im November 2008 jedoch keinerlei „Gefährdungsmomente" verzeichnete.

11. AUGUST

In der tschetschenischen Hauptstadt Grosnyj im Nordkaukasus werden zum zweiten Mal innerhalb eines Monats Menschenrechtler entführt und ermordet. Die Leichen der Leiterin des Kinderhilfswerks „Retten wir die Generation", Sarema Sadulajewa, und ihres Mannes Alik Dschabrailow werden mit Schusswunden aufgefunden. Ihre regierungsunabhängige Organisation setzt sich für minderjährige Opfer des Tschetschenienkrieges ein.

Der ehemalige Wehrmachtsoffizier Josef Scheungraber wird bei einem der letzten NS-Kriegsverbrecherprozesse in Deutschland zu lebenslanger Haft verurteilt. Das Münchner Schwurgericht befindet den 90-Jährigen des zehnfachen Mordes an italienischen Zivilisten für schuldig. Er habe 1944 als Vergeltung für einen Partisanenüberfall zehn Männer in ein Haus sperren und in die Luft sprengen lassen.

13. AUGUST

Escada, ehemals wichtigste deutsche Modemarke, ist pleite. Nach mehreren Rettungsversuchen meldet das Luxusmode-Unternehmen mit rund 2300 Beschäftigten Insolvenz beim Amtsgericht München an.

Die deutsche Wirtschaft ist erstmals seit Anfang 2008 wieder gewachsen. Nach Angaben des Statistischen Bundesamtes legt das Bruttoinlandsprodukt (BIP) im zweiten Quartal gegenüber dem Vorquartal real um 0,3 Prozent zu. Auch wenn der rasante Abschwung gestoppt ist, steht das Land deutlich schlechter da als im Vorjahr: Im Vergleich fiel das BIP um 7,1 Prozent geringer aus.

16. AUGUST

Bei der Leichtathletik-Weltmeisterschaft in Berlin stellt der Jamaikaner Usain Bolt über 100 Meter Sprint einen neuen Weltrekord auf. In 9,58 Sekunden schlägt er seinen amerikanischen Konkurrenten Tyson Gay (9,71 Sekunden).

Der vermisste Frachter „Arctic Sea" wird vor den Kapverdischen Inseln von einem russischen Kriegsschiff aufgespürt und die ebenfalls russische Besatzung wohlbehalten geborgen. Das unter maltesischer Flagge fahrende Schiff war drei Wochen zuvor spurlos verschwunden; es sollte Holz von Finnland nach Algerien liefern. Experten spekulieren aber auch über Waffenschmuggel.

17. AUGUST

Die Wadan-Werften, die zum August Insolvenz anmelden mussten, werden vom ehemaligen russischen Energieminister Igor Jussufow gekauft. Der Investor zahlt für das Schiffbau-Unternehmen 40,5 Millionen Euro und will rund die Hälfte der Mitarbeiter in Wismar und Rostock-Warnemünde weiterbeschäftigen.

18. AUGUST

Ein aufgebrachter Rentner läuft in der niederrheinischen Kleinstadt Schwalmtal Amok, weil das Haus seiner Tochter zur Zwangsversteigerung ausgeschrieben wird. Bei einem Termin zur Begutachtung der Immobilie tötet er zwei Rechtsanwälte und einen Gutachter und verletzt einen weiteren schwer.

Speerwerferin Steffi Nerius sichert sich bei der Leichtathletik-Weltmeisterschaft mit 67,30 Metern überraschend die Goldmedaille. Es ist der erste WM-Titel der Athletin, die ihre Sportlerkarriere damit abschließt.

20. AUGUST

Der libysche Lockerbie-Attentäter Abdel Bassit Ali al-Megrahi wird vorzeitig aus der Haft entlassen und kehrt in seine Heimat zurück. Die schottische Regierung begnadigt den 57-Jährigen, da er an

27. August: Neuneinhalb Monate war der Brite Michael Perham, 17, mutterseelenallein auf See. Jetzt ist er der jüngste Einhand-Weltumsegler auf Erden

SEPTEMBER

Krebs im Endstadium leidet. Al-Megrahi war 2001 wegen des Anschlags auf eine PanAm-Maschine, bei dem 270 Menschen starben, zu lebenslänglicher Haft verurteilt worden.

Eine DNA-Spur verweist auf eine mögliche Beteiligung von Ex-RAF-Terroristin Verena Becker an dem Attentat auf Generalbundesanwalt Siegfried Buback im Jahr 1977. Ihre Spuren waren auf dem damaligen Bekennerschreiben nachgewiesen worden. Im Zuge einer Hausdurchsuchung erhärtet sich der Verdacht; am 28. August kommt die 57-jährige Becker in Untersuchungshaft.

22. AUGUST

Bei einer Gewinnchance von eins zu 623 Millionen knackt ein Unbekannter in einem italienischen 2000-Seelen-Dorf den „Superenalotto"-Jackpot; mit rund 148 Millionen Euro ein Rekordgewinn in Europa.

24. AUGUST

Das Landgericht in Bielefeld verurteilt einen Hilfsarbeiter aus Lübbecke zu einer Haftstrafe von knapp elf Jahren. Der 31-jährige Familienvater hatte eine 13-jährige Radfahrerin vorsätzlich mit dem Auto angefahren und sie anschließend vergewaltigt.

25. AUGUST

Das ursprüngliche Gutachten, das einen Ausbau des Atommülllagers Gorleben als Endlager infrage stellte, ist 1983 laut Bericht der „Frankfurter Rundschau" manipuliert worden. Auf Druck der damaligen CDU-Regierung unter Helmut Kohl habe man kritische Passagen geändert. Erst kürzlich hatte das Bundesamt für Strahlenschutz die verschiedenen Entwürfe des Gutachtens freigegeben.

Der Anführer der pakistanischen Taliban, Baitullah Mehsud, ist tot. Nach Angaben zweier Kommandeure der radikalislamischen Gruppierung sei er Anfang des Monats bei einem Raketenangriff in Süd-Wasiristan verwundet worden und den Verletzungen am 23. August erlegen. Die pakistanische Regierung macht Mehsud unter anderem für die Ermordung der früheren Premierministerin Benazir Bhutto verantwortlich.

27. AUGUST

Der 17 Jahre alte Michael Perham ist als bisher jüngster Mensch einhand um die Welt gesegelt. Neuneinhalb Monate war der Brite allein auf See unterwegs.

In dem kalifornischen Städtchen South Lake Tahoe taucht eine junge Frau auf, die 18 Jahre lang von einem Ehepaar gefangen gehalten und missbraucht wurde. Die mittlerweile 29 Jahre alte Jaycee Lee Dugard war 1991 als Elfjährige in demselben Ort gekidnappt worden. Dugard war die ganzen Jahre in einem Verschlag im Garten der Entführer versteckt worden. Sie gebar in der Gefangenschaft zwei Kinder.

29. AUGUST

Die britische Band Oasis gibt nach andauernden Streitereien zwischen den Brüdern Noel und Liam Gallagher ihre Trennung bekannt. Die Single „Live Forever" brachte der Britpop-Gruppe 1994 den Durchbruch. „Wonderwall" oder „Don't Look Back In Anger" wurden ebenfalls langlebige Welthits.

30. AUGUST

Die Landtagswahlen im Saarland und in Thüringen bescheren der CDU zweistellige Verluste. Mit einem Minus von 13 Prozentpunkten gegenüber 2004 erreicht sie an der Saar 34,5 Prozent; in Thüringen kommt sie auf 31,2 Prozent (-11,8). In Sachsen behaupten sich die Christdemokraten mit 40,2 Prozent. Die SPD legt in Thüringen und Sachsen etwas zu, verliert aber 6,3 Prozentpunkte im Saarland. Die Grünen erzielen überall leichte, die FDP kräftige Gewinne. Mit einem Plus von 19 Prozentpunkten räumt die Linke im Saarland ab.

1. SEPTEMBER

Für Firmen in einer Kreditklemme beschließt die Bundesregierung, zehn Milliarden Euro bereitzustellen. Unternehmen können die Darlehen via Hausbank von der staatlichen KfW-Förderbank bekommen.

2. SEPTEMBER

Die Abwrackprämie für Altautos läuft nach knapp acht Monaten aus. Die im Rahmen des Konjunkturprogrammes bereitgestellten fünf Milliarden Euro sind verbraucht. Fast zwei Millionen Käufer profitierten von der Subvention, die den Automarkt beleben sollte.

3. SEPTEMBER

Thüringens Ministerpräsident Althaus reicht vier Tage nach den schweren Stimmverlusten der Christdemokraten bei der Landtagswahl seinen Rücktritt ein. Seine Partei verlor bei der Wahl fast zwölf Prozentpunkte.

Das Schweizer Fernsehen berichtet, dass der libysche Revolutionsführer Moamar Gadhafi bei der UN-Vollversammlung einen formellen Antrag zur Auflösung der Schweiz gestellt habe. Das Territorium solle unter den Nachbarstaaten verteilt werden. Libyen hat ein Jahr den Vorsitz der UN-Generalversammlung inne. Der Antrag wurde abgewiesen.

Michael Jackson wird im engsten Familien- und Freundeskreis auf dem Prominentenfriedhof Forest Lawn Memorial Park in Los Angeles beigesetzt.

4. SEPTEMBER

In Nordafghanistan ordnet die Bundeswehr einen Luftschlag auf von Taliban entführte Tanklaster an. Dabei kommen mindestens 142 Menschen, unter ihnen Zivilisten, ums Leben. Der Angriff wird von den Isaf-Partnern kritisiert und soll juristisch untersucht werden.

3. September: Thüringens Ministerpräsident Dieter Althaus, hier vor seinem Haus in Heiligenstadt, legt vier Tage nach der Wahlschlappe seine Ämter nieder

5. SEPTEMBER

Mehrere Zehntausend Menschen protestieren in Berlin gegen Kernenergie und fordern die „Stilllegung aller Atomanlagen" weltweit. Es ist die größte Demonstration von Atomkraftgegnern in Deutschland seit über 20 Jahren.

10. SEPTEMBER

Die DFB-Frauen holen sich zum siebten Mal den Europameistertitel. Im Finale in Helsinki feiern die deutschen Fußball-Frauen einen 6:2-Sieg gegen England.

General Motors kündigt an, die Mehrheit (55 Prozent) der

12. September: Man muss die Feste feiern, wie sie fallen. „Soul Kitchen", eine Komödie von Fatih Akin, wird in Venedig mit einem Spezialpreis bedacht

europäischen Tochter Opel an den österreichisch-kanadischen Autozulieferer Magna und dessen russischen Partner Sberbank zu verkaufen.

12. SEPTEMBER

In München wird ein 50-jähriger Geschäftsmann von zwei Jugendlichen auf einem Bahnsteig zusammengeschlagen. Er stirbt. Der Jurist hatte sich in einer S-Bahn schützend vor vier Kinder gestellt, die von den Tätern angegriffen worden waren.

Beim 66. Filmfestival in Venedig wird das israelische Kriegsdrama „Libanon" mit dem Goldenen Löwen ausgezeichnet. Der Hamburger Regisseur Fatih Akin gewinnt mit der Komödie „Soul Kitchen" den Spezialpreis der Jury.

14. SEPTEMBER

Ein Gericht in London verurteilt drei islamistische Terroristen zu lebenslangen Haftstrafen. Die „Getränkebomber", die versucht hatten, Sprengstoff in Flaschen an Bord von Flugzeugen mit Ziel USA zu schmuggeln, waren 2006 am Londoner Flughafen Heathrow festgenommen worden. Die Regeln für Flüssigkeiten im Handgepäck wurden danach international verschärft.

Zum ersten Mal seit der Gründung des UN-Menschenrechtsrats 2006 nehmen die USA als Vollmitglied an einer Sitzung teil. Bislang waren die Amerikaner nur als Beobachter vertreten, da der frühere Präsident George W. Bush die Einrichtung ablehnte.

15. SEPTEMBER

Die neunjährige Kassandra aus Velbert bei Essen, die am Vortag von ihren Eltern als vermisst gemeldet wurde, wird schwer verletzt aus einem Kanalschacht geborgen. Ein Spürhund entdeckte das Mädchen unter dem Gullydeckel. Im Oktober wird ein 14-jähriger Nachbarsjunge als Tatverdächtiger festgenommen.

16. SEPTEMBER

Der Portugiese José Manuel Barroso wird als Präsident der EU-Kommission für eine zweite Amtszeit von fünf Jahren gewählt.

Nach mehr als zwei Jahren verurteilt ein Gericht in Antalya den 19-jährigen Marco aus Uelzen, der 2007 eine damals 13-jährige Britin sexuell missbraucht haben soll, zu zwei Jahren, zwei Monaten und 20 Tagen Haft auf Bewährung. Die Verteidigung geht in Revision.

Erstmals gelingt es zwei deutschen Handelsschiffen, die Nordostpassage vor der Küste Sibiriens zu befahren, obwohl diese wegen Packeis selbst im Sommer als kaum passierbar gilt. Da wegen der Erderwärmung das Eis im Nordpolarmeer schwindet, wird diese Passage zwischen Asien und Europa, die rund 5400 Kilometer kürzer als die übliche Route durch den Suezkanal ist, zunehmend interessant.

17. SEPTEMBER

Ein 18-jähriger Gymnasiast läuft an seiner Schule in Ansbach Amok. Mit Messern, Axt und Molotowcocktails bewaffnet, stürmt der Junge das Gebäude und verletzt zehn Schüler und einen Lehrer. Nach nur elf Minuten wird der Täter von der Polizei angeschossen und überwältigt.

US-Präsident Obama stoppt das umstrittene Vorhaben, in Tschechien und Polen ein Abwehrsystem gegen iranische Langstreckenraketen zu installieren. Im Gegenzug verkündet der russische Vize-Verteidigungsminister Popowkin, auf Kurzstreckenraketen in der Ostsee-Exklave Kaliningrad verzichten zu wollen.

In Australien wird ein schwerer Fall von Inzest publik. Ein Mann in Melbourne soll seine Tochter rund 30 Jahre versklavt und sexuell missbraucht haben. Er habe mit der Tochter, die heute Mitte 40 ist, vier Kinder gezeugt.

22. SEPTEMBER

Sachsen wird erstmals von einer schwarz-gelben Koalition regiert. In Dresden unterschreiben CDU-Ministerpräsident Stanislaw Tillich und FDP-Landesvorsitzender Holger Zastrow den Koalitionsvertrag. Ende September wird Tillich als Landesoberhaupt bestätigt.

23. SEPTEMBER

Ein 48-jähriger Arbeiter aus Oberbayern gewinnt 31,7 Millionen Euro, den zweithöchsten Einzelgewinn der deutschen Lottogeschichte. Der Familienvater meldet sich erst eine Woche nach der Ziehung bei der Lotteriegesellschaft – schließlich habe er arbeiten müssen und sich nicht einfach freinehmen können.

24. SEPTEMBER

Erstmals melden UN-Organisationen und Hersteller Erfolg bei der Impfstoffentwicklung gegen Aids. In einer Studie mit 16 000 Teilnehmern traten unter den Geimpften 31,2 Prozent weniger HIV-Infektionen auf als in der Gruppe, die eine Scheinsubstanz erhalten hatte.

25. SEPTEMBER

Die 20 stärksten Wirtschaftsnationen beschließen auf der G-20-Gipfelkonferenz in Pittsburgh eine Reform des Weltfinanzsystems. Demnach sollen sich Banken in Zukunft besser gegen Risiken absichern und Manager Beschränkungen ihrer Gehälter hinnehmen.

17. September: Ein Polizeibeamter hat sich vor dem Gymnasium Carolinum in Ansbach postiert. Am Vormittag sind hier mehrere Schüler und ein Lehrer beim Amoklauf eines Mitschülers verletzt worden

OKTOBER

26. SEPTEMBER

Roman Polanski, Regisseur und Oscar-Preisträger, wird bei der Einreise in die Schweiz festgenommen. Gegen den 76-Jährigen liegt ein US-Haftbefehl vor, weil er 1977 eine 13-Jährige vergewaltigt haben soll. Er hatte damals gestanden, das Mädchen sexuell missbraucht zu haben, war jedoch vor dem Prozess geflüchtet. Polanski legte Widerspruch gegen seine Auslieferung in die USA ein. Nach knapp zwei Monaten Haft wird er gegen eine Kaution von 4,5 Millionen Franken unter Hausarrest mit Fußfessel gestellt.

Der Tropensturm Ketsana verwüstet weite Teile der Philippinen, von Vietnam, Laos und Kambodscha. Etwa 500 Menschen kommen dabei ums Leben, 340 000 Menschen fliehen aus ihren Häusern.

Der Ukrainer Vitali Klitschko verteidigt seinen WBC-Weltmeistertitel im Schwergewichtsboxen gegen den Amerikaner Cristobal Arreola durch technischen K. o.

27. SEPTEMBER

Union und FDP gewinnen die Bundestagswahl und kündigen an, die schwarz-rote Koalition mit einer gemeinsamen Regierung abzulösen. Die FDP erreicht 14,6 Prozent, das beste Ergebnis ihrer Geschichte, und fängt damit die Verluste der CDU/CSU auf, die mit 33,8 Prozent (minus 1,4) den schlechtesten Wert seit 1949 einfahren. Die SPD stürzt auf 23 Prozent ab (minus 11,2), die Linke erzielt 11,9 Prozent, die Grünen erreichen 10,7 Prozent. Die Wahlbeteiligung erreicht den historischen Tiefstand von 70,8 Prozent (minus 6,9).

30. SEPTEMBER

Die Insel Sumatra wird von einem Erdbeben der Stärke 7,6 erschüttert. Mehr als 1000 Menschen kommen ums Leben. Am Tag zuvor hatte ein Seebeben vor Samoa einen Tsunami ausgelöst, der im Südsee-Raum fast 200 Opfer forderte.

2. OKTOBER

Mit einer überraschend großen Mehrheit von 67,1 Prozent stimmen die Iren für den EU-Vertrag von Lissabon. Beim ersten Referendum im Juni 2008 war der Vertrag abgelehnt worden. Am 10. Oktober ratifiziert Polen den Kontrakt. Das Reformwerk tritt endgültig in Kraft, nachdem der tschechische Präsident Václav Klaus Anfang November unterschreibt.

Das Internationale Olympische Komitee wählt Rio de Janeiro als Austragungsort für die Olympischen Spiele 2016. Der Wettkampf findet erstmals in Südamerika statt.

5. OKTOBER

In der pakistanischen Hauptstadt Islamabad sprengt sich ein Selbstmordattentäter im Hauptquartier des UN-Welternährungsprogramms WFP in die Luft und tötet fünf Angestellte. Zu der Tat bekennen sich die pakistanischen Taliban; es handle sich unter anderem um einen Racheakt für Angriffe von US-Drohnen im Grenzgebiet zu Afghanistan.

Den diesjährigen Medizin-Nobelpreis teilen sich drei Wissenschaftler aus den USA, die herausgefunden haben, wie Zellen altern. Die Auszeichnung für Elizabeth Blackburn, Carol Greider und Jack Szostak ist mit insgesamt fast einer Million Euro dotiert.

6. OKTOBER

Nach der Roten Liste der gefährdeten Wirbeltiere zählen der Feldhamster, der Schreiadler und die Lachseeschwalbe zu den gefährdetsten Tierarten in Deutschland. Durch Schutzmaßnahmen haben sich hingegen die Bestände etwa der Biber oder Fischotter erholt. Die Rote Liste wird alle zehn Jahre neu erstellt.

Der Nobelpreis für Physik geht an die Forscher Charles Kao, Willard Boyle und George Smith für ihre Grundlagenarbeit für Digitalkameras und die rasante Datenleitung über Glasfaserkabel. Für den Chemie-Nobelpreis werden am folgenden Tag die Zellforscher Ada Jonath, Thomas Steitz und Venkatraman Ramakrishnan nominiert, für die Erklärung der Form und Funktion von Ribosomen.

7. OKTOBER

In einer U-Bahn in Frankfurt/Main attackieren drei betrunkene junge Frauen einen 51-Jährigen und verletzen ihn schwer. Nachdem er versucht hat, einen Streit zwischen den 17 bis 19 Jahre alten Mädchen zu schlichten, wird er von ihnen an einer Station aus der Bahn gestoßen und brutal misshandelt. Die Jugendlichen werden wenig später gefasst.

Italiens Ministerpräsident Silvio Berlusconi verliert die Immunität. Ein Gesetz, das im Juli 2008 von dem Regierungschef verabschiedet worden war, um den vier ranghöchsten Politikern im Staat die juristische Unantastbarkeit zu sichern, wird vom Verfassungsgericht für ungültig erklärt.

Im Fall „Cap Anamur" spricht ein Gericht auf Sizilien den wegen Beihilfe zur illegalen Einwanderung angeklagten Vorsitzenden der humanitären Organisation, Elias Bierdel, und seinen Kapitän frei. Die Männer hatten im Sommer 2004 mit ihrem Hilfsschiff 37 afrikanische Flüchtlinge aus einem Schlauchboot gerettet, das im Mittelmeer zu sinken drohte.

Astronomen entdecken einen weiteren, bislang unbekannten Ring um den Saturn. Der gigantische Staubring ist der größte bisher bekannte in unserem Sonnensystem.

8. Oktober: Erster großer Auftritt der deutschen Literaturnobelpreisträgerin Herta Müller auf einer Pressekonferenz in Berlin

8. OKTOBER

Erstmals wird in Deutschland die Schweinegrippe als Todesursache bei einem Menschen nachgewiesen. Die 36-jährige Frau, die extrem übergewichtig, zuckerkrank und starke Raucherin war, zählte als Risikopatientin.

Herta Müller gewinnt den Literaturnobelpreis. Die deutsche Autorin, die 1987 aus Rumänien nach Deutschland eingewandert ist, wendet sich in ihren Romanen gegen politische Verfolgung. Ihre Werke werden von der Jury als „Landschaften der Heimatlosigkeit" gelobt.

9. OKTOBER

US-Präsident Barack Obama erhält den Friedensnobelpreis für seinen Einsatz zur „Stärkung der

18. Oktober: Siegen macht richtig gute Laune. Der Brite Jensen Button ist nach zehn Jahren Teilnahme neuer Formel-1-Weltmeister

internationalen Diplomatie". Die Juroren begründen ihre Entscheidung vor allem mit Obamas Vision einer atomwaffenfreien Welt und der Neuausrichtung der US-Außenpolitik, die ein verändertes Klima in den internationalen Beziehungen geschaffen habe.

10. OKTOBER

Mit einem 1:0-Sieg gegen Russland qualifiziert sich die deutsche Fußballnationalmannschaft für die WM 2010 in Südafrika.

Kathrin Schmidt erhält den Deutschen Buchpreis 2009 für ihren Roman „Du stirbst nicht". In dem stark autobiografisch geprägten Buch schildert die Thüringer Autorin die Geschichte einer Frau, die nach einer Hirnblutung aus dem Koma erwacht und den Weg ins Leben zurückfindet.

Die US-Umweltökonomin Elinor Ostrom erhält zusammen mit ihrem Landsmann Oliver Williamson den Wirtschaftsnobelpreis. Zum ersten Mal bekommt eine Frau diese Auszeichnung. Sie hat die nachhaltige Nutzung von Allmendegütern wie Weiden, Fischgründen und Grundwasserreservoirs analysiert.

16. OKTOBER

Der Radiosender NDR Info meldet, ihm seien rund 27 000 Datensätze von Kunden des Finanzdienstleisters AWD zugespielt worden. Neben Kundennummern, Adressen, Telefonnummern, Berufsbezeichnungen und Geburtstagen sei ersichtlich, welche Verträge die Betroffenen abgeschlossen oder wie viel Geld sie angelegt hätten.

17. OKTOBER

Knapp drei Wochen nach der Landtagswahl in Schleswig-Holstein unterzeichnen die schwarz-gelben Führungsspitzen ihre Koalitionsvereinbarungen. Am 27. Oktober wird CDU-Ministerpräsident Peter Harry Carstensen im Amt bestätigt.

Nach einer Welle islamistischer Anschläge in den vergangenen Wochen beginnt die pakistanische Armee eine 28 000 Mann starke Großoffensive gegen radikal-islamische Aufständische in Südwasiristan. Das Grenzgebiet zu Afghanistan gilt als Rückzugsgebiet für die Taliban.

18. OKTOBER

Jenson Button ist neuer Formel-1-Weltmeister. Der britische Brawn-GP-Pilot holt nach zehn Jahren in diesem Wettbewerb zum ersten Mal den Titel.

Beim Online-Netzwerk Schüler-VZ sind Datensätze von rund einer Million Nutzern kopiert und illegal weitergegeben worden. Angeblich sind keine sensiblen Daten wie Telefonnummern, Adressen oder Passwörter betroffen. Tags drauf wird ein 20-Jähriger aus Erlangen in Berlin festgenommen; gegen ihn ergeht Haftbefehl wegen versuchter Erpressung des VZ-Netzwerks. Am 31. Oktober begeht der junge Mann in der Berliner JVA Plötzensee Selbstmord.

19. OKTOBER

Das traditionsreiche Versandhaus Quelle wird nach 82 Jahren abgewickelt. Sämtliche Bemühungen, das insolvente Fürther Unternehmen zu verkaufen, seien gescheitert, teilt der Insolvenzverwalter der Muttergesellschaft Arcandor mit. Quelle beschäftigt derzeit rund 10 500 Menschen.

22. OKTOBER

Jean Sarkozy, Sohn des französischen Präsidenten, verzichtet nach Protesten auf die Kandidatur für den Chefposten einer wichtigen Pariser Behörde. Der 23-jährige Jurastudent erklärt, er wolle verhindern, dass der „Verdacht der Günstlingswirtschaft" aufkomme.

23. OKTOBER

Für Verstöße gegen den Datenschutz zahlt die Deutsche Bahn die Rekordstrafe von 1,12 Millionen Euro. Damit werden im Zuge der im Januar aufgedeckten Affäre diverse Vorfälle geahndet, bei denen heimlich Daten von Mitarbeitern mit denen von Lieferanten der Bahn abgeglichen wurden. Es ist das bisher höchste verhängte Bußgeld einer deutschen Datenschutzbehörde.

27. OKTOBER

In Berlin findet die erste Sitzung des neuen Bundestags statt. CDU-Bundestagspräsident Norbert Lammert wird im Amt bestätigt. Am Tag darauf wird Angela Merkel als Bundeskanzlerin wiedergewählt. Erstmals seit 1998 wird Deutschland wieder von einem Bündnis aus Union und FDP regiert.

In Thüringen besiegeln SPD-Chef Christoph Matschie und die CDU-Vorsitzende Christine Lieberknecht eine schwarz-rote Koalition. Lieberknecht wird am 30. Oktober zur ersten CDU-Ministerpräsidentin Deutschlands gewählt, erhält allerdings erst im dritten Wahlgang die notwendige Mehrheit.

28. OKTOBER

Die Landesbischöfin von Hannover, Margot Käßmann, wird zur Ratspräsidentin der Evangelischen Kirche in Deutschland gewählt. Sie ist die erste Frau, die dieses höchste Amt in der Kirche übernimmt.

28. Oktober: Zehn Jahre amtiert sie als Landesbischöfin. Nun wird Margot Käßmann auch noch zur Ratspräsidentin der Evangelischen Kirche gewählt

NOVEMBER

2. NOVEMBER
Nach wochenlangen Querelen erklärt die umstrittene afghanische Wahlkommission Amtsinhaber Hamid Karsai zum Präsidenten des Landes. Tags zuvor hatte dessen Herausforderer Abdullah Abdullah seine Kandidatur für die Stichwahl zurückgezogen, da er angesichts der Manipulationen im ersten Wahlgang eine faire Abstimmung ausschloss.

3. NOVEMBER
Kruzifixe in Klassenzimmern staatlicher Schulen vorzuschreiben verstößt gegen die Religions- und verletzt die elterliche Freiheit, die Kinder gemäß eigener Überzeugungen zu erziehen. Zu diesem Urteil kommt der europäische Gerichtshof für Menschenrechte in Straßburg. Die Richter geben damit einstimmig einer Italienerin recht, die bis in die höchsten Instanzen mit ihrer Absicht gescheitert war, ihre Kinder ohne religiöse Symbole unterrichten zu lassen.

Der US-Autobauer General Motors (GM) beschließt, seine Tochterfirma Opel doch nicht wie geplant an den Autozulieferer Magna zu verkaufen. Bis zum 24. November zahlt GM den deutschen Überbrückungskredit vollständig zurück. Opel-Interimschef Nick Reilly will für die Sanierung europaweit rund 10 000 Stellen streichen.

Als erstes deutsches Staatsoberhaupt hält Bundeskanzlerin Angela Merkel eine Rede vor beiden Kammern des amerikanischen Kongresses in Washington und dankt dabei den USA für ihre Hilfe bei der Wiedervereinigung Deutschlands.

4. NOVEMBER
Im Prozess um die Entführung des radikalen ägyptischen Klerikers Abu Omar werden in Italien mehr als 20 CIA-Agenten in Abwesenheit zu mehrjährigen Haftstrafen verurteilt. Das Kidnapping hatte 2003 Aufsehen erregt, weil der Imam der Mailänder Moschee in der Stadt bei helllichtem Tage auf offener Straße verschleppt worden war.

5. NOVEMBER
Auf dem amerikanischen Militärstützpunkt Fort Hood in Texas läuft ein US-Militärpsychiater muslimischen Glaubens Amok und erschießt 13 Menschen, 42 weitere werden verletzt. Der Offizier wird schließlich von der Polizei mit mehreren Schüssen gestoppt.

In Brandenburg besiegeln SPD-Ministerpräsident und -Parteichef Matthias Platzeck und der Linke-Vorsitzende Thomas Nord mit ihren Fraktionschefs eine rot-rote Koalition.

9. NOVEMBER
Mit Staatsgästen aus aller Welt feiern Tausende Deutsche in Berlin den 20. Jahrestag des Mauerfalls.

Mit dem sogenannten Wachstumsbeschleunigungsgesetz bringt das Bundeskabinett die dritte Konjunkturmaßnahme gegen die Wirtschaftskrise innerhalb eines Jahres auf den Weg. Es sieht Steuerentlastungen für Unternehmen, Eltern, Erben und die Hotelbranche vor.

Im Saarland nimmt erstmals in der Geschichte der Bundesrepublik eine schwarz-gelb-grüne Koalition auf Landesebene ihre Arbeit auf. CDU-Ministerpräsident Peter Müller, der FDP-Landesvorsitzende Christoph Hartmann und der Grünen-Vorsitzende Hubert Ulrich unterzeichnen in Saarbrücken den Vertrag für das sogenannte Jamaika-Bündnis.

11. NOVEMBER
Das Dresdner Landgericht verurteilt den Mörder der Ägypterin Marwa al-Schirbini zu lebenslanger Haft. Die 31 Jahre alte Frau war Anfang Juli während einer Gerichtsverhandlung erstochen worden, bei der sie als Zeugin auftrat. Der Prozess wurde in der arabischen Welt mit großer Aufmerksamkeit verfolgt.

An der Seite des französischen Staatspräsidenten Nicolas Sarkozy nimmt Angela Merkel in Paris als erstes deutsches Regierungsoberhaupt an der Gedenkfeier zum Ende des Ersten Weltkriegs vor 91 Jahren teil.

13. NOVEMBER
Auf dem Bundesparteitag in Dresden tauscht die SPD ihre engere Parteiführung aus. Mit 94,2 Prozent wird Sigmar Gabriel zum neuen Vorsitzenden gewählt, Generalsekretärin der Partei wird die 39-jährige Andrea Nahles.

17. NOVEMBER
Oskar Lafontaine, Vorsitzender der Linkspartei, gibt bekannt, dass er sich aufgrund einer Krebserkrankung zumindest vorübergehend aus der Politik zurückziehen werde. Völlig überraschend hatte der 66-Jährige Anfang Oktober seinen Rückzug vom Vorsitz der Fraktion verkündet, die er seit 2005 gemeinsam mit Gregor Gysi geführt hatte.

18. NOVEMBER
Hunderttausende Kreditkarten werden in Deutschland ausgetauscht, nachdem, vermutlich bei einem spanischen Abrechnungsunternehmen, massenhaft Kundendaten gestohlen wurden. Die Tauschaktion soll Missbrauch vorbeugen. Angeblich sind alle deutschen Banken betroffen.

19. NOVEMBER
Der größte bekannte Wettskandal aller Zeiten erschüttert den Fußball: Laut Bochumer Staatsanwaltschaft stehen mehr als 200 Spiele in 17 europäischen Ländern im Verdacht, von Betrügern manipuliert worden zu sein, davon 32 auch in der zweiten Bundesliga und darunterliegenden Klassen. Für richtige Tipps auf die zweifelhaften Spiele sollen von Wettbüros in Asien und Europa rund zehn Millionen Euro Gewinne ausgezahlt worden sein.

21. NOVEMBER
In einer Kohlengrube in der Provinz Heilongjiang im Nordosten Chinas sterben 108 Menschen bei einer Gasexplosion. Chinas Bergwerke, von denen viele illegal betrieben werden, zählen zu den gefährlichsten der Welt.

21. November: Rettungskräfte versuchen, bei einem Grubenunglück in einem chinesischen Kohlenbergwerk verschüttete Menschen zu bergen

27. NOVEMBER
Der frühere CDU-Verteidigungsminister Franz Josef Jung übernimmt die Verantwortung für die Informationspolitik des Bundesverteidigungsministeriums in Bezug auf die Luftangriffe vom 4. September im afghanischen Kundus und tritt von seinem

DEZEMBER

29. November: Das bedrohlich wirkende Plakat wirbt für ein Bauverbot von Minaretten in der Schweiz

neuen Amt als Arbeitsminister zurück. Bei dem von der Bundeswehr angeordneten Bombardement zweier von Taliban entführter Tanklaster waren etwa 140 Menschen getötet worden. Jung hatte damals bestritten, dass bei dem Angriff Zivilisten umgekommen seien, obwohl der Bundeswehr ein umgehend angefertigter Bericht über viele zivile Opfer vorlag.

Im Nordwesten Russlands tötet ein Bombenanschlag auf einen Schnellzug 26 Menschen. Später bekennen sich islamistische Extremisten aus dem Nordkaukasus zu dem Attentat.

Mit einem überwältigenden Ergebnis von 99,3 Prozent wird Uli Hoeneß zum neuen Präsidenten des deutschen Fußballrekordmeisters FC Bayern München gewählt. Er tritt die Nachfolge von Franz Beckenbauer an, der das Amt nach 15 Jahren aufgibt.

Der Vertrag von ZDF-Chefredakteur Nikolaus Brender wird nicht verlängert. Der Journalist scheitert an der Unionsmehrheit im Verwaltungsrat. Trotz Warnungen vor politischer Einflussnahme hatten sich CDU-Politiker, allen voran Ministerpräsident Roland Koch, gegen Brender ausgesprochen. Am 10. Dezember wird der bisherige Leiter des ZDF-Hauptstadtstudios, Peter Frey, zu Brenders Nachfolger gewählt.

US-Golfstar Tiger Woods übersteht einen Autounfall nahe seinem Haus in Florida mit leichten Verletzungen. Bei der Untersuchung der Unfallursache kommt heraus, dass Woods offenbar von seiner Frau Elin Nordegren nach einem Ehekrach mit einem Golfschläger in der Hand verfolgt wurde, weshalb er im Auto floh. Angeblich hat Woods außereheliche Verhältnisse.

29. NOVEMBER

Bei einer Volksabstimmung sprechen sich die Schweizer mit einer unerwartet klaren Mehrheit von 57,5 Prozent dafür aus, den Bau von Minaretten in ihrem Land künftig zu verbieten. Das Referendum war unter anderem von der national-konservativen Schweizerischen Volkspartei (SVP) veranlasst worden. Trotz internationaler Kritik und rechtlicher Zweifel wird das Verbot umgehend in die Schweizer Verfassung aufgenommen.

30. NOVEMBER

Vor dem Münchner Landgericht beginnt der Prozess gegen den mutmaßlichen NS-Kriegsverbrecher John Demjanjuk. Der 89-Jährige war im Mai von den USA nach Deutschland abgeschoben worden; er muss sich wegen Beihilfe zum Mord an 27 900 Juden verantworten.

1. DEZEMBER

US-Präsident Obama kündigt an, seine Truppen in Afghanistan mit weiteren 30 000 Soldaten verstärken zu wollen. Gleichzeitig plant er jedoch den Abzug der Streitkräfte ab Mitte 2011. Unterdessen löst die Ehrung Obamas mit dem Friedensnobelpreis am 10. Dezember in Oslo in den USA und international heftige Kontroversen aus.

3. DEZEMBER

Der Europäische Gerichtshof für Menschenrechte bewertet die Bevorzugung unverheirateter Mütter beim Sorgerecht gegenüber den Vätern als diskriminierend und setzt damit die Bundesregierung unter Zugzwang. Derzeit steht ledigen Eltern in Deutschland das gemeinsame Sorgerecht nur zu, wenn sie gemeinsam eine „Sorgeerklärung" abgeben.

4. DEZEMBER

In Kapstadt findet die Gruppenauslosung für die Fußball-WM 2010 statt. Die deutsche Nationalmannschaft trifft in der Vorrunde auf Australien, Serbien und Ghana. Am 11. Juni wird Gastgeberland Südafrika das Turnier gegen Mexiko eröffnen. Dem neuen Weltmeister winkt ein Rekordpreisgeld von 20,5 Millionen Euro. Das ist eine Steigerung um 61 Prozent gegenüber der WM 2006.

Roman Polanski wird aus der Haft entlassen, darf aber bis zu einer möglichen Auslieferung an die USA sein Schweizer Chalet nicht verlassen und muss eine Fußfessel tragen. Der Regisseur saß wegen eines US-Haftbefehls aus dem Jahr 1978 seit Ende September in Zürich im Gefängnis.

5. DEZEMBER

Weit mehr als 100 Menschen kommen beim Brand in einem Nachtklub in der russischen Millionenstadt Perm ums Leben. Die Katastrophe war durch ein Feuerwerk ausgelöst worden.

7. DEZEMBER

In Kopenhagen beginnt der Weltklimagipfel. Zwei Wochen lang verhandeln die Teilnehmer über Klimaschutzmaßnahmen. Ziel ist es, ein Nachfolgeabkommen für das Kyoto-Protokoll auszuhandeln, das 2012 ausläuft.

8. DEZEMBER

Eisschnellläuferin Claudia Pechstein darf am 11. Dezember beim Weltcup in Salt Lake City starten. Das Schweizer Bundesgericht gibt einem Eilantrag der Berlinerin statt. Die fünfmalige Olympiasiegerin war im Juni vom Weltverband ISU wegen auffälliger Blutwerte für zwei Jahre gesperrt worden und will vor einem Zivilgericht gegen die Strafmaßnahme vorgehen.

12. Dezember: Alle strahlen bei der Unterzeichung der Heiratsurkunde in Essen. Michelle Schumann, Franz Müntefering und seine Tochter Mirjam

10. DEZEMBER

Nach wochenlangen Protestaktionen von Studenten in ganz Deutschland verständigen sich die Kultusminister- und die Hochschulrektorenkonferenz auf eine Reform des Bachelor-Studiums. Die Prüfungsdichte der Studenten soll reduziert und der Wechsel zwischen den Universitäten erleichtert werden.

In Turin wird im Beisein Hunderter Betroffener ein Prozess gegen zwei Ex-Manager des Unternehmens Eternit eröffnet. Es geht um mehr als 2000 asbestbedingte Krankheits- und Todesfälle. Den Angeklagten wird vorgeworfen, zwischen 1966 und 1986 Sicherheitsmaßnahmen im Umgang mit dem krebserregenden Stoff grob vernachlässigt zu haben.

Bundesfinanzminister Wolfgang Schäuble plant für den Bundeshaushalt eine Neuverschuldung von rund 100 Milliarden Euro. Damit verletzt Deutschland 2010 die Maastricht-Vereinbarungen, weil die in der EU erlaubte Kreditaufnahme von bis zu drei Prozent des Bruttoinlandsprodukts überschritten wird.

12. DEZEMBER

Der frühere SPD-Vorsitzende Franz Müntefering (69) heiratet in Essen seine ehemalige Bundestagsbüro-Mitarbeiterin Michelle Schumann (29) und derzeitige Volontärin des SPD-Blatts "Vorwärts".

13. DEZEMBER

Dem italienischen Regierungschef Silvio Berlusconi wird bei einer Wahlveranstaltung in Mailand von einem geistig verwirrten Mann eine Souvenir-Miniatur des Mailänder Doms ins Gesicht geworfen. Der Premier erleidet Platzwunden und einen Bruch der Nasenscheidewand.

14. DEZEMBER

Die Bayerische Landesbank verkauft die Anteile an ihrer vom Konkurs bedrohten österreichischen Tochter Hypo Alpe Adria für einen symbolischen Euro an den österreichischen Staat. Das Finanzabenteuer hat Bayern 3,75 Milliarden Euro gekostet. Als Konsequenz tritt der Chef der Bayern LB, Michael Kemmer, zurück. Ihm stehen laut Presseberichten 1,5 Millionen Euro Abfindung zu.

15. DEZEMBER

In Karlsruhe steht ab heute die Verfassungsmäßigkeit der Vorratsdatenspeicherung zur Verhandlung. 34 000 Bürger haben die Klage gegen die Speicherpflicht für Telefon- und Internetdaten unterschrieben, darunter Justizministerin Sabine Leutheusser-Schnarrenberger, die als Regierungsmitglied zugleich Beklagte ist.

18. DEZEMBER

Weil sie seine Liebe verschmähte, sticht ein 21-Jähriger bei Bremen auf offener Straße mehr als 20-mal auf seine ehemalige Lehrerin ein. Sie stirbt am Tatort. Der „psychisch auffällige" Täter lässt sich widerstandslos festnehmen.

Die Gesellschaft für deutsche Sprache wählt „Abwrackprämie" zum Wort des Jahres. Der Begriff sei 2009 weit über die von der Bundesregierung beschlossene Maßnahme hinaus präsent gewesen. In Anspielung auf den Bundeswehreinsatz in Afghanistan rangiert „kriegsähnliche Zustände" auf Platz zwei und die "Schweinegrippe" auf Platz drei.

19. DEZEMBER

Die Weltklimakonferenz in Kopenhagen endet enttäuschend. Die Delegierten einigen sich auf einen Minimalkonsens, der vorsieht, die ausgehandelte Erklärung nur zur Kenntnis zu nehmen. Das Ziel, die Erderwärmung bis 2050 durch verbindliche Emissionsbeschränkungen auf einen Anstieg von maximal zwei Grad zu begrenzen, ist damit in weite Ferne gerückt.

Eisige Kälte bringt den Zugverkehr unter dem Ärmelkanal zum Erliegen. Mehr als 2000 „Eurostar"-Passagiere auf dem Weg nach London verbringen die Nacht ohne Strom und Wasser im Tunnel.

22. DEZEMBER

Michael Schumacher kehrt nach drei Jahren Pause in die Formel 1 zurück. Der siebenfache Weltmeister unterschreibt für die nächste Saison einen Vertrag mit dem Werksteam Mercedes Grand Prix. Der Ex-Ferrari-Pilot war im August aus gesundheitlichen Gründen von Comeback-Plänen zurückgetreten.

24. DEZEMBER

Das wichtigste innenpolitische Vorhaben des US-Präsidenten Obama nimmt eine entscheidende Hürde. Der Senat befürwortet die Gesundheitsreform, mit der 31 Millionen bisher unversicherte Amerikaner eine Krankenversicherung erhalten sollen.

25. DEZEMBER

Ein Anschlag auf eine amerikanische Passagiermaschine mit 289 Menschen an Bord schlägt fehl. Kurz vor der Landung in Detroit versucht ein 23-jähriger Nigerianer, Sprengstoff am eigenen Körper zu zünden, kann jedoch von Mitreisenden überwältigt werden, sodass das Flugzeug sicher landet. Dem Attentäter werden Verbindungen zu al-Qaida nachgesagt. Nach US-Fernsehberichten sollen zwei der mutmaßlich vier Drahtzieher des vereitelten Selbstmordattentats Ex-Insassen des Gefangenenlagers Guantánamo gewesen sein.

27. DEZEMBER

Bundestagspräsident Norbert Lammert (CDU) kritisiert die schwarz-gelbe Koalition und deren Steuersenkungspläne scharf.

25. Dezember: Umar Abdulmutallab, hier während der Schulzeit an der International School in Togo, scheitert mit seinem Anschlag auf eine US-Passagiermaschine

Das Wachstumsbeschleunigungsgesetz, das 2010 in Kraft tritt, hält er für „schlicht misslungen".

Im Iran kommt es bei Demonstrationen zu den heftigsten Ausschreitungen seit der umstrittenen Wiederwahl von Präsident Mahmud Ahmadinedschad im Juni. In den letzten sechs Monaten wurden Dutzende Regimekritiker hingerichtet. Bei den aktuellen Protesten werden mindestens acht Menschen getötet und über 300 Regimegegner festgenommen.

29. DEZEMBER

China richtet trotz internationaler Proteste zum ersten Mal seit 1951 einen Europäer hin. Der wegen Drogenschmuggels verhaftete Brite soll psychisch krank gewesen sein.

BILDNACHWEIS

Umschlag: AP; Carl de Souza/AFP; Kai Pfaffenbach/REUTERS; Von der Lage/Gladys Chai/Action Press; Mohammed Abed/AFP; Hans-Joachim Pfeiffer/SWR; Rainer Surrey/Action Press; Paul J. Richards/AFP
6/7 Inhalt: Markus Schreiber/AP; Boris Roessler/DPA; Raheb Homavandi/REUTERS; Pete Souza/Getty Images; Pedro Armestre/AFP; Thomas Kienzle/AP
10/11 Jim Young/REUTERS
12/13 Maya Hitij/AP
14/15 Bor Slana/REUTERS
16/17 Alexandre Severo/REUTERS
18/19 Anja Niedringhaus/AP
20/21 Theo Heimann/DDP
22/23 Zuma Press/Action Press
24/25 Alfredo Aldai/DPA
26/27 Scott Olson/Getty Images
28/29 Mohammad Kheirkhah/UPI/LAIF
30/31 DeFodi
32/33 Masa Ushioda/Barcroft Media/Animal Press
36/37 Wolfgang Kumm/DPA
38/39 Timmo Schreiber (3)
40/41 Torsten Silz/DDP; Daniel Karmann/DPA
42/43 Steve Back/Arabian Eye/Agentur Focus; Kami/Arabian Eye/Agentur Focus
44/45 Justin Sullivan/Getty Images
46/47 Andy Rain/DPA; Gerald Holubowicz/Polaris/Studio X; Olivier Morin/AFP
48/49 Yves Herman/REUTERS
50/51 Mustafa Ozer/AFP
52/53 Roel Dijkstra/Sunshine; Jörg Sarbach/AP
54/55 Volker Hinz; Christian Bauer/Getty Images; Clemens Bilan/DDP (2); Marijan Murat/DPA; Marion van der Kraats/DPA
56/57 Henning Schacht/Action Press; Michael Reichel/DPA; Jens Meyer/AP; Aedt/WENN
58/59 Frank Augstein/AP
60/61 Markus Schreiber/AP
62/63 Andreas Mühe/Agentur Focus
64/65 Krohnfoto; Stefan Boness/Ipon; Action Press
66/67 Michael Kappeler/DPA; Gero Breloer/DPA
68/69 Markus Schreiber/AP; Michael Trippel
70/71 Getty Images
72/73 Wolfgang Rattay/REUTERS
74/75 John MacDougall/AFP; Philipp Guelland/DDP
76/77 Copyright Eurimage 2003, Common Wadden Sea Secretariat, Brockmann Consult; Matthias Rietschel/AP
78/79 Harry Haertel
80/81 Juniors Bildarchiv/DPA; Bernd Wüstneck/DPA
82/83 Melanie Rijkers/ANP/Action Press
84/85 Oliver Berg/DPA; Frank Domahs/DPA
86/87 Christian Schroth/Action Press
88/89 Stefan Puchner/DPA
90/91 Daniel Roland/AP
92/93 Ronald Wittek/DPA
94/95 Steffen Kugler/Getty Images; Eric Vazzoler/Zeitenspiegel/EPD; Torsten Silz/DDP
96/97 Sebastian Widmann/DDP; Jürgen Gebhardt; Peter Kneffel/DPA
98/99 Markel Redondo/Fedephoto/Greenpeace
100/101 Jan Oelker
102/103 Jochen Lübke/DPA; Thomas Imo/Photothek
104/105 Raheb Homavandi/REUTERS
106/107 David Guttenfelder/AP
108/109 Thomas Grabka/Action Press; Michael Kappeler/DDP
110/111 David Guttenfelder/AP
112/113 Will Baxter; Faisal Mahmood/REUTERS; Manpreet Romana/AFP
114/115 Jawed Kargar/DPA; Manish Swarup/AP
116/117 S. Sabawoon/EPA; Rafiq Maqbool/AP; Will Baxter
118/119 Ben Curtis/AP
120/121 DPA
122/123 AP
124/125 Mohammad Kheirkhan/UPI/LAIF
126/127 Dajjad Safari/Document Iran/LAIF; Abedin Taherkenareh/DPA
128/129 Rina Castelnuovo/The New York Times/LAIF
130/131 Mohammed Abed/AFP
132/133 Abbas Mohani/AFP
134/135 Rina Castelnuovo/The New York Times/LAIF; Matanya Tausig/EPA; Ali Ali/DPA; Kevin Frayer/AP
136/137 Marco Longari/AFP
138/139 Callie Shell/Aurora Photos
140/141 Jae C. Hong/AP; Action Press
142/143 Ruth Fremson/The New York Times/LAIF; Chuck Liddy/Bulls
144/145 Pete Souza/The White House
148/149 Norberto Duarte/AFP
150/151 Edouard H. R. Gluck/AP; Steven Day/AP; Eric Thayer/REUTERS; NY Post/Splash News
152/153 Carlos Moreno/AP
154/155 Piotr K./Krzysztof Kotiuk; Regina Recht
156/157 Greg Baker/AP
158/159 Lee Myung-Ik/EPA; Yonhap/DPA
160/161 DPA; Eric Cabanis/AFP; Phillipe Jeandy
162/163 Dan Kitwood/Getty Images
164/165 Chris Jordan
166/167 Kirsty Wigglesworth/AP; Denis Balibouse/REUTERS; Aude Guerrucci/Polaris/Studio X; DPA
168/169 Leon Neal/AP (2)
170/171 Uppa/Face to Face
172/173 Patrick van Katwijk/DDP; Robin Utrecht/DPA
174/175 Charles Dharapak/AP; Witt/Nato/Sipa
176/177 Sidnei Costa/Agencia Bom Dia/DPA
178/179 REUTERS
180/181 Rex Features/Action Press
182/183 Jens Meyer/AP; Thomas Tobis
184/185 Francis R. Malasig/DPA
186/187 Grillo/DPA; Davide Monteleone/Contrasto/LAIF; Peri Percossi/DPA
188/189 Brett Phibbs/New Zealand Herald/AP
190/191 Fotoflieger/REUTERS
192/193 Darryl Dyck/The Canadian Press/AP
194/195 Fathil Asri/The New Straits Times Press/REUTERS
198/199 Rex Features/Action Press
200/201 Michael Sohn/AP
202/203 Jose Manuel Ribeiro/REUTERS; Rainer Jensen/DPA
204/205 Mark J. Terrill/AP; Laci Perenyi
206/207 Markus Gilliar/GES
208/209 Tamas Kovacs/DPA; Valdrin Xhemaj/EPA; Sebastiao Moreira/DPA
210/211 Carlo Borlenghi/Alinghi/AFP
212/213 Greg Wood/AFP; REUTERS; Mark Nolan/Getty Images
214/215 Dom Furore/Woods Family/Getty Images; Splash News (2)
218/219 Franck Robichon/DPA; Oliver Lang/DDP
220/221 Narong Sangnak/DPA
222/223 Nancy Pastor/Polaris/Studio X
224/225 Mike Hollingshead/Iberpress/Bulls
226/227 Jose Luis Rodriguez/Veolia Environment Wildlife Photographer of the Year 2009; Andoni Canela/Age/F1 Online
228/229 Michael Probst/AP; Hilde Jensen/DDP
230/231 Merrick Davies
232/233 Jürgen Berger und Mahendra Sonawane/Bilder der Forschung 2009/DPA; Igor Siwanowicz/Bilder der Forschung 2009/DPA
234/235 Oliver Lang/DDP; Uwe Zucchi/DPA
236/237 Barcroft Media/Bulls
240/241 Mustafa Quraishi/AP; Sajjad Hussain/AFP; Rajanish/Kakade/AP
242/243 Mark Seliger/Universal
244/245 Joachim Baldauf/Shotview Photographers; Interfoto; Hans-Joachim Pfeiffer/SWR; AP
246/247 Constantin Film
248/249 Peter Rigaud/Shotview Photographers
250/251 Zuma Press/Action Press; Stephen Lovekin/Getty Images
252/253 Andrea Merola/DPA
254/255 Adrian Bradshaw/DPA
256/257 WENN (3)
260/261 Joachim Baldauf/Shotview Photographers
262/263 Sang Tan/AP
264/265 Mario Testino
266/267 Justin Macala/AP; AP; Ruven Afanador/Art + Commerce
268/269 Erwin Wurm/Shotview Photographers
270/271 Ellen von Unwerth (2)
272/273 Michael Euler/AP; Stan Honda/AFP; Christophe Ena/AP; Antonio Calanni/AP; Remy de la Mouviniere/AP
274/275 Annie Leibovitz/Contact Press Images/Agentur Focus
276/277 REUTERS; Kevork Djansezian/AP
278/279 Jim Ruymen/UPI/Face to Face
280/281 AFP; AP; LAIF (2); DDP (2); Star-Media; DPA (2); WireImage; RTL; Thomas & Thomas; Bulls; Pop-Eye, EPA; Christine Fenzl/Photo Selection
282/283 Iko Freese/Drama; Ullstein; Public Address; LAIF; Studio X (2); DDP (3); DPA (4); WENN; Agentur Focus; Action Press
284/285 Face to Face; AP (4); REUTERS; Imago; DPA (4); Hadji/Thomas & Thomas; Action Press; LAIF; Vario Images; Thomas & Thomas
286/287 Knut Gärtner
290/291 Christof Stache/AP; Anatoli Zhdanov/DPA; Luke MacGregor/REUTERS
292/293 Rolf Vennebernd/DPA; Action Press; DPA; Lennart Preiss/DDP
294/295 Jörg Koch/DDP; DPA; Action Press
296/297 Mathieu Cugnot/DPA; Sven Simon; Remy de la Mauviniere/AP
298/299 Juri Reetz/Star Press; Action Press; MOPO
300/301 Ina Fassbender/REUTERS; Rau/Imago; Stephane de Sakutin/AFP
302/303 Gerry Penny/DPA; Thomas Trutschel/Photothek; AP
304/305 Action Press (2); Fabrizio Bensch/REUTERS
306/307 Thomas Kienzle/AP; Andreas Rentz/Getty Images
308/309 Almeida Rocha/Polaris/Studio X; Jens Schulze/EPD; Aly Song/REUTERS
310/311 Steffen Schmidt/LAIF; Dirk Bleicker; Mike Rimmer/AP

IMPRESSUM

Mitarbeit/stern-Redaktion

Chefs vom Dienst
Andreas Projahn, Dirk Seeger

Textchef
Michael Stoessinger

Deutsche Politik
Roman Heflik, Stefan Schmitz, Axel Vornbäumen, Walter Wüllenweber

Deutschland aktuell
Frauke Hunfeld

Ausland
Giuseppe Di Grazia, Steffen Gassel, Christoph Reuter

Kultur und Unterhaltung
Christine Kruttschnitt, Alexander Kühn, Jochen Siemens, André Weikard

Sport
Alexandra Kraft, Wigbert Löer, Mathias Schneider

Mode
Dirk van Versendaal, Stefanie Rosenkranz

Wissenschaft
Axel Bojanowski, Dr. Frank Ochmann, Inga Olfen

Bildredaktion
Insa Hagemann, Angelika Hala (New York), Barbara Herrmann (Paris), Susanne Lapsien (New York), Dagmar Seeland (London), Andreas Trampe

Redaktionelle Mitarbeit
Henri-Nannen-Journalistenschule, 32.Jhg. Dr. Andreas Wolfers

Dokumentation/Lektorat
Günther Garde, Christa Harms, Ursula Hien, Judith Ketelsen (Chronik), Mai Laubis, Gabriele Schönig, Andrea Wolf

Grafik
Felix Bringmann, Birgit Ludwig, Ortwin Nachtigall, Jürgen Voigt

Objektleitung
Barbara Baltes

Herstellung
Heiko Belitz (Ltg.), Thomas Oehmke G+J-Druckzentrale

Lithografie
MWW Medien, Hamburg

Druck und Bindung
MOHN Media Mohndruck GmbH, Gütersloh

stern-Buch
Verlag Gruner + Jahr AG & Co KG, Hamburg

1. Auflage 2010
ISBN: 978-3-570-19712-7

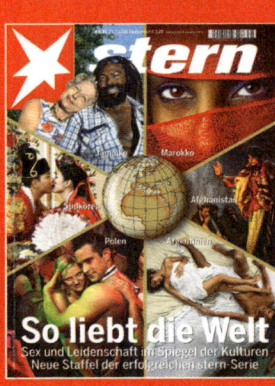